CURSO DE PROCEDIMIENTO LABORAL VENEZOLANO

Francisco Javier Marín Boscán

CURSO DE PROCEDIMIENTO LABORAL VENEZOLANO

COLECCIÓN ESTUDIOS JURÍDICOS
Nº 108
5ta Edición

Editorial Jurídica Venezolana
Caracas/2015

©   by Francisco Javier Marín Boscán
Email: fjmarinb@yahoo.es

Hecho el Depósito de Ley
Depósito Legal: lf5402015340821
ISBN: 978-980-365-290-6

Editorial Jurídica Venezolana
Avda. Francisco Solano López, Torre Oasis, P.B., Local 4, Sabana Grande,
Apartado 17.598 - Caracas, 1015, Venezuela
Teléfono 762-25-53 / 762-38-42/ Fax. 763-52-39
Email fejv@cantv.net
http://www.editorialjuridicavenezolana.com.ve

Impreso por: Lightning Source, an INGRAM Content company
para Editorial Jurídica Venezolana International Inc.
Panamá, República de Panamá.
 Email: ejvinternational@gmail.com

Diagramación, composición y montaje por: Mirna Pinto, en letra
Book Antiqua 11, Interlineado Exacto 12, Mancha 21 x 12.5

DEDICATORIA

A la memoria de mi querida madre Haydee Josefina (1932-2013), quien dedicó al hogar más de sesenta (60) años, tiempo en que educó y formó doce (12) hijos profesionales universitarios. Ella nos enseñó a vivir con valores y principios, para construir un mundo de justicia y solidaridad. Madre amada: "Te felicito por ese gran éxito. Descansa en paz bajo la protección de Dios misericordioso.

¡Tú eres luz en nuestro camino y soporte en nuestro peregrinar!"

ABREVIATURAS

APUCV: Asociación de Profesores de la Universidad Central de Venezuela.

APUDO-Sucre: Asociación de Profesores de la Universidad de Oriente

APUZ: Asociación de Profesores de la Universidad del Zulia.

CHAD: Convención Americana sobre Derechos Humanos.

CAS: Comisión de Aplicación de Normas de la Conferencia. OIT.

CC: Código Civil.

CCom: Código de Comercio.

CCU: Convención Colectiva Única Universitaria.

CEACR: Comisión de Expertos en la Aplicación de Convenios y Recomendaciones. OIT.

CGT: Central General de Trabajadores.

CIELDA-LUZ: Centro de Investigaciones y Estudios Laborales de la Facultad de Ciencias Jurídicas y Políticas de la Universidad del Zulia.

CLS: Comité de Libertad Sindical. OIT.

CN: Constitución Nacional.

CNE: Consejo Nacional Electoral.

CONDES-LUZ: Consejo de Desarrollo Científico y Humanístico de la Universidad del Zulia.

COPP: Código Orgánico Procesal Penal.

CP: Código Penal.

CPC:	Código de Procedimiento Civil.
CPCMI:	Código Procesal Civil Modelo para Iberoamérica.
CPM:	Constitución Política Mexicana.
CSI:	Confederación Sindical Internacional.
CTV:	Confederación de Trabajadores de Venezuela.
DDHH:	Derechos Humanos.
DLMDFE:	Decreto-Ley Mensaje de Datos y Firmas Electrónicas.
DLOPGR:	Decreto-Ley Orgánica de la Procuraduría General de la Republica.
DOFAPN:	Decreto sobre Organización y Funcionamiento de la Administración Publica Nacional.
FAPUV:	Federación de Asociaciones de Profesores Universitarios de Venezuela
FEDECAMARAS:	Federación de Cámaras de Comercio y de Producción.
FENASINPRES:	Federación Nacional de Sindicatos de Profesores de la Educación Superior
GO:	*Gaceta Oficial*.
GOE:	*Gaceta Oficial* Extraordinaria.
IESA:	Instituto de Estudios Superiores de Administración.
INCES:	Instituto Nacional de Capacitación y Educación Socialista.
INCRET:	Instituto para la Capacitación y Recreación de los Trabajadores.
INPSASEL:	Instituto Nacional de Prevención, Salud y Seguridad Laborales.
IPOSTEL:	Instituto Postal Telegráfico de Venezuela.
IVSS:	Instituto Venezolano de los Seguros Sociales.
LA:	Ley de Abogados.
LEFP:	Ley del Estatuto de la Función Pública.
LFT:	Ley Federal del Trabajo. México.
LOADGC:	Ley Orgánica de Amparo sobre Derechos y Garantías Constitucionales.

LOAP:	Ley Orgánica de la Administración Pública.
LODP:	Ley Orgánica de Defensa Pública.
LOH:	Ley Orgánica de Hidrocarburos.
LOJCA:	Ley Orgánica de la Jurisdicción Contencioso Administrativa.
LOMP:	Ley Orgánica del Ministerio Publico.
LOPA:	Ley Orgánica de Procedimientos Administrativos.
LOPCYMAT:	Ley Orgánica de Prevención, Condiciones y Medio Ambiente del Trabajo.
LOPJ:	Ley Orgánica del Poder Judicial.
LOPNA:	Ley Orgánica para la Protección de Niños, Niñas y Adolescentes.
LOPT:	Ley Orgánica Procesal del Trabajo.
LOT:	Ley Orgánica del Trabajo.
LOTTT:	Decreto-Ley Orgánica del Trabajo, las Trabajadoras y los Trabajadores.
LOTPT:	Ley Orgánica de Tribunales y Procedimientos del Trabajo.
LOTSJ:	Ley Orgánica del Tribunal Supremo de Justicia.
LTT:	Ley de Transporte Terrestre.
NIT:	Normas Internacionales del Trabajo.
NORMLEX-OIT:	Base de Datos OIT sobre Normas Internacionales del Trabajo.
OEA:	Organización de Estados Americanos.
OIT:	Organización Internacional del Trabajo.
ONU:	Organización de las Naciones Unidas.
OVCS:	Observatorio Venezolano de Conflictividad Social.
PDVSA:	Petróleos de Venezuela, S. A.
PNUD:	Programa de las Naciones Unidas para el Desarrollo.
PROVEA:	Programa Venezolano de Educación-Acción en Derechos Humanos
RLOT:	Reglamento de la Ley Orgánica del Trabajo.

RNL:	Reunión Normativa Laboral.
SIDOR:	Siderúrgica del Orinoco.
SINTRAFERROMINERA:	Sindicato de Trabajadores de Ferrominera del Orinoco.
SUTISS:	Sindicato Único de Trabajadores Siderúrgicos y Similares.
TSJ:	Tribunal Supremo de Justicia.
TSJ-SC:	Sala Constitucional del Tribunal Supremo de Justicia.
TSJ-SCS:	Sala de Casación Social del Tribunal Supremo de Justicia.
TSJ-SE:	Sala Electoral del Tribunal Supremo de Justicia.
UCAB:	Universidad Católica Andrés Bello.
UNETE:	Unión Nacional de Trabajadores

PALABRAS A LA QUINTA EDICIÓN

Nos complace sobremanera la circunstancia de arribar a una nueva edición, con nuestro Curso de Procedimiento Laboral Venezolano. Es una muestra de la aceptación que este ha tenido, lo que gran satisfacción causa, por lo útil que habrá sido para los estudiosos del procedimiento laboral, incluso de interés más allá de nuestra frontera.

Debemos destacar dos situaciones del presente: 1) ha transcurrido más de diez años de aplicación de la Ley Orgánica Procesal del Trabajo (LOPT), y es muy importante realizar un balance en ese sentido, y definir las reformas necesarias[1]; y 2) es conveniente hacer consideraciones sobre el Decreto Ley Orgánica del Trabajo, los Trabajadores y las Trabajadoras (LOTTT)[2], implementado desde hace tres años.

Con relación a la LOPT, es oportunidad para su revisión a los fines de las reformas necesarias[3]. Resaltamos la importancia de la mediación como medio alterno de solución de los conflictos, la que ha sido muy efectiva, al menos en las cifras (esperamos no se afecten los derechos de los trabajado-

---

[1]   Extraoficialmente se conoce (enero de 2015) de una Propuesta de Reforma de la LOPT, en segunda versión o borrador, presentada mediante Cuadro Comparativo, emanada de la Sala de Casación Social del TSJ, y elaborada por la Coordinación Nacional, conjuntamente con las Coordinaciones Regionales de los Circuitos Judiciales Laborales del país.

[2]   Como se observa en este instrumento normativo (Decreto que contiene la LOTTT), a diferencia de la LOPT (donde se hace aclaratoria en este sentido en el Parágrafo Único del Art. 1), es utilizado al igual que en la Constitución de 1999, el llamado "lenguaje no sexista o de género". Aunque destacamos que en la GOE N° 6.076 de fecha 7 de mayo de 2012, en la que aparece publicada, en la parte del sumario, cuando identifican la denominación colocan en primer orden a los trabajadores, en la Exposición de Motivos primero a las trabajadoras, y luego al inicio del desarrollo del articulado, nuevamente primero a los trabajadores...o sea, apreciamos no juega un orden de factores o faltó precisión con esto.

[3]   En esto se está en mora, ya que ha debido realizarse una evaluación integral de resultados y del texto legal, desde 2009 (a cinco años de su entrada en vigencia), de parte de la Asamblea Nacional conjuntamente con la Sala de Casación Social del TSJ (Art. 207 LOPT)

res, por el interés de los operadores de justicia de evitar que los asuntos pasen a juicio, y así reflejarlo en la estadística), sobrepasando la expectativa fijada en la exposición de motivos de la Ley (más del 75%). También ha sido relevante el impacto de la oralidad, fundamental en el procedimiento, a los fines de la inmediación y celeridad en el trámite de las causas.

En ese sentido, destacamos los avances en el procedimiento laboral en nuestro país, así como en el procedimiento en otras áreas (penal, niños y adolescentes, entre otras), producto de la modernización del Poder Judicial, implementada desde 1993 con apoyo de entes como el Banco Mundial. Aunque no podemos desconocer situaciones que ponen en entredicho la autonomía e independencia del Poder Judicial venezolano, definidas por falta de transparencia y corrupción[4]. Si tenemos que resaltar, el avance en la especialización de los operadores de justicia y la mejora en cuanto al retardo procesal.

Por otro lado, en cuanto a la LOTTT, de origen muy diferente a la LOPT[5], desde principio se ha caracterizado por orientarse a proteger a ultranza a los trabajadores, sin considerar la circunstancia de la empresa y el empleo mismo[6]. En definitiva, un instrumento que amplía los beneficios económicos y sociales de los trabajadores, a los que literalmente reconoce un "rol protagónico", pero en la práctica es el Ejecutivo, como artífice de aquella, e importante empleador y actor laboral, el que controla y define muchos aspectos[7]. En este sentido, el máximo Tribunal hace lo suyo, cuando restringe la libertad sindical interfiriendo los procesos eleccionarios de las organizaciones sindicales, y contraviniendo dictámenes del órgano OIT en la materia (Comité de Libertad), mediante decisiones de su Sala Electoral[8].

---

[4]   Esto lo percibimos a diario a través de los medios de comunicación, incluso en declaraciones de altos funcionarios del gobierno, y consta en informes del Programa Venezolano Educación-Acción en Derechos Humanos (PROVEA), entre otras organizaciones nacionales, y ha sido constatado por organismos internacionales como la Comisión Interamericana de Derechos Humanos (CIDH), que lo reflejó en su informe anual 2013 y en sentido amplio, en el Informe: "Garantías para la Independencia de los Operadores de Justicia. Hacia el Fortalecimiento del Acceso a la Justicia y el Estado de Derecho en las Américas" (2013).

[5]   La LOTTT como se sabe, no fue producto de debate legislativo, ni contó con la consulta ni el diálogo tripartito necesario (tal como lo constató la OIT), y tiene carácter orgánico porque se lo atribuyó el TSJ, siendo incluida dentro de los cuerpos normativos decretados en el marco de una Ley Habilitante acordada para situaciones muy diferentes.

[6]   En los Anexos de este libro, acompañamos un trabajo de nuestra autoría sobre: "Breves Consideraciones a la Prestación Social o de Antigüedad en la LOTTT", en el que resaltamos en ese sentido.

[7]   Es tal la circunstancia de esta Ley, que especialistas como Aguilar afirman sobre su inconstitucionalidad absoluta, "...tanto en su fuente y forma de creación, como en el contenido material de las normas..." (Aguilar, 2014: 105).

[8]   Muestra de ello, la sentencia de la Sala Electoral del TSJ, que el 13/01/2015 suspendió las elecciones en SUTISS, el sindicato de SIDOR, contenido disponible en la Web: http://www.tsj.gob.ve/decisiones.

La circunstancia social y económica del momento, a partir del contexto político, resulta muy compleja, lamentablemente, a algunas generaciones nos ha tocado la Venezuela del conflicto, circunstancia de las últimas décadas. Quiera Dios que prive la cordura y sensatez necesaria, para que en el marco de una democracia de calidad y relaciones de trabajo armónicas, a partir de políticas sociales y laborales y un marco jurídico adecuados, sea la paz social y el progreso nacional, lo que defina el bienestar de la mayoría.

Maracaibo, Marzo de 2015.

Francisco Javier Marín Boscán

INTRODUCCIÓN

El Derecho Procesal del Trabajo

En la estructura curricular de los estudios de Derecho, resulta necesario contar con una cátedra como Derecho Procesal del Trabajo, que dentro del eje Derecho Procesal aporte al cursante las herramientas necesarias para identificar los procedimientos en materia del trabajo, tomando como base sustantiva el Derecho del Trabajo, y como base adjetiva las normas procesales generales, consideradas en el Derecho Procesal Civil, y las normas especiales, previstas en la nueva Ley Adjetiva Laboral.

El Derecho Procesal del Trabajo es una disciplina autónoma, ya que cuenta con normas, principios e instituciones que le son propias.

Los cursantes de la asignatura e interesados en general, hoy día se encuentran ante ciertas dificultades para su estudio, dada la escasa bibliografía especializada en el área, y particularmente la inexistencia de un texto que condense toda la información necesaria para su mejor conocimiento y comprensión.

El Objetivo General de la asignatura Derecho Procesal del Trabajo, es aportar a los cursantes los conocimientos específicos sobre los procedimientos laborales, mediante la consideración de aspectos introductores, el estudio del procedimiento ordinario laboral y de los procedimientos especiales del trabajo. Esto lo abordaremos mediante los siguientes títulos, a saber: I. Generalidades sobre el Derecho Procesal del Trabajo, II. El Procedimiento Ordinario Laboral y III. Los Procedimientos Especiales del Trabajo.

Y son Objetivos Específicos, los siguientes: 1. Identificar los aspectos generales sobre el Derecho Procesal del Trabajo (Título I), considerando nociones introductoras a la asignatura (Capítulo 1), lo relativo a los conflictos y la organización administrativa y judicial del trabajo (Capítulo 2), las fuentes y los principios fundamentales (Capítulo 3) y las partes en el proceso laboral (Capítulo 4); 2. Describir el procedimiento ordinario laboral (Título II), atendiendo a las fases o momentos procesales, a saber: introducción (Capítulo 5), instrucción (Capítulo 6) y decisión y ejecución (Capítulo 7); 3. Conocer los procedimientos especiales laborales (Título III), en materias como amparo constitucional (Capítulo 8), estabilidad (Capítulo 9) y el contencioso de anulación de los actos administrativos laborales (Capítulo 10).

Por otra parte, en esta edición aparecen incorporados como anexos, seis trabajos del mismo autor, a saber: 1. Conflictos Colectivos y Protección de la Libertad Sindical en América Latina, 2. La Aplicación de las Normas Internacionales del Trabajo sobre Libertad Sindical en Venezuela, 3. La Carga de la Prueba y la Actividad Probatoria en el Proceso Laboral. Situación en México y en Venezuela, 4. Los Derechos Colectivos de los Trabajadores en Venezuela antes y después de la Nueva Ley del Trabajo (coautoría con Nancy Perelló Gómez), 5. Comentarios a la Primera Convención Colectiva Única de los Trabajadores Universitarios 2013-2014 y 6. Breves Consideraciones a la Prestación Social ó de Antigüedad en la LOTTT.

La Ley Adjetiva Laboral Venezolana: La Ley Orgánica Procesal del Trabajo (LOPT).

Más de sesenta (60) años llevó a cuesta la Ley Orgánica de Tribunales y de Procedimiento del Trabajo (LOTPT), esta Ley que antes regulaba el procedimiento ordinario laboral, no responde a las necesidades del momento, incluyendo las orientaciones procesales modernas, pero es que en algún tiempo las atendió de manera efectiva?. Si evaluamos en este sentido, observaremos que su aprobación en el año 1940 representó un avance, porque constituyó establecer un mecanismo especial para la solución de los conflictos laborales. Tal especialidad radica en atribuir la facultad de decidir a órganos especializados, a través de un procedimiento distinto al ordinario civil, y donde básicamente impera la celeridad y hay vestigios de la oralidad.

Cuando en 1990 fue derogada la Ley Contra Despidos Injustificados, y suprimidas las Comisiones Tripartitas por la Ley Orgánica del Trabajo (LOT), también derogada en 2012 por la LOTTT, la competencia judicial en materia del trabajo fue ampliada con los asuntos de estabilidad, y los órganos jurisdiccionales laborales también, al asignarle competencia bajo ciertas condiciones, a tribunales ordinarios civiles de menor jerarquía (Tribunales de Municipio y Parroquia). De esta manera se atentó contra la especialidad de la jurisdicción laboral, e igualmente con la serie de criterios jurisprudenciales que conllevaron a la aplicación casi fundamental, en lugar de supletoria del Código de Procedimiento Civil (CPC).

A todo aquello se suma, la circunstancia del incremento exorbitante de la conflictividad laboral, en presencia de la grave crisis social y económica de los últimos tiempos. Todo este panorama ha definido, que no existe justicia laboral propiamente dicha, primero porque las decisiones no son oportunas, y segundo porque la gratuidad no ha sido tal.

Se ha pensado que la solución está en la vigencia de la Ley Orgánica Procesal del Trabajo (LOPT), pero importante es que la jurisdicción laboral especializada sea garantizada de manera efectiva, en la medida que se asuma de manera consciente el segundo paso, implementar los mecanismos adecuados para evitar las frustraciones vividas con el Código Orgánico Procesal Penal (COPP) y la Ley Orgánica para la Protección del Niño y del Adolescente (LOPNA), y en esto muy importante es la tarea del Tribunal Supremo de Justicia. El Máximo Tribunal dio el paso inicial al presentar por intermedio de los magistrados de la Sala de Casación Social, el proyecto que sirvió de base a la nueva Ley.

En agosto de 2008, se cumplió el lapso fijado por la Ley Orgánica Procesal del Trabajo (LOPT) en su artículo 207, para la evaluación integral por parte de la Asamblea Nacional conjuntamente con la Sala Social del Tribunal Supremo de Justicia, que debe comprender tanto los resultados obtenidos como el texto legal. No tenemos conocimiento que esto se haya realizado, pero en todo caso, el balance se estima positivo.

Para comienzo de 2015, aún no hay información sobre la necesaria evaluación integral de la LOPT referida, y extraoficialmente se conoce de una Propuesta de Reforma de la LOPT, en segunda versión o borrador, presentada mediante Cuadro Comparativo, emanada de la Sala de Casación Social del TSJ, y elaborada por la Coordinación Nacional, conjuntamente con las Coordinaciones Regionales de los Circuitos Judiciales Laborales del país.

La principal satisfacción del autor, es que este libro como texto básico, siga cumpliendo el propósito inicial de su elaboración, constituir un aporte a los cursantes y estudiosos del Derecho Procesal del Trabajo, para el mejor conocimiento y comprensión del caso venezolano.

TÍTULO I

GENERALIDADES SOBRE EL DERECHO PROCESAL DEL TRABAJO

INTRODUCCIÓN

Con el desarrollo de esta primera parte, nos proponemos abordar aspectos generales relacionados con el Derecho Procesal del Trabajo, la disciplina objeto de nuestro estudio. Dentro de esta orientación, es importante considerar una introducción a la disciplina, partiendo del estudio de la función jurisdiccional del Estado, y comprendiendo el Derecho Procesal en general, el Derecho Procesal Social y el Derecho Procesal del Trabajo, así como también, con respecto a este último, su naturaleza jurídica, autonomía y relaciones con otras disciplinas jurídicas.

Estudiaremos también los Conflictos y la Organización Administrativa y Judicial del Trabajo, comprendiendo lo relativo a estas alteraciones en las relaciones de trabajo, los sistemas para la solución de los conflictos, e identificando la estructura y funciones de los organismos de la administración y justicia laboral.

En el estudio de toda disciplina jurídica, es importante el análisis de sus fuentes, así como la consideración de sus principios fundamentales y todo lo relativo a su interpretación, para determinar así el mejor sentido y alcance de sus normas.

Finalmente, el último aspecto a estudiar dentro de este Título, está relacionado con las Partes en el Proceso Laboral, así revisamos conceptos relacionados con capacidad o legitimidad procesal, los sujetos laborales y la situación particular de los niños y adolescentes.

CAPÍTULO 1

INTRODUCCIÓN AL DERECHO PROCESAL DEL TRABAJO

SUMARIO

1. El Acceso a la Justicia como Derecho de toda Persona. 2. La Función Jurisdiccional del Estado: A. Jurisdicción, Acción y Proceso. B. Acción, Pretensión y Demanda. C. Proceso y Procedimiento. D. La Jurisdicción Especial del Trabajo: Razones de Hecho y de Derecho. 3. El Derecho Procesal: A. Noción. B. Las Normas Procesales: a. Naturaleza. b. Eficacia: Temporal (regla tempus regit actum) y Espacial (regla lex fori). 4. El Derecho Procesal Social y el Derecho Procesal del Trabajo: Nociones y Relaciones. 5. Naturaleza Jurídica del Derecho Procesal del Trabajo. 6. Autonomía: A. Criterios. B. ¿Autonomía Absoluta o Relativa?. 7. Relaciones con Otras Disciplinas Jurídicas: A. Derecho del Trabajo. B. Derecho de la Seguridad Social. C. Derecho Procesal Civil. D. Otras Disciplinas.

1. El acceso a la justicia como derecho de toda persona

El ordenamiento jurídico venezolano ha garantizado en el tiempo, el acceso a la justicia como derecho de toda persona. ¿Qué significa esto? Que todos podemos acudir a los órganos de administración de justicia, y solicitar la protección de nuestros derechos e intereses.

En este sentido, la Constitución establece el derecho a *"...la tutela efectiva de los mismos (derechos e intereses) y a obtener con prontitud la decisión correspondiente". "El Estado garantizará una justicia gratuita, accesible, imparcial, idónea, transparente, autónoma, independiente, responsable, equitativa y expedita, sin dilaciones indebidas, sin formalismos o reposiciones inútiles"* (Art. 26). En pocas palabras, una verdadera justicia, ilusoria en nuestra realidad, aunque posible...

Lo anterior, aunado a las garantías del debido proceso (derecho a la defensa, presunción de inocencia, derecho a ser oído, a ser juzgado por sus jueces naturales, a no declarar en forma coercitiva, principio de la legalidad y a resarcimiento por parte del Estado de daños causados por faltas judiciales) también previstas en la Constitución (Art. 49), debe garantizarle a toda persona, la solución justa de su conflicto o controversia.

Perdomo (2003), exmagistrado en el Tribunal Supremo de Justicia, plantea que el Acceso a la Justicia comprende dos vertientes que son necesariamente complementarias, a saber: 1) Acceso Material y 2) Acceso Formal.

El Acceso Material está constituido por lo siguiente: a) Aspecto Físico (población, educación y empleo), b) Aspecto Judicial (presupuesto, concursos de oposición y sedes judiciales) y Efectivo Acceso Material a la Justicia.

El Acceso Formal comprende: a) Derecho a la Jurisdicción, b) Analogía entre la necesaria Interposición del Recurso y la Acción, c) Principio de la Finalidad del Acto dirigido a Evitar Reposiciones Inútiles, d) Excesivos Obstáculos por Formalismos (debe ser eliminación de esto) y e) Qué comprende el Derecho a la Tutela Judicial Efectiva.

El nombrado autor, también co-redactor de la LOPT, concluye en sus consideraciones sobre Acceso a la Justicia: 1) Carece de acceso real a la justicia, el ciudadano que por su escasa instrucción, o por la ausencia de medios económicos, no puede hacer uso de los mecanismos que le proporciona el Estado, para la resolución de los conflictos; 2) Es responsabilidad del Estado proporcionar suficientes recursos materiales y humanos para una efectiva prestación de la tutela judicial; 3) No tendremos un sistema jurisdiccional que garantice el acceso a la justicia y la tutela judicial efectiva, sin un presupuesto justo; 4) El principio constitucional que prohíbe los formalismos y reposiciones inútiles, obliga a interpretar las normas de procedimiento de la manera más favorable a efectivo ejercicio de los derechos en el juicio; 5) El cumplimiento del mandato constitucional de establecer la oralidad en los procesos, con sus secuelas de inmediatez y concentración, ayudará a prestar efectivamente la tutela judicial que requieren los venezolanos.

Compartimos todo lo anterior, pero consideramos se omite un elemento muy importante, la transparencia necesaria. Esta transparencia debe abarcar tanto el ingreso como la permanencia de los funcionarios en el Sistema de Justicia, bien en condición de Magistrados, Jueces, Fiscales del Ministerio Publico, Defensores Públicos, Auxiliares y demás funcionarios judiciales, así como debe comprender el control de la actuación de los abogados *"autorizados para el ejercicio"* (Art. 253 Última Parte CN).

La transparencia involucra también, velar porque las decisiones se emitan conforme a derecho. Y en definitiva *"despolitizar"* el ingreso y permanencia en Sistema de Justicia, en condición de funcionarios, que tanto daño le ha causado al país, porque ha contribuido al ingreso y permanencia por mucho tiempo, de personas que no son portadoras de virtudes, y así se ha desconocido que impartir justicia es una función sagrada.

Todo esto ha estimulado al rescate de la justicia por propia mano, expuestos a incurrir en el delito de hacerse justicia por sí mismos.

2. La función jurisdiccional del estado

El Estado cumple su cometido a través de diversidad de funciones que asume en el ejercicio del Poder Público, distribuido entre el Poder Municipal, el Poder Estadal y el Poder Nacional (Art. 136 CN). El Poder Público Nacional en nuestro país, con base a la Constitución de 1999, más allá de la clásica división de poderes referida por Montesquieu (Poderes Ejecutivo, Legislativo y Judicial) está conformado además por los Poderes Ciudadano y Electoral, que en el tiempo, tan solo se ha traducido en la creación de la Defensoría del Pueblo con respecto al primero de los nombrados.

Tales divisiones o ramas como se les nombra, tienen sus propias funciones y está establecido el régimen de colaboración entre los órganos que ejercen el Poder Público (único aparte Art. 136 *ejusdem*).

La Función Jurisdiccional la cumple el Estado mediante el Poder Judicial, ejerciendo la potestad de administrar justicia a través de sus órganos (Art. 253 CN). Los individuos hemos sido privados de la facultad de hacer justicia por propia mano o autodefensa, y el ordenamiento jurídico nos ha investido del derecho de acción, y al Estado del deber de jurisdicción.

A los efectos de la mejor comprensión de este aspecto, es importante relacionemos los conceptos de acción, jurisdicción y proceso; acción, pretensión y demanda; proceso y procedimiento, y especificar sobre la jurisdicción especial del trabajo.

A. Jurisdicción, Acción y Proceso

Calamandrei expresa que la jurisdicción asociada a las nociones de acción y Proceso, forman el *"Trinomio Sistemático Fundamental del Derecho Procesal"*, o como indica Podetti, la *"Trilogía Estructural de la Ciencia del Proceso Civil"*.

Esta íntima relación entre tales nociones, la observaremos de los conceptos que nos aporta Couture, a saber:

Jurisdicción: *"función pública, realizada por órganos competentes del Estado, con las formas requeridas por la Ley, en virtud de la cual, por acto de juicio, se determina el derecho de las partes, con el objeto de dirimir sus conflictos y controversias de relevancia jurídica, mediante decisiones con autoridad de cosa juzgada, eventualmente factibles de ejecución"* (1981, 40).

Rengel-Romberg señala que la jurisdicción no solamente es una potestad o poder, sino más bien un conjunto de facultades y deberes del órgano que la ejerce, ya que su omisión esta sancionada como denegación de justicia (Art. 19 CPC).

Es importante identificar desde ya en forma general, ya que precisaremos mejor en adelante cuando estudiemos los supuestos laborales de la acción laboral, que la jurisdicción es externa e interna, la primera cuando interesa delimitar entre la actuación de un órgano nacional y uno extranjero, y la segunda, para establecer la actuación que en materia laboral asume el Poder Ejecutivo por intermedio de la autoridad administrativa correspondiente (Ministerio del Trabajo) o el Poder Judicial, mediante los tribunales.

Acción: *"el poder jurídico que tiene todo sujeto de derecho, de acudir a los órganos jurisdiccionales para reclamarles la satisfacción de una pretensión"* (Ibíd., 57).

Se trata de un derecho constitucional (Art. 26) para garantizar el acceso a la justicia, con la tutela efectiva de los derechos e intereses de las personas y la obtención de una decisión oportuna.

Proceso: considerando el proceso judicial, es este *"una secuencia o serie de actos que se desenvuelven progresivamente, con el objeto de resolver, mediante un juicio de autoridad, el conflicto sometido a su decisión"* (Ibíd., 122).

El proceso constituye un instrumento fundamental para la realización de la justicia (Art. 257 CN). Constitucionalmente están previstas las garantías del debido proceso tanto judicial como administrativo (Art. 49), que comprende entre otras, la inviolabilidad del derecho de la defensa y la asistencia jurídica, la presunción de inocencia, el derecho a ser oído y los principios de la legalidad y cosa juzgada.

Así podemos establecer, atendiendo a la relación directa entre estos conceptos, que toda persona en ejercicio del derecho de acción, que le confiere un poder jurídico, acude al órgano jurisdiccional, que tiene el deber de garantizarle el acceso y decidir oportunamente el asunto en cuestión.

No podemos concebir en un Estado de Derecho, la inexistencia de alguna de estas nociones, porque de resultar así resultaría ilusorio el acceso a la justicia.

B. *Acción, Pretensión y Demanda*

Igualmente resulta de interés establecer relación entre estos conceptos.

Ya consideramos a la acción como poder jurídico, representando un derecho subjetivo procesal de las partes.

Pretensión: es un acto y más propiamente una declaración de voluntad.

Carnelutti la define como la exigencia de la subordinación de un interés de otro a otro interés propio.

Demanda: es el acto procesal introductivo de la instancia, que contiene la acción y la pretensión como nos señala Rengel-Romberg. Así la demanda tiene un doble contenido, ya que en ella se acumulan el ejercicio del derecho de acción y la interpretación de la pretensión.

De esta manera podemos establecer, a la pretensión y la demanda, como los medios que les dan contenido y permiten materializar el ejercicio del derecho de acción.

C. Proceso y Procedimiento

Ya nos referimos al **proceso** como secuencia de actos judiciales e instrumento fundamental para la realización de la justicia. Ahora es nuestro interés relacionarlo con la noción de procedimiento, con la cual frecuentemente se le confunde.

Rengel-Romberg refiere el **procedimiento** como el método o estilo propios para la actuación ante los tribunales, mientras señala el proceso como el conjunto de relaciones jurídicas entre las partes, los agentes de la jurisdicción y los auxiliares de esta, regulada por la Ley y dirigido a la solución de un conflicto susceptible de ser dirimido por una decisión pasada en autoridad de cosa juzgada.

De esta manera podemos pensar en un proceso laboral, ante una demanda propuesta por un sujeto que reclama conceptos laborales ante el órgano jurisdiccional, y de un procedimiento a seguir, bajo la orientación del procedimiento ordinario laboral conforme las previsiones de las normas adjetivas aplicables.

D. La Jurisdicción Especial del Trabajo: Razones de Hecho y de Derecho

Couture expone como finalidad esencial de la justicia del trabajo "*sustraer la decisión del conflicto de trabajo, que en último término es un problema de justicia social, a la fuerza de la coacción y de la violencia, para dirimirlo en el ámbito del derecho*" (1979, T. III, 274).

Existen razones fácticas y normativas que definen es especial la jurisdicción del trabajo. En el primer aspecto, es importante considerar la naturaleza de los sujetos en cuestión, y los conceptos objeto de reclamo.

Los sujetos laborales vistos como sujetos de derecho vinculados por una relación jurídico-laboral, son aquel que presta el servicio por cuenta ajena y que recibe el salario como contraprestación, y el que lo paga, en consideración a que recibe tal prestación; y por otro lado, los conceptos objeto de reclamo lo son conceptos laborales, determinados por salario y otros conceptos de igual naturaleza, con carácter alimentario, habida cuenta del trabajo como hecho social y que persiguen satisfacer necesidades humanas.

Desde el punto de vista normativo, distintas circunstancias determinan esta especialidad, a saber: a) La Constitución de 1999 dispone la necesidad de una Ley Orgánica Procesal del Trabajo que "*garantice el funcionamiento de una jurisdicción laboral autónoma y especializada*" (Disposición Transitoria Cuarta Ord. 4) y b) La Ley Orgánica del Trabajo, las Trabajadoras y los Trabajadores califica también como especial la jurisdicción del trabajo.

Aclaramos que al referirnos a la *"jurisdicción del trabajo"*, seguimos la terminología legal, porque desde el punto de vista doctrinal, y esto se ratificó en la última reforma del CPC (1986), propiamente estamos considerando la competencia de órganos judiciales en materia del trabajo.

Planteamos esto, porque en sentido estricto, la jurisdicción comprende internamente la labor del Estado mediante órganos judiciales (los Tribunales de justicia), o a través de la actuación de los órganos de la Administración Publica; y en lo externo, la posibilidad que actué un Juez Nacional frente a otro extranjero.

Hasta la entrada en vigencia de la LOPT (agosto 2003), la justicia laboral se administraba mediante tribunales especializados (según Art. 2 LOTPT derogada) y ordinarios (según Art. 655 LOT derogada), esto en vista que al suprimir las llamadas Comisiones Tripartitas (creadas por la Ley Contra Despidos Injustificados, derogada por la LOT de 1991), se le atribuyó competencia en materia de estabilidad a tribunales ordinarios. La actual orientación normativa conforme la nombrada LOPT, es que solo tribunales especializados, o sea, jueces con competencia exclusivamente laboral, conozcan de estos asuntos.

En definitiva, el ideal se alcanzó en la vigente LOPT, la llamada *"jurisdicción del trabajo"* la asumen de nuevo solo jueces especializados, o sea profesionales del Derecho que con estudios de cuarto nivel en Derecho del Trabajo, asistidos de la sensibilidad necesaria, y desprovistos de un carnet político, deben estar en capacidad de garantizarle a cada cual lo que le corresponde, en el mundo del trabajo, con miras a la justicia social.

En el caso del trabajador, su condición de débil de la relación laboral, debe conllevar a analizar bien su situación, para resolver el conflicto planteado con su empleador, considerando que si bien la misma Ley le protege y coloca en su beneficio una gama de principios sustantivos (de favor o proteccionista, irrenunciabilidad, etc.) y adjetivos, (entre estos últimos destaca el de inversión de la carga de la prueba), es importante establecer si le asiste o no la razón. Igualmente definir, si el empleador ha cumplido con sus deberes, porque también cuenta con derechos, en el ejercicio de la actividad lucrativa de su preferencia.

3. *El derecho procesal*

A. *Noción*

Couture define el Derecho Procesal Civil (Derecho Procesal Común) como *"la rama de la ciencia jurídica que estudia la naturaleza, desenvolvimiento y eficacia del conjunto de relaciones jurídicas denominadas proceso civil"* (1981, 3).

Rengel-Romberg a su vez especifica que su objeto es *"el estudio de las conductas que intervienen en el proceso civil para la emanación de una sentencia"* (1995, 82).

Es importante destacar que la Constitución reserva a la competencia del Poder Público Nacional la legislación de procedimientos, así como otras materias (Art. 156, Ord. 32), siendo así, la normativa correspondiente no puede emanar del Poder Público Estadal o Municipal.

Así estamos ante la disciplina jurídica orientada al estudio del conjunto de normas que regulan el proceso, como también señala Bermúdez Cisneros.

B. Las Normas Procesales

a. Naturaleza

Siguiendo a Rengel-Romberg debemos referir que una ley o norma es de naturaleza procesal, cuando regula la relación procesal, y que son de este tipo las normas probatorias generales, dictadas en interés de la función jurisdiccional.

Como señala Couture, la naturaleza procesal de una ley no depende del cuerpo de disposiciones en que se halle inserta, sino de su contenido propio. Ejemplo de esto podemos señalar, adaptado a nuestra legislación y ámbito de estudio, las normas que regulan los procedimientos de estabilidad (Arts. 88 al 91 y Arts. 422 al 425 LOTTT), contenidas en una ley eminentemente sustantiva laboral, pero que también comprende normas adjetivas. Aunque en este sentido debemos destacar que la tendencia normativa es a que estas figuren en la ley de procedimientos.

Por otra parte, el mismo autor refiere que interpretar la Ley procesal, implica interpretar (desentrañar el sentido dentro del orden normativo, según el autor) de todo el Derecho Procesal, en su plenitud, partiendo de los mandamientos o preceptos básicos de orden constitucional, porque *"se interpreta el Derecho y no la Ley"* (1979, T. III, 64).

b. Eficacia

La ley procesal como toda norma, se dicta en un lugar determinado y en un momento dado, de ahí la necesidad de establecer su eficacia en el tiempo y en el espacio, como expresa Rengel-Romberg.

- **Eficacia en el tiempo.** El propósito es determinar cuál ley procesal entre dos o más vigentes sucesivamente, es aplicable a la relación procesal existente. El principio general aplicable es la regla tradicional *tempus regit actum,* según la cual los actos y relaciones de la vida real se regulan por la ley vigente al tiempo de su realización.

En este sentido es importante considerar el alcance de los artículos 940 y 941 del Código de Procedimiento Civil, que definieron su vigencia en el tiempo.

- **Eficacia en el espacio.** Se trata de determinar cuál ley entre dos o más coexistentes en diversos territorios, es aplicable al proceso pendiente en uno de ellos. En la solución de estos asuntos interviene el Derecho Internacional Privado, y en nuestro caso con aplicación del Código de Bustamante, se excluye por ejemplo, la referencia a ordenamientos extranjeros (Art. 314) para regular el proceso y se consagra el principio tradicional de que el proceso se regula por la *lex fori*. Aquí es importante considerar que si el conflicto normativo espacial se genera ante una situación laboral, el principio proteccionista es imperante como ha sido declarado por la jurisprudencia.

4. *El derecho procesal social y el derecho procesal del trabajo*

Stafforini define el Derecho Procesal Social bajo los términos siguientes: *"conjunto de principios y normas destinados a regular los órganos y procedimientos instituidos con miras al cumplimiento del Derecho Social"*. (1955, 39).

El Derecho Social lo define Trueba Urbina como *"el conjunto de principios, instituciones y normas que en función de integración protegen, tutelan y reivindican a los que viven de su trabajo y los económicamente débiles"* (1970, 155).

Alonso Olea refiere sobre el proceso de trabajo o proceso social, como *"una institución jurídica para formalizar y dirimir conflictos de trabajo ante un Juez instituido por el Estado con esta finalidad"* (2001, 41). Este mismo autor, precisa que el Juez de Trabajo debe conocer y dirimir conflictos en los cuales el fundamento de las pretensiones en juego, sea a Derecho (material o sustantivo) de Trabajo o de Seguridad Social.

El Derecho Procesal del Trabajo es una rama del Derecho Procesal Social, y así lo constataremos en las definiciones que consideraremos seguidamente:

Alonso García lo refiere como el conjunto de normas que ordenan el proceso laboral, y define este proceso como *"la institución jurídica destinada a la actuación de las pretensiones fundadas en normas jurídico-laborales, por órganos del Estado especialmente establecidos para ello"* (1980, 677).

Podetti identifica a esta disciplina como *"la rama del Derecho Procesal (Social) que estudia la organización y competencia de la justicia del trabajo, los principios y normas generales y el procedimiento a seguir en la instrucción, decisión y cumplimiento de lo decidido en los procesos originados por una relación laboral o por un hecho contemplado por las leyes sustanciales del trabajo"*. (1940, 21).

Para Trueba Urbina es *"el conjunto de reglas jurídicas que regulan la actividad jurisdiccional de los tribunales y el proceso del trabajo, para el mantenimiento del orden jurídico y económico en las relaciones obrero-patronales, interobreras e interpatronales"* (1980, 74). Esta es una definición integral según califica el mismo autor.

Con base a las ideas anteriores, presentamos una definición de Derecho Procesal del Trabajo, en los términos siguientes: "Es la rama del Derecho

Procesal, orientada a regular los procedimientos mediante los cuales los sujetos en el mundo del trabajo (trabajadores y empleadores o patronos), ventilan sus conflictos en sede administrativa o judicial, según la naturaleza de sus controversias, con el propósito de asegurar el imperio de la Ley, en aras de la justicia social".

De esta manera hemos establecido las nociones y relaciones entre el Derecho Procesal Social y el Derecho Procesal del Trabajo, y en adelante, dentro de este mismo Capítulo, estudiaremos sobre la naturaleza jurídica, autonomía y relaciones con otras disciplinas jurídicas, con respecto a este último.

5. *Naturaleza jurídica del derecho procesal del trabajo*

Trueba Urbina refiere que la naturaleza jurídica del Derecho Procesal del Trabajo es la misma del derecho material o sustancial: el Derecho Social y no el Derecho Público ni el Privado. Y así fue estudiado al establecer la naturaleza del Derecho del Trabajo, donde se consideró que participa del Derecho Público y del Privado, pero que es intermedio o social.

A su vez, el mismo autor precisa, que atendiendo a su naturaleza, el Derecho Procesal del Trabajo es derecho de lucha de clase, es proteccionista y es reivindicatorio de los trabajadores.

En forma acertada el mismo Trueba Urbina señala, que el Derecho Procesal se encuentra vinculado con el material, y lo define como el instrumento para hacer efectivo a través del proceso, el Derecho Sustantivo. Y así la naturaleza del Derecho Procesal del Trabajo no puede estar desvinculada del Derecho Material.

El Derecho Procesal del Trabajo surge como sistema legal de excepción, que se enfrenta a los principios clásicos de los juicios civiles, penales y administrativos, sobre la igualdad de los hombres ante la ley y la imparcialidad del juzgador.

Tanto el Derecho Material del Trabajo como el Derecho Procesal, establecen frente al principio de igualdad de las partes ante la ley, otro, el de la desigualdad de las partes, y reivindican la función tutelar del Derecho para esa desigualdad, estando ante la función reivindicadora del Derecho Social.

6. *Autonomía*

A. *Criterios*

En doctrina los autores no están contestes, o sea no opinan unánimemente sobre la autonomía del Derecho Procesal del Trabajo. Hay quienes consideran que esa autonomía llega hasta el Derecho Procesal in genere, pero no al laboral.

Autores como De Lítala, afirman que una disciplina es autónoma cuando abraza un conjunto de principios y de institutos propios, y en ese sentido considera que la disciplina en consideración tiene ese conjunto de principios e institutos propios.

Couture llama al Derecho Procesal del Trabajo "nuevo derecho" y señala que ha nacido para *"establecer la igualdad perdida por la distinta condición que tienen en el orden económico los que ponen su trabajo y los que se sirven de el para satisfacer sus intereses"* (Trueba: 1980, 77).

Valenzuela establece su autonomía con base a los siguientes rasgos: a) Reglamenta un derecho *"autónomo e independiente"* del Derecho Civil, cual es el Derecho Sustancial del Trabajo; b) La jurisdicción del trabajo esta conferida a órganos especiales; c) Esa jurisdicción tiene privilegios de los que no goza la jurisdicción civil; d) Tiene un conjunto de principios característicos y propios, diferentes de los del Derecho Procesal Civil.

Trueba Urbina refiere el principio de la *"disparidad procesal"*, teniendo el nuevo Derecho la finalidad de tutelar a la parte más débil de la relación laboral.

Finalmente Rodríguez Díaz precisa, que al Derecho Procesal del Trabajo le viene su autonomía no solo de los principios que lo caracterizan, sino del contenido social de su naturaleza jurídica, y que sus fines sociales hacen que la nueva jurisdicción se ejerza sin la rigidez que impera en los demás procesos, y de allí la especificidad de sus principios.

Todos los argumentos esgrimidos por los autores considerados, nos llevan a definir al Derecho Procesal del Trabajo, como disciplina jurídica autónoma, rama del Derecho Procesal, y del Derecho Procesal Social en particular, que garantiza la efectividad de los derechos laborales. Es muy importante en este sentido la especialidad de la jurisdicción, que enfatiza la LOPT (Arts. 1, 13 y 14).

B. ¿Autonomía Absoluta o Relativa?

La autonomía de una disciplina científica debe asumirse en forma relativa, a los fines de evitar su aislamiento científico, ya que debe guardar relación con otras disciplinas fines. En el plano jurídico, la autonomía relativa de las ramas de la ciencia jurídica, y su relación con otras disciplinas, coadyuva a la integración y progresión de las ramas del Derecho.

De esta manera, el Derecho Procesal del Trabajo cuenta con una autonomía relativa, ya que guarda relación con otras disciplinas como estudiaremos de inmediato.

7. Relaciones con otras disciplinas jurídicas

A. Derecho del Trabajo

La relación con esta disciplina es muy estrecha y constante. La actuación de las normas positivas del Derecho, contenidas en las normas laborales sustantivas, se convierten en el objeto propio del Derecho Procesal del Trabajo, garantizando su efectivo cumplimiento.

B. *Derecho de la Seguridad Social*

Esta disciplina aporta también base sustantiva en lo que corresponde a los infortunios o riesgos laborales (accidentes y enfermedades profesionales), definiendo las normas correspondientes las circunstancias al efecto, así como de otras contingencias y sus mecanismos de protección.

C. *Derecho Procesal Civil*

Desde el punto de vista procesal, la relación era muy estrecha, básicamente ante la obsoleta normativa adjetiva laboral (LOTPT). Ante la LOPT, que suple las deficiencias en ese sentido, es importante considerar que la doctrina del Derecho Procesal Civil, pertenece al campo de la Teoría General del Proceso, y es la base fundamental de todo proceso judicial.

D. *Otras Disciplinas*

Tanto a nivel del Derecho Público como del Derecho Privado, figuran disciplinas con las cuales el Derecho Procesal del Trabajo tiene relación.

Pensemos en el Derecho Constitucional, Administrativo, Penal, Civil, de Menores (ahora Niños y Adolescentes) y Mercantil, entre otros. Todo en atención a la condición de los sujetos laborales y la actuación de estos y de los órganos administrativos y jurisdiccionales competentes.

CAPÍTULO 2

LOS CONFLICTOS Y LA ORGANIZACIÓN ADMINISTRATIVA Y JUDICIAL DEL TRABAJO

SUMARIO

1. *Los Conflictos Laborales*: A. *Generalidades*. B. *Noción*. C. *Causas*. D. *Clases*: a. *Por su Naturaleza*: *Individuales y Colectivos*. b. *Por la Pretensión que Encierran*: *Económicos o de Intereses y Jurídicos o de Derecho*. 2. *Sistemas para la Solución de los Conflictos*: A. *Tribunales Ordinarios con Procedimiento Ordinario*. B. *Tribunales Ordinarios con Procedimiento Especial*. C. *Tribunales Especializados con Procedimiento Especial*. D. *Intervención de Órganos Administrativos*. 3. *La Organización Administrativa del Trabajo*. 4. *La Organización Judicial del Trabajo*.

1. *Los conflictos laborales*

A. *Generalidades*[1]

En el Informe 2011 sobre las violaciones de los derechos sindicales, de la Confederación Sindical Internacional (CSI) consta que en 2010, el continente americano conservó el Título de "continente más peligroso para el ejercicio de los derechos sindicales". Pero lo más delicado, continúa siendo el alto número de trabajadores víctimas de atentados contra su vida y la integridad física, por ejercer sus actividades sindicales. Colombia sigue a la cabeza en estas cifras, de las 75 personas que en ese año fueron asesinadas por defender los derechos de los trabajadores, 49 corresponden a aquel país, así como 20 (de un total de 24) que sobrevivieron a atentados.

---

[1]   A los fines de ampliar la información sobre este aspecto, recomendamos la lectura de los trabajos siguientes: "Conflictos Colectivos y Protección de la Libertad Sindical en América Latina", " Los Derechos Colectivos de los Trabajadores en Venezuela antes y después de la Nueva Ley del Trabajo" y "Comentarios a la Primera Convención Colectiva Única de los Trabajadores Universitarios 2013-2014". Estos forman parte de los Anexos de este mismo libro.

A todo lo anterior se suma la circunstancia de un centenar de trabajadores que fueron detenidos (en su mayor parte en Panamá), otros miles agredidos en manifestaciones y cerca de 300 despedidos (tres cuartas partes de ellos en Venezuela). Y también se reseña la persistencia de la impunidad, en cuanto a los crímenes contra sindicalistas.

Además consta en el nombrado Informe, que en Venezuela resultaron frecuentes prácticas antisindicales como despidos, negativas a negociar colectivamente y obstáculos a la creación de organizaciones sindicales, en los sectores público y privado. Además, aun cuando no en la proporción de Colombia, persisten los asesinatos de sindicalistas relacionados con las disputas entre sindicatos por los empleos y contratos que realizan con las empresas, o por su posicionamiento sindical dentro de ellas. Igualmente se refleja que las leyes no permiten que los sindicatos lleven a cabo libremente sus actividades, en lo que destaca la falta de adecuación de algunas normas constitucionales (Arts. 95 y 293), así como de mayor número de disposiciones de la LOT[2], en relación a los convenios 87 y 98 de la OIT.

Por otra parte, en el Informe 2010 de PROVEA sobre situación de los Derechos Humanos en Venezuela, destaca en los derechos laborales, que en el lapso del Informe (octubre 2009 a septiembre 2010) las políticas públicas y medidas adoptadas por el Estado, afectaron negativa y positivamente los derechos de los trabajadores. Entre lo negativo figura: oposición a discutir o violaciones a las contrataciones colectivas, acciones para obstaculizar el ejercicio de la libertad sindical, apertura de juicios penales contra dirigentes por ejercer sus funciones, inestabilidad generada por la política de estatizaciones y los altos índices de inflación; y entre lo positivo aparece: aumento del salario mínimo, medidas de control estatal sobre el cumplimiento de las condiciones y medio ambiente de trabajo y la nueva prórroga de la inamovilidad.

Según el Informe quedó en evidencia una vez más, la tendencia continuada a la fragmentación de los sindicatos, la pérdida de autonomía y la crisis de liderazgo, también la injerencia del Estado en los asuntos sindicales, a través del Consejo Nacional Electoral (CNE).

El panorama laboral en América y de manera concreta en Venezuela, denota conflictividad, bajo la circunstancia descrita en los referidos informes.

Por otro lado, la normativa en nuestro país, contempla que las relaciones laborales deben desarrollarse en forma armónica, lo que implica que cada uno de los sujetos laborales cumpla con lo que le corresponde, definiéndose correlativos deberes y derechos por parte de trabajadores y empleadores, en atención a la prestación del servicio y el pago del salario. En esta medida se

---

[2]   La LOT se encontraba vigente para la fecha de este Informe de la CSI. Esa situación no fue solventada con la LOTTT, que sustituyó a la anterior.

contribuye a la paz laboral y por consiguiente a la paz social, con el desarrollo económico y social de la Nación, pero en ausencia de armonía en las relaciones de trabajo, el escenario es de conflicto.

En relación a lo anterior, se observa que el panorama sobre conflictividad social, y en particular la conflictividad laboral es mayor, ya que las medidas sociales y económicas gubernamentales junto a la polarización política existente en el país, no han definido las condiciones adecuadas para el crecimiento y progreso nacional. Así lo reflejan los informes más recientes de la CSI y PROVEA, a lo que sumamos lo que reporta el Observatorio Venezolano de Conflictividad Social (OVCS) y aspectos relacionados a la situación de los derechos humanos en el país, conforme al Informe Anual de la Comisión Interamericana de Derechos Humanos (CIDH).

B. *Noción*

Couture refiere los conflictos del trabajo como *"una fuente inagotable de preocupaciones en el campo del Derecho Procesal" (1979, T. III, 261).* Cuando así el autor expone, es considerando que cuando los conflictos de trabajo asumen aspecto colectivo, no pueden sobrevivir los principios básicos del derecho procesal tradicional.

Alonso García los define como *"alteración de las relaciones laborales y de seguridad social"* (1980, 599), y los conceptúa en los siguientes términos: *"toda situación jurídica que se produce a consecuencia de la alteración ocasionada en el desarrollo o en la extinción de una relación jurídica laboral, y que se plantea entre los sujetos de la misma, o entre las partes de un convenio colectivo"* (Ibid, 603).

C. *Causas*

La circunstancia generadora de la alteración de la relación de trabajo, determina una clase específica de conflicto como analizaremos de seguidas, y así podríamos considerar causas relacionadas con su naturaleza, bien de tipo individual o colectivo, y las atinentes a la pretensión, que son jurídicas o de derecho o en materia económica o de intereses.

D. *Clases*

El autor antes citado, considerando la causa que genera el conflicto de trabajo, plantea la clasificación siguiente:

a. *Por su Naturaleza: Individuales y Colectivos*

- **Conflictos Individuales**: aquellos cuyas consecuencias o efectos, derivados de su objeto, únicamente alcanzan a quienes intervienen como sujetos en él.

- Conflictos Colectivos: aquellos en los que sus consecuencias o efectos se extienden a personas no sujetas al conflicto, que resultan afectadas esencialmente por el mismo.

b. *Por la Pretensión que Encierran: Jurídicos o de Derecho y Económicos o de Intereses*

- Conflictos Jurídicos o de Derecho: Según Alfonso Guzmán, estos versan sobre la interpretación y aplicación de normas preexistentes de cualquier naturaleza, sean legales, contractuales o usuales, si el derecho cuestionado afecta al interés colectivo.

- Conflictos Económicos o de Intereses: según el mismo autor, estos tienden a la creación de nuevas normas contractuales, aunque agregaríamos que también legales o a la modificación o cumplimiento de las normas ya existentes.

Son especie de este género la huelga y el lock-out, con respecto a este último hay opiniones encontradas acerca de su factibilidad en nuestro país.

El propósito de la anterior clasificación, es asignar cada clase de conflicto a un órgano del Estado habilitado para ofrecerle una solución efectiva; de ahí que el conocimiento y tramitación de los conflictos de derecho corresponde a los órganos jurisdiccionales (Tribunales del Trabajo), mientras que los conflictos económicos son competencia de los órganos administrativos (Inspectorías del Trabajo).

Villasmil Prieto indica que con arreglo a lo previsto en la legislación del trabajo, los conflictos colectivos pueden clasificarse bajo tres modalidades:

Los Conflictos Novatorios, cuando se persigue modificar condiciones de trabajo.

Los Conflictos de Cumplimiento o de Ejecución, cuando se reclama la ejecución de las cláusulas de las convenciones colectivas.

Los Defensivos, cuando el sindicato se opone a la adopción de determinadas medidas que puedan afectar negativamente, a los trabajadores de la empresa.

2. *Sistemas para la solución de los conflictos*

En este sentido podemos citar los diversos sistemas, a saber:

A. Tribunales Ordinarios con Procedimiento Ordinario.

B. Tribunales Ordinarios con Procedimiento Especial.

C. Tribunales Especializados con Procedimiento Especial.

D. Intervención de Organismos Administrativos.

Siguiendo a Villasmil Briceño, podemos referir que la especialización de la jurisdicción del trabajo, no fue el producto de un acto caprichoso o arbitrario, sino la resultante de un largo proceso de carácter histórico social.

En las postrimerías del siglo pasado, la administración de justicia en los conflictos derivados de las relaciones de trabajo, estaba encomendada a los jueces civiles ordinarios, quienes tramitaban y decidían estos, siguiendo las pautas y formalidades del procedimiento ordinario, que constituía un procedimiento único para todos los asuntos de carácter civil, por oposición a los penales, sometidos a otra rama de jurisdicción y procedimiento.

En doctrina se refiere que no podemos desconocer los aportes de los jueces civiles en el desarrollo y consolidación del Derecho Procesal del Trabajo, ya que estos han contado con la sensibilidad y comprensión necesaria para decidir los conflictos laborales, interpretando conscientemente el nuevo Derecho, y con el espíritu de innovación y justicia social, en la evolución del Derecho del Trabajo, en muchos casos la jurisprudencia se adelantó a la legislación.

Alonso Olea nos informa que hasta 1908 no existieron en España jueces de trabajo, ni por tanto procesos de esa naturaleza, y la jurisdicción civil conocía *"de las pretensiones basadas en las normas incipientes de Derecho del Trabajo"* (2001, 41).

Este sistema ha sido paulatinamente abandonado en la mayoría de las legislaciones contemporáneas.

En una segunda etapa de evolución, se dictaron leyes especiales para regir los procedimientos del trabajo, pero el conocimiento y decisión de las controversias continuó a cargo de los jueces civiles ordinarios. Este sistema mixto, entonces consiste en el establecimiento de un procedimiento especial, pero manteniendo la jurisdicción de los jueces ordinarios, el cual también ha sido abandonado.

Finalmente se impuso la creación de una jurisdicción especial del trabajo, con un procedimiento igualmente especial para la sustanciación y decisión de los litigios laborales, ante la generalización del trabajo asalariado, el desarrollo y expansión de la industria, la organización sindical de los trabajadores y empleadores, y el consiguiente incremento de los conflictos vinculados con el trabajo, que son característicos de nuestro tiempo, tal como expone Villasmil Briceño.

El autor precisa que el Derecho Procesal marcha paulatinamente hacia la unificación, hacia el establecimiento de una jurisdicción y de un procedimiento judicial único. Y esta unificación se hará realidad un día no muy lejano, en que el procedimiento civil adopte como propios los principios del proceso laboral, porque no es ajena a aquel la necesidad de una justicia rápida, eficiente, equitativa y gratuita.

La intervención de los organismos administrativos laborales, aun cuando se le ubica en un último orden no representa una etapa evolutiva en los sistemas de solución de los conflictos, sino que está definida por la participación del Ministerio del ramo y las Inspectorías del Trabajo, en el conocimiento y decisión de los conflictos económicos o de intereses.

Hecha la anterior consideración, es importante conocer las Formas de Solución que conforme Couture (1979, T. III, 262) el Derecho Comparado suministra para dilucidar o resolver los conflictos laborales, a saber:

a) Discusión y negociación;

b) Conciliación;

c) Mediación;

d) Arbitraje voluntario;

e) Investigación y encuesta;

f) Arbitraje obligatorio;

g) Intervención judicial:

h) Legislación.

Según el nombrado autor constituyen estas soluciones políticas, jurídicas y antijurídicas. Observamos que estas soluciones son compatibles con nuestro sistema de Derecho, y según la circunstancia, comprenden la intervención de organismos administrativos o judiciales laborales. Así en lo referido por Couture, destacan los medios alternativos de solución de conflictos, reconocidos en la Constitución (Único Aparte Art. 258) y las leyes del país (LOPT y LOTTT, entre otras). .

En este sentido, seguidamente abordaremos la Organización Administrativa y Judicial del Trabajo.

3. *Organización administrativa del trabajo*

El ente central administrativo en materia del trabajo, hoy tiene la denominación de Ministerio del "Poder Popular[3] para el Proceso Social de Trabajo" (según Decreto N° 818 en GO N° 40.401 de fecha 29-04-2014), y así guarda correspondencia con la LOTTT (en cuanto al 'proceso social de trabajo').

En este sentido, el nombre anterior fue Ministerio del "Poder Popular" para el Trabajo y Seguridad Social, que consideramos más adecuado por su universalidad, ya que el actual responde a orientaciones ideológicas no acordes con nuestro sistema de Derecho.

---

[3]   El llamado "Poder Popular" corresponde a una Ley de 2010, aun cuando fue materia rechazada entre los postulados de la Propuesta de Reforma Constitucional de 2007.

Constituye este Ministerio uno de los organismos de la Administración Publica Nacional, previsto para asegurar el cumplimiento de la legislación laboral. Inicialmente este encargo fue atribuido a la Oficina Nacional del Trabajo, adscrita al Ministerio de Relaciones Interiores (1936), luego al Ministerio del Trabajo y Comunicaciones (1937), siendo separados estos dos últimos a partir de 1945.

La LOTTT establece las funciones del hoy denominado Ministerio del "Poder Popular para el Proceso Social de Trabajo" (Art. 499), así como las atribuciones del Ministro correspondiente (Art. 500).

Los organismos adscritos a este Ministerio, son los siguientes:

- El Instituto Venezolano de los Seguros Sociales (IVSS).

- El Instituto Nacional para la Capacitación y Recreación de los Trabajadores (INCRET).

- El Instituto Nacional de Prevención, Salud y Seguridad Laborales (INPSASEL).

- El Instituto Nacional de Capacitación y Educación Socialista (INCES).

- La Tesorería de Seguridad Social.

El nombrado Ministerio, cuenta con la siguiente estructura:

- Despacho del Viceministro de Pensiones, Asignaciones Económicas, Salud y Seguridad Laboral

- Despacho del Viceministro para Educación y el Trabajo para la Liberación

- Despacho del Viceministro para Derechos y Relaciones Laborales

- Despacho del Viceministro para el Sistema Integrado de Inspección Laboral y de la Seguridad Social.

A cada uno de los nombrados despachos, corresponden direcciones generales orientadas al cumplimiento de sus fines.

Dentro de la estructura del Ministerio, destaca el Despacho del Viceministro para Derechos y Relaciones Laborales, que cuenta con la organización siguiente: 1. Dirección General de Participación en el Proceso Social del Trabajo y Relaciones Laborales, y 2. Dirección General de Procuraduría de Trabajadores.

A estas Direcciones Generales están vinculadas en el mismo orden que fueron nombradas, las Inspectorías del Trabajo con funciones y obligaciones determinadas (Arts. 507 y 509 LOTTT) y las Procuradurías de Trabajadores, estas últimas con el propósito de asesorar, asistir o representar a los trabajadores de bajos ingresos.

Por otro lado, debemos destacar que conforme la Ley Orgánica de la Defensa Pública, la materia laboral figura entre la competencia de los Defensores Públicos, y de esta manera los Defensores Públicos de Trabajadores (como los nombra la LOPT) pueden actuar ante los órganos administrativos y judiciales.

Planteado esto, consideramos que los Procuradores y los Defensores Públicos de Trabajadores, pueden sumar esfuerzos en aras de facilitar a estos el acceso a los entes administrativos y judiciales laborales.

Finalmente hacemos constar, que la realidad define que las dependencias del Ministerio en cuestión, en especial las Inspectorías del Trabajo, se mantienen abarrotadas de asuntos, y se observa la deficiencia en cantidad y calidad del personal, así como lo inadecuado de la infraestructura de la mayoría de las sedes. Al día de hoy, frente a la circunstancia de la estabilidad absoluta como regla a partir de la LOTTT, la vigencia de los decretos de inamovilidad y aun así, la frecuencia de los despidos, son innumerables los asuntos que por esta materia están en curso, y en especial, pendientes de decisión.

4. *Organización judicial del trabajo*

En nuestro país la Constitución Nacional organiza el Poder Público, conforme el principio político clásico de separación de poderes y funciones.

El Poder Público Nacional se divide en Legislativo, Ejecutivo, Judicial, Ciudadano y Electoral (Art. 136 CN).

El máximo Tribunal lo constituye el Tribunal Supremo de Justicia, en el cual desde el año 2000, existe una Sala de Casación Social, con jurisdicción sobre todo el territorio nacional, que conoce de asuntos agrarios, laborales y de menores (Art. 262 CN).

En el ámbito territorial, la administración de justicia a nivel de los Estados se organiza en Circunscripciones Judiciales, y atendiendo a la materia, en Circuitos Judiciales. Es así como se puede considerar, entre otros, el Circuito Judicial Laboral de la Circunscripción Judicial del Estado Zulia, con la implementación de la LOPT.

Desde mayo de 1991(con la LOT) y hasta agosto de 2003 (con vigencia de la LOPT) se atentó contra la especialidad de la jurisdicción laboral, al atribuir competencia en la materia a Tribunales Ordinarios. Esto respondió a la circunstancia, que ante la derogatoria de la Ley Contra Despidos Injustificados fueron suprimidas las Comisiones Tripartitas, y en adelante los asuntos relacionados con estabilidad (despidos) pasaron al conocimiento de los órganos jurisdiccionales; pero en la práctica no fueron creados nuevos Tribunales, sino que tan solo fueron incorporados a la Jurisdicción Laboral Tribunales Ordinarios.

Como consecuencia de lo anterior, hasta la entrada en vigencia de la LOPT, existían Tribunales Especializados (Tribunales del Trabajo) y Tribunales No Especializados (aquellos Tribunales de Municipio, que atendiendo criterio de cuantía –hasta 25 salarios mínimos- ejercían competencia en la materia, conforme el Art. 655 LOT derogada). La LOPT dispuso que los procesos laborales en curso en los Tribunales de Municipios, continuarían su trámite hasta la decisión definitiva (Art. 200).

La competencia de los Tribunales del Trabajo, está definida en la LOPT (Art. 29) así:

1. *"Los asuntos contenciosos del trabajo, que no correspondan a la conciliación ni al arbitraje;*

2. *Las solicitudes de calificación de despido o de reenganche, formuladas con base en la estabilidad laboral...;*

3. *Las solicitudes de amparo...;*

4. *Los asuntos de carácter contencioso que se susciten con ocasión de las relaciones laborales como hecho social, de las estipulaciones del contrato de trabajo y de la seguridad social;*

5. *Los asuntos contenciosos del trabajo relacionados con los intereses colectivos o difusos".*

Esta competencia es amplia, y comparando con la anterior Ley (LOTPT, Art. 1) es más precisa, con el énfasis en la especialidad jurisdiccional. Además de la competencia general en materia del trabajo y seguridad social, comprende las solicitudes en materia de estabilidad laboral y amparo constitucional, e incluye *"los asuntos contenciosos del trabajo relacionados con los intereses colectivos o difusos"* (numeral 5, Art. 29 LOPT), esto último novedoso en el Derecho Venezolano.

En cuanto a los intereses colectivos o difusos, destacamos un interesante libro: *La Protección de los Intereses Colectivos o Difusos en Venezuela* (Madrid, UCAB, 2014). En el texto es abordada ampliamente esta temática, y se resalta entre otros, derechos de índole social como el derecho al trabajo, en la persona de sujetos como los trabajadores o sus sindicatos, donde *"...grupos de personas determinables....unidas por un vínculo jurídico (interés colectivo), como los sujetos indeterminados que tienen un interés supra personal, entre los que no existe vinculo jurídico....(interés difuso), pueden demandar la reparación del daño causado, incluyendo la imposición de ordenes exigidas a los demandados, tendentes a evitar la continuación del hecho lesivo"* (Madrid, 2014:12).

El mecanismo procesal para la tutela de estos derechos e intereses, es la demanda para la protección de los derechos e intereses colectivos o difusos, prevista en la LOTSJ, y el procedimiento correspondiente aparece descrito a nivel de los artículos 147 al 166.

La Ley Orgánica del Poder Judicial, describe todo lo relacionado con el funcionamiento de los tribunales, y establece que estos pueden ser colegiados y unipersonales, y que tendrán un Secretario y un Alguacil, así como los empleados subalternos necesarios.

La cuantía para recurrir en casación para los asuntos laborales, está prevista en el artículo 167 de la nueva Ley (LOPT), y procede este medio de impugnación contra las sentencias de segunda instancia que pongan fin al proceso (numeral 1) y contra los laudos arbitrales (numeral 2), en ambos casos, cuando el interés principal exceda de tres mil unidades tributarias (3.000 U.T.).

Con base a todo lo planteado, en el ordenamiento jurídico nacional, la Estructura de la Organización Judicial del Trabajo, ateniendo al criterio de jerarquía, es la siguiente:

a) la Sala de Casación Social del Tribunal Supremo de Justicia (conformada por cinco Magistrados).

b) los Tribunales Superiores del Trabajo (pueden ser unipersonales o colegiados);

c) los Tribunales del Trabajo de Primera Instancia (unipersonales, y actúan en fases de sustanciación, mediación y ejecución; y en fase de juicio);

Mediante resoluciones del Tribunal Supremo de Justicia (ano 2003), fueron creadas las Coordinaciones del Trabajo en las diferentes Circunscripciones Judiciales del país, previa supresión de los Tribunales del Trabajo bajo la estructura anterior, y la consiguiente creación de Tribunales para los Regímenes Procesal Transitorio y Nuevo Régimen, atendiendo a las nuevas denominaciones: Tribunales de Primera Instancia de Sustanciación, Mediación y Ejecución, y de Juicio.

En el presente, si bien la mayoría de los asuntos laborales se tramitan bajo el Nuevo Régimen Procesal del Trabajo, aún se encuentran para decisión algunos asuntos correspondientes al Régimen Procesal Transitorio (iniciados bajo la derogada LOTPT), por lo que en los Circuitos Judiciales Laborales del país, existen tribunales con competencia tanto para este Régimen Procesal Transitorio como para el Nuevo Régimen. Esto evidencia, a más de diez años de aplicación de la LOPT, un injustificado retardo procesal.

Por otra parte, mediante Resolución del mismo TSJ (No. 2003-00017 de fecha 19-08-2003), fueron creadas las Oficinas de Apoyo Judicial en las Coordinaciones del Trabajo creadas en las diferentes Circunscripciones Judiciales del país, así como en el Circuito Judicial del Trabajo de la Circunscripción Judicial del Área Metropolitana de Caracas.

Las Oficinas de Apoyo Judicial, se dividen en: Oficinas de Apoyo Directo a la Actividad Jurisdiccional y Oficinas de Servicios Comunes Procesales.

Las Oficinas de Apoyo Directo a la Actividad Jurisdiccional, son las siguientes:

a) La Unidad de Recepción y Distribución de Documentos (URDD);

b) La Unidad de Correo Interno (UCI);

c) La Unidad de Actos de Comunicación (UAC);

d) La Unidad de Seguridad y Orden (USO);

e) La Oficina de Atención al Público (OAP);

f) La Oficina de Deposito de Bienes (ODB);

g) La Oficina de Control de Consignaciones de Tribunales (OCC);

h) Archivo de la Sede (AS).

Las Oficinas de Servicios Comunes Procesales, son las siguientes:

a) La Oficina de Tramitación Laboral (OTL);

b) La Oficina de Secretarios Judiciales (OSJ).

Como punto para terminar en este aspecto, es importante referir la Administración de Justicia del Trabajo en la Venezuela de este Siglo XXI. Para este fin, debemos destacar el efecto positivo de la aplicación de la LOPT y todo lo relativo a la modernización del Poder Judicial, promovida desde 1993 por el Banco Mundial. En esto la automatización ha jugado un rol muy importante, en especial con la aplicación del Sistema Juris 2000. Con un aparente contraste que no es tal, en el libro: *La Revolución Judicial en Venezuela* (Louza, FUNEDA, 2011), se aporta relevantes datos, y entre las conclusiones se resalta:"...el fracaso de la revolución judicial ha traído aún más graves consecuencias que dejar sin efecto las reformas del Poder Judicial y destruir la judicatura: ha hecho que desaparezca el Estado de Derecho y paulatinamente también la democracia" (Louza, 2011: 93)

CAPÍTULO 3

LAS FUENTES Y LOS PRINCIPIOS FUNDAMENTALES DEL DERECHO PROCESAL DEL TRABAJO

SUMARIO

1. *Las Fuentes del Derecho Procesal:* A. *Noción.* B. *Clases:* a. *Primarias o Vinculantes.* b. *Secundarias o No Vinculantes.* C. *Las Fuentes del Derecho Procesal del Trabajo.* 2. *Principios Fundamentales del Derecho Procesal del Trabajo:* A. *La Inversión de la Carga de la Prueba como Principio Especialísimo.* B. *Otros Principios:* a. *Oralidad,* b. *Celeridad,* c. *Concentración,* d. *Simplicidad,* e. *Gratuidad,* f. *Inmediación,* g. *Publicidad,* h. *Prioridad de la Realidad de los Hechos* y i. *Rectoría del Juez en el Proceso.* 3. *Interpretación del Derecho Procesal del Trabajo.*

1. *Las fuentes del derecho procesal*

El estudio doctrinario de las fuentes no corresponde precisamente al campo del Derecho Procesal, pero conviene tratarlo a fin de señalar el origen de la normatividad procesal, como indica Bermúdez Cisneros.

Jaime Martínez nos refiere que estudiar las fuentes del Derecho, consiste en el análisis de su naturaleza, de su origen y de los principios que rigen el orden de su aplicación.

Modernamente se le asigna a la palabra *"fuente"* una triple significación: fuentes formales, referido a los procesos de creación de las normas jurídicas; materiales o reales, que los son factores y elementos que determinan el contenido de tales normas; e históricas, relacionadas a los documentos que encierran el texto de una ley o conjunto de leyes, conforme señala García Máynez.

A. *Noción*

Orientados por una definición elaborada por Rengel-Romberg, podemos señalar a las fuentes del Derecho Procesal como "las reglas o cánones de que puede valerse el Juez en el proceso para valorar la significación jurídica de las conductas procesales que debe juzgar y fundar la fuerza de convicción que ha de tener la resolución que dicte" (1995, 86-87).

B. *Clases*

El nombrado procesalista distingue entre Fuentes Primarias o Vinculantes y Fuentes Secundarias o No Vinculantes.

a. *Fuentes Primarias o Vinculantes*

Están constituidas por la legislación en sentido amplio, o sea tanto las normas legales como reglamentarias, y que son de obligatorio cumplimiento.

b. *Fuentes Secundarias o No Vinculantes*

Esta clase de fuentes, son para el Juez la Jurisprudencia y la Doctrina.

La costumbre no es reconocida entre nosotros como fuente formal del Derecho Procesal. Los usos y las prácticas de procedimiento, solo se admiten para actuaciones de mero trámite, no reguladas en su forma por la ley procesal.

Tanto la jurisprudencia como la doctrina tienen valor como fuente de conocimiento del Derecho Positivo.

A los jueces de instancia, por regla se les sugiere acoger la doctrina de casación en casos análogos, "para defender la integridad de la legislación y la uniformidad de la jurisprudencia" (Art. 321 CPC). A los Jueces del Trabajo en la LOPT (Art. 177) se les ordena aquello, en los términos siguientes: "...deberán acoger la doctrina de casación establecida en casos análogos, para defender la integridad de la legislación y la uniformidad de la jurisprudencia". En este sentido, señalábamos que siendo así, los Magistrados de la Sala de Casación Social del TSJ, debían velar por el apego a derecho de todas sus decisiones, particularmente en materia laboral, dado la obligación descrita de los Jueces de Instancia.

En este sentido, es de interés destacar, que la Sala Constitucional del TSJ en sentencia de fecha 29-10-2009, declaró la desaplicación por control difuso del artículo 177 de la LOPT, aunque la Sala de Casación Social ha decidido que "aún subsiste en nuestro ordenamiento un dispositivo que hace posible defender la uniformidad de la jurisprudencia, a pesar de la desaplicación del sistema de precedentes que se había impuesto en la ley adjetiva laboral, y este no es otro que el artículo 321 del Código de Procedimiento Civil" (Sentencia de fecha 08-04-2010).

C. *Fuentes del Derecho Procesal del Trabajo*

A los efectos de establecer en concreto las fuentes del Derecho Procesal del Trabajo, debemos considerar:

a. **Fuentes primarias o vinculantes.** En atención a estas, consideraremos los siguientes instrumentos normativos:

- La Constitución Nacional. Esta aporta los principios procesales fundamentales denominados por Couture *"las garantías constitucionales del proceso civil" (1979, T. I, 19)* cuando refiere a la tutela constitucional de la justicia. Destacan en nuestra Carta Magna los artículos 26 (derecho de acción) y 49 (garantías del debido proceso).

- La Ley Orgánica Procesal del Trabajo (LOPT).

- La Ley Orgánica del Trabajo, los Trabajadores y las Trabajadoras (LOTTT). Esta básicamente contiene normas sustantivas, pero también normas de procedimiento, tales como los artículos 89 al 93 y 422 al 425 (Procedimientos de Estabilidad Laboral).

- El Código de Procedimiento Civil (CPC).

- Las Leyes Orgánicas del Poder Judicial, del Tribunal Supremo de Justicia y de la Jurisdicción Contencioso Administrativa.

- Decretos y Resoluciones en materia de organización de los tribunales y procedimiento.

- Las normas internacionales del trabajo, también destacan entre estas fuentes[4]. Es el caso de principios derivados de los convenios y recomendaciones de la OIT, y demás instrumentos de este alcance, tales como la Convención Americana sobre Derechos Humanos (Pacto de San José)[5] y el Pacto Internacional sobre Derechos Económicos, Sociales y Culturales, entre otros. Al efecto tienen aplicación los artículos 23 y 31 de la CN.

b. **Fuentes secundarias o no vinculantes.** En cuanto a estas, debemos considerar la opinión emitida por los expertos en el área (la doctrina) y los dictámenes administrativos y decisiones judiciales de los organismos competentes.

Los dictámenes administrativos, corresponden a decisiones emanadas de la Consultoría Jurídica del Ministerio con competencia en materia del trabajo, así como de los entes adscritos (IVSS, INPSASEL, INCRET, INCES y Tesorería de la Seguridad Social), e incluso orientaciones derivadas de providencias de las Inspectorías del Trabajo.

También comprende criterios emanados de órganos de la OIT, como el Comité de Libertad Sindical (CLS) y la Comisión de Expertos en la Aplicación de Convenios y Recomendaciones (CEACR). En casos como este, consi-

---

[4] A los fines de ampliar la información sobre este aspecto, se recomienda la lectura del trabajo: "La Aplicación de las Normas Internacionales del Trabajo sobre Libertad Sindical en Venezuela", que figura entre los Anexos de este mismo libro.

[5] Este instrumento fue denunciado por el Estado Venezolano, con efectividad a partir del 10 de septiembre de 2013, según la CIDH, lo que constituyó un "acto violatorio a todas luces de normas basilares de la Constitución Venezolana, de su bloque de constitucionalidad y de principios rectores del derecho internacional de los derechos humanos" (Ávila, 2013:216).

deramos no se atenta contra la soberanía nacional al seguir recomendaciones de entes internacionales, como de manera errada se ha manifestado y decidido en el país, particularmente cuando se trata de DDHH.

En cuanto a las decisiones judiciales o sentencias, y concretamente la jurisprudencia, corresponde a criterios reiterados por los órganos jurisdiccionales laborales, comprendiendo desde los tribunales de instancia, hasta el máximo Tribunal de la Republica, en Sala de Casación Social. También las salas Constitucional, Electoral y Político-Administrativa, en ocasiones conocen de asuntos en la materia.

En todo caso, es importante destacar que nuestro país se rige por el sistema monista, con "una composición mixta en la que la jurisprudencia adquiere progresivamente un rol preponderante" (De Freitas, 2013: 163). Como idea complementaria, compartimos la aseveración que el principio de confianza legítima "no es óbice para considerar la jurisprudencia como fuente del Derecho, por el contrario, la avala y encomienda en sus funciones de resguardo de la uniformidad,....el Estado de Derecho..., protección de los derechos adquiridos así como también de los Derechos Fundamentales" (De Freitas, 2013:163).

2. *Principios fundamentales del derecho procesal del trabajo*

Una definición muy completa sobre Principios del Derecho, nos aporta Plá Rodríguez, quien los refiere como *"líneas directrices que informan algunas normas e inspiran directa o indirectamente una serie de soluciones por lo que pueden servir para promover y encauzar la aprobación de nuevas normas, orientar la interpretación de las existentes y resolver los casos no previstos"* (1990, 9).

Pasco Cosmópolis establece que son tres (3) los principios esenciales del Derecho Procesal del Trabajo, a saber: *"a) Principio de veracidad, o de prevalencia del fondo sobre la forma; b) Principio Protector, o de desigualdad compensatoria; y c) Criterio de conciencia en la exégesis de la prueba y equidad en la resolución"* (1992, 129).

El nombrado autor destaca la Oralidad-Concentración-Inmediación-Celeridad, como *"conjunto de atributos, íntimamente ligados entre si y virtualmente inseparables, (que) debe conducir a un proceso ideal...en aras de lograr una resolución no solo justa y equilibrada, sino pronta, habida cuenta de la naturaleza alimentaria de los derechos patrimoniales del trabajador y la urgencia social que unánimemente se les reconoce"* (Ibíd., 141).

En adelante consideraremos todo un catálogo de principios, entre los cuales destacan uno propio del Derecho Procesal del Trabajo, y otros que informan al Derecho Procesal en general, pero que tienen sus implicaciones en nuestra disciplina.

A. *La Inversión de la Carga de la Prueba como Principio Especialísimo*[6]

Rodríguez Díaz destaca que en materia del trabajo, el principio procesal civil sobre la carga de la prueba se resquebraja. En base a aquel, el sujeto actor debe probar los hechos constitutivos de la acción, y el demandado los de sus excepciones.

Mille Mille lo nombra como *"Principio de la Contestación Determinativa"*, y otros como *"Principio de la Reversión de la Carga de la Prueba"*. Rodríguez Díaz precisa que ante la desigualdad procesal de las partes, el procedimiento laboral ha creado la tesis de la inversión de la carga de la prueba, para compensar la desigualdad económica del trabajador frente al patrono.

Esta inversión cumple en el proceso una función tutelar, que como dice Trueba Urbina *"sin perjuicio de garantizar los derechos de los factores activos de la producción en el proceso, mira con especial atención cuando se refiere al elemento obrero y a su protección"* (Rodríguez: 1995, 37).

Una expresión concreta de este principio la encontramos en el artículo 135 LOPT, donde se establece sobre la forma de contestar la demanda laboral, con respecto a lo cual la jurisprudencia no fue uniforme en el tiempo, como observaremos más adelante. Igualmente otra forma de invertir la carga probatoria, es la presunción establecida en el artículo 53 LOTTT (presunción iuris tantum de relación de trabajo).

Lo relacionado con la carga de la prueba está previsto en los artículos 1354 del CC y 506 del CPC, y será objeto de estudio más preciso cuando se considere sobre las pruebas.

B. *Otros Principios*

a. *Oralidad*

Constituye la oralidad uno de los principios fundamentales, que ha orientado la reforma procesal en nuestro país. Es así como ya está implementada con la aplicación del COPP y a su vez está prevista como elemento preponderante del nuevo procedimiento laboral, previsto en la LOPT.

Couture señala que este principio de oralidad *"surge de un derecho positivo en el cual los actos procesales se realizan de viva voz, normalmente en audiencia, y reduciendo las piezas escritas a lo estrictamente indispensable"* (1981, 199). Es por esto que Chiovenda expone que *"por oralidad no se entiende ni la simple discusión oral,...ni mucho menos, la exclusión de la escritura del proceso, como el*

---

[6]   Para estos fines podría resultar de mucho interés para el lector, consultar el trabajo: "La Carga de la Prueba y la Actividad Probatoria en el Proceso Laboral. Situación en México y en Venezuela", que destaca entre los Anexos de este libro.

nombre podría hacer creer a los inexpertos" (Newman: 1999, 17). Y es por esto que este autor plantea que todo proceso moderno es mixto, y aclara *"pero un proceso mixto se dirá oral o escrito según el puesto que el mismo conceda a la oralidad y a la escritura, y, sobre todo, según el modo en que en el mismo actué la oralidad"* (*Ibíd.*, 21). Y así Véscovi, refiere que no existe un régimen puro y que todos son *"mixtos con diferente combinación de elementos escritos y orales"* (*Ibídem*).

En todos los procesos, y en los laborales en particular, es conveniente la oralidad del juicio, ya que así los Jueces pueden obtener una impresión más viva del conflicto, sortear obstáculos con mayor facilidad y percibir con rapidez las falsedades. Así se eliminaría el papeleo y las dilaciones fatigosas de lecturas interminables que atentan con la celeridad, como acertadamente señala Rodríguez Díaz.

En la normativa previa a la LOPT, el Decreto Ley de Tránsito y Transporte Terrestre de 2001 (ahora Ley de Transporte Terrestre, 2008) remite al procedimiento oral previsto en el CPC (Arts. 859 al 880), para tramitar la reparación de daños a personas o cosas, generados por accidentes de tránsito (Art. 150 Decreto, ahora Art. 212 Ley).

La oralidad es uno de los principios fundamentales que orientó la reforma de la Ley Adjetiva Laboral (LOTPT), conforme la previsión constitucional (Disposición Transitoria Cuarta, Numeral Cuarto), y que determina la nueva Ley, la LOPT (Arts. 2 y 3). El Proceso por Audiencias, que comprende las audiencias preliminar y de juicio dentro del proceso, es la manifestación evidente de la oralidad en el nuevo procedimiento laboral.

Es importante destacar la asesoría técnica que ha brindado la OIT, a los fines de la modernización de la administración de justicia en América Latina, y de allí el surgimiento de nuevos sistemas procesales laborales en los países de la región. En este sentido, está la encomiable labor cumplida para la aprobación en Nicaragua del Código Procesal del Trabajo y de la Seguridad Social, donde la oralidad como principio preponderante en el proceso, tiene efecto especial (Ciudad, 2013).

b. *Celeridad*

Este principio rige el Derecho Procesal en general, y lo recoge el CPC cuando establece *"la justicia se administrará lo más brevemente posible"* (Art. 10).

La celeridad procesal está estrechamente relacionada con la concentración.

El propósito es arbitrar medidas que den más pronta solución a los conflictos planteados entre trabajadores y empleadores. La economía del tiempo, la precisión (automática) y la perentoriedad de los lapsos expresan esa celeridad.

La celeridad y la gratuidad las comprende Couture en el Principio de Economía, que plantea comprende las siguientes aplicaciones: a) simplificación en las formas de debate; b) limitación de las pruebas; c) reducción de los recursos; d) economía pecuniaria; y e) Tribunales especiales (1981, 189).

En el artículo 23 de la LOTT se contempla está entre los principios de la administración de justicia rápida, para la solución de los conflictos de trabajo.

Este principio sobre celeridad procesal laboral se expresa en los artículos 2 y 3 LOPT, cuando se estable el principio como tal y la brevedad del proceso.

c. *Concentración*

Antes referimos su relación con la celeridad procesal. El propósito de este principio es aproximar los actos procesales unos a otros, reuniendo o concentrando en breve espacio de tiempo la realización de éstos, como especifica Couture.

Chiovenda relaciona directamente celeridad y concentración, y al efecto señala *"decir oralidad, es decir, concentración, y que para que la oralidad sea eficaz y la inmediación rinda sus frutos, el debate debe ser concentrado o continuado, es decir, debe continuar durante todas las audiencias necesarias hasta su terminación, y la sentencia debe ser dictada inmediatamente después de él, para que lo útil de la observación no se pierda"* (Newman: 1999, 23).

La LOTPT recogía el principio en el artículo 64, al establecer que las defensas previas fueran opuestas conjuntamente. Esta norma sentó un precedente muy importante en ese sentido, ya que bajo la vigencia del CPC de 1916, las llamadas excepciones dilatorias y de inadmisibilidad se oponían en una oportunidad distinta en el procedimiento civil.

En cuanto a las cuestiones previas, la LOPT establece que en la audiencia preliminar no se admitirá la oposición de estas (Art. 129), y en ningún momento procesal.

La concentración procesal en la LOPT, se manifiesta en la necesidad de promover las pruebas en la audiencia preliminar (Art. 73), y la evacuación en la audiencia de juicio (Art. 152).

d. *Simplicidad*

Aún cuando no puede existir proceso sin formalismo, ya que a través de las formas se determinan con precisión los actos procesales, el Derecho Procesal del Trabajo no es ni puede ser formalista; por el contrario, la simplicidad y la sencillez (Art. 23 LOTTT) de sus formas, le son inherentes y caracterizan su pureza.

La LOPT recoge este principio, cuando establece la posibilidad de interponer verbalmente la demanda (Parágrafo Único Art. 123). El CPC fue audaz cuando incorporó algunas normas procesales que reducen notoriamente el formalismo, como por ejemplo: libertad probatoria (Art. 395) y valoración de las pruebas según la sana crítica (Art. 507); también cuando combate las reposiciones inútiles (Art. 206).

e. *Gratuidad*

El propósito es que los juicios laborales sean accesibles al trabajador, y que por su costo, la justicia no se convierta en un obstáculo para la satisfacción de los intereses sociales que tutela el Derecho del Trabajo.

La gratuidad comprende la exención de los impuestos de timbres fiscales y cualquier otra contribución fiscal, en todas las actuaciones administrativas o judiciales laborales, y en el servicio prestado por los funcionarios a los sujetos laborales (trabajadores y empleadores). Esto implica que se actúa en papel común sin inutilizar timbres fiscales, y no se cancela arancel alguno Este principio aparece consagrado en los artículos 11 y 23 de la LOTTT; 2 y 8 de la LOPT.

El artículo 8 LOPT establece nuevo alcance a la gratuidad, cuando dispone que los registradores y notarios no pueden exigir pago alguno, en los casos de otorgamiento de poderes y registro de demandas laborales.

Hoy día la gratuidad de la justicia aplica sobre todos los asuntos, conforme la nueva Constitución (Art. 26). Este principio junto con el de celeridad, son los más cuestionados, porque los procesos no resultan gratuitos ni tan rápidos.

f. *Inmediación*

La finalidad es procurar un acercamiento permanente entre las partes, y entre estas y el Juez, a través de los actos procesales, buscando la solución del conflicto. Implica que el Juez debe presidir todos los actos y practicar personalmente todas las pruebas.

Muy ilustrativo es lo que asienta Chiovenda en el sentido que el principio de inmediación *"quiere que el Juez que deba pronunciar la sentencia haya asistido al desarrollo de las pruebas de las cuales debe derivar su convencimiento, esto es, que haya entrado en relación directa con las partes, con los testigos, los peritos y con los objetos del juicio, de modo que pueda apreciar las declaraciones de tales personas y la condición de los lugares, etc., a base de la inmediata impresión recibida de ellos, y no a base de la relación ajena"* (Newman: 1999, 14).

La inmediación esta prevista en el LOPT, cuando comprende la posibilidad de promover a lo largo del proceso, la utilización de medios alternativos para la solución de los conflictos, la necesaria presencia del Juez en el debate y en la evacuación de las pruebas (Art. 6).

El CPC recoge este principio, con aplicación al procedimiento laboral, al disponer que el Juez no puede comisionar para inspecciones judiciales, posiciones juradas (este medio de prueba no es reconocido por la LOPT) e interrogatorios de menores (Art. 234).

g. *Publicidad*

Sobre este principio expone Couture que *"es el más precioso instrumento de fiscalización popular sobre la obra de los magistrados y defensores"* (1981: 192). Rodríguez Díaz lo señala como *"una garantía para el logro de la imparcialidad del proceso"* (1995: 41).

Couture refiere como formas de publicidad dentro del derecho uruguayo, las siguientes: a) exhibición del expediente; b) publicidad de audiencias; y c) publicidad de los debates ante la Suprema Corte.

Debemos destacar, que la publicidad de audiencias y debates, está estrechamente relacionada con el procedimiento oral. La oralidad en nuestro Derecho se ha implementado, en forma parcial en el procedimiento de amparo constitucional, y plenamente en el procedimiento penal.

La publicidad esta prevista en la LOPT, esta hace mención que los actos del proceso son públicos (Art. 4). Al efecto aplica también el artículo 24 del CPC, como fundamento básico, y los artículos 110, 112 y 190 del mismo instrumento legal.

Es importante destacar que los actos del proceso son públicos, pero en ocasiones el Tribunal puede determinar proceder a puerta cerrada, *"por razones de seguridad, de moral o de protección de la personalidad de alguna de las partes" (Art. 4 LOPT)*. La deliberación de los Jueces para el pronunciamiento del fallo, se realiza en privado.

h. *Prioridad de la Realidad de los Hechos*

También se le conoce como Principio Contrato Realidad. El Reglamento de la LOT[7] lo identifica como Principio de Primacía de la realidad o de los hechos, frente a la forma o apariencia de los actos derivados de la relación jurídica laboral (Art. 9, letra c). La Constitución lo contempla dentro de su normativa, al establecer: *"en las relaciones laborales prevalece la realidad sobre las formas o apariencias" (Art. 89, ord. 1°)*. Estos enunciados guardan relación con los previsto en los artículos 22, 23 y 39 de la LOTT.

---

7   El Reglamento de la LOT (de 1999, modificado en 2006) se encuentra en vigencia parcial sobre materias no contrarias a la LOTT. En cuanto al tiempo de trabajo, existe un Reglamento Parcial de la LOTT (2013). Este aclaratoria debe tomarse en cuenta en lo sucesivo.

Constituye propiamente un principio del derecho sustantivo, conforme al cual el Juez debe declarar la existencia de la relación de trabajo, independientemente de la apariencia o simulación formal que las partes puedan haberle dado a dicha relación (Exposición Motivos LOPT).

i. *Rectoría del Juez en el Proceso*

A este principio se le conoce también como Impulso de Oficio o Principio Oficial, que es opuesto al Principio Dispositivo o de dirección del proceso por las partes. Está consagrado en el artículo 6 LOPT, también lo contemplan los artículos 14 y 401 del CPC. Implica el deber del Juez de impulsar el proceso personalmente, a petición de parte o de oficio, hasta su conclusión.

En la nombrada norma (Art. 6 LOPT) se establece la facultad del Juez de Juicio, de "ordenar el pago de conceptos...distintos de los requeridos, cuando estos hayan sido discutidos en el juicio y estén debidamente probados o condenar al pago de sumas mayores que las demandadas..., siempre que no hayan sido pagadas".

3. *Interpretación del derecho procesal del trabajo*

Couture afirma que el Derecho es un todo, y las normas de interpretación deben ser generales en su aplicación. Y concretamente este autor expone, como citamos antes, que interpretar la Ley procesal, implica interpretar (desentrañar el sentido dentro del orden normativo, según el autor) de todo el Derecho Procesal, en su plenitud, partiendo de los mandamientos o preceptos básicos de orden constitucional, porque "*se interpreta el* Derecho y no la Ley" (1979, T. III, 64).

Rocco sostiene que el Derecho Procesal requiere de sistemas especiales en lo concerniente a su interpretación.

Bermúdez Cisneros (1995) comparte la segunda tesis, considera que para la interpretación del Derecho Procesal, se requiere que el intérprete tenga presente la naturaleza del Derecho que va a analizar, porque el conocimiento de los principios básicos de ese derecho procesal, fijará la pauta para el método de interpretación que debe aplicarse.

Trueba Urbina nos indica que la teoría de la interpretación de las normas procesales del trabajo, nunca ha sido objeto de estudio particular. Sin embargo, las reglas de interpretación existieron en el Derecho Romano, en el Digesto.

Este mismo autor expone, que se cuenta con una base científica para la construcción de una teoría interpretativa de la legislación procesal del trabajo, apoyado en la finalidad de la norma y en la conveniencia social, encaminada hacia la concepción de un estado social de derecho, libre de prejuicios, normativo, humanitario y justo, en el que estén socializados el capital, la tierra y el trabajo. En esta base apoya el autor su teoría integral, en cuanto al fin reivindicativo de la norma laboral.

Para este efecto, resulta interesante conocer las afirmaciones que hace el autor, cuando estudia la naturaleza y fines del Derecho Procesal del Trabajo, refiriendo que este es:

a) Derecho de lucha de clases.

b) Proteccionista de los trabajadores.

c) Reivindicatorio de los trabajadores.

Afirma que esta disciplina así como el Derecho del Trabajo, constituyen instrumento de lucha de los trabajadores en el proceso: derecho de lucha de clases.

El Derecho Procesal del Trabajo es proteccionista de una de la partes, de la parte obrera, cuando su lucha aflora en los conflictos del trabajo, y estas se llevan a la jurisdicción laboral, no solo para la aplicación del precepto procesal, sino para la interpretación tutelar del mismo a favor de los trabajadores.

Por otra parte, el autor indica que la función reivindicatoria la deben ejercer los tribunales del trabajo en el proceso laboral, en donde pueden advertir fácilmente las injusticias y aplicar los principios reivindicatorios de los derechos de los trabajadores en el propio juicio laboral, para el aplazamiento del ejercicio del derecho a la resolución proletaria.

Agrega que la ineficacia de la justicia del trabajo provoca el estallido social reivindicatorio.

CAPÍTULO 4

LAS PARTES EN EL PROCESO LABORAL

SUMARIO

1. *Las Partes en el Proceso: Nociones Formal y Sustancial*. 2. *La Capacidad o Legitimidad Procesal: A. Noción de Capacidad y Legitimación. B. Capacidad de Ser Parte y Capacidad Procesal. C. La Capacidad de Postulación. D. La Representación Procesal: Legal y Judicial. E. La Pluralidad de Partes (Litisconsorcio: Activo y Pasivo). 3. Los Sujetos Laborales y su Capacidad: A. Noción de Sujetos Laborales. Exclusión de determinados Sujetos. B. Capacidad de los Trabajadores y sus Organizaciones. C. Capacidad de los Empleadores y sus Organizaciones. 4. La Protección Laboral de Niños y Adolescentes: Breve Identificación de Normas Sustantivas y Adjetivas aplicables.*

1. *Las partes en el proceso: nociones formal y sustancial*

Las partes (actor y demandado) y el Juez (titular del órgano jurisdiccional), constituyen los sujetos del proceso, considerándose este último el sujeto principal.

Rengel-Romberg nos indica que el concepto de parte no es exclusivo del proceso, ya que esta noción tiene uso en diversos campos del Derecho y en el lenguaje común, con diversos significados.

En el proceso civil, y en el proceso en general, la noción de parte adquiere un significado específico y designa, como lo expresa Couture: *"el atributo o condición del actor, del demandado o del tercero interviniente que comparecen ante los órganos de la jurisdicción en materia contenciosa, requiriendo una sentencia favorable a su pretensión"* (Rengel -Romberg, 1995:24).

Calamandrei define las partes como *"el sujeto activo y el sujeto pasivo de la demanda judicial"* (Ibídem), y Rengel-Romberg partiendo de esto, expone que pueden definirse más exactamente como *"el sujeto activo y el sujeto pasivo de la pretensión que se hace valer en la demanda judicial"* (Ibid:27).

De lo anterior se desprende, que los autores referidos consideran a las partes como sujetos de la pretensión, y no sujetos de la acción, puesto que esta surge entre el ciudadano y el Estado (deber de jurisdicción).

En doctrina las diversas posiciones sostenidas en torno al concepto de parte, pueden reducirse a dos principales:

a) La que sostiene que el concepto de parte es meramente formal y lo extrae exclusivamente de la noción procesal, y

b) La que considera que la noción de parte no puede desvincularse de la relación sustancial o del interés que se hace valer en el juicio.

En la doctrina procesal prevalece la primera concepción y según el último autor nombrado, arranca de la concepción publicista de la autonomía del Derecho Procesal y de su emancipación del Derecho Civil o sustancial.

Conforme la primera concepción (noción formal), las partes son el sujeto activo y el sujeto pasivo de la demanda judicial.

Según la noción sustancial de la parte, se concibe estrechamente vinculada a la acción y al interés que se hace valer en la causa, e identifica el concepto de parte con el de justa parte, porque para esta doctrina no se puede concebir otra parte sino aquella que sea justa, esto es, legitimada para obrar.

2. *La capacidad o legitimidad procesal*

A. *Noción de Capacidad y Legitimación*

Capacidad: es la aptitud de ser sujeto de derechos y obligaciones. En este sentido podemos distinguir entre la capacidad jurídica, legal o de goce (con esta cuenta todo sujeto desde el nacimiento) y la capacidad de ejercicio, de disfrute y de obrar (se adquiere con la mayoridad).

En Derecho la capacidad es la regla general, y la incapacidad la excepción, haciendo la Ley depender esta de ciertas circunstancias, tales como la minoridad, la interdicción y la inhabilitación (Art. 1.144 CC).

Las personas comprendidas en las causas de incapacidad, no pueden ejercer por si mismas sus derechos en juicio, deben ser representadas o asistidas según las leyes que regulen su estado o capacidad (Art. 137 CPC), y se dice que carecen de capacidad procesal.

Legitimación: es la cualidad necesaria para ser parte. La regla general en esta materia, conforme Loreto puede formularse así: *"la persona que se afirma titular de un interés jurídico propio, tiene legitimación para hacerlo valer en juicio (legitimación activa), y la persona contra quien se afirma la existencia de ese interés, en nombre propio, tiene a su vez legitimación para sostener el juicio (legitimación pasiva)"* (1956:77).

No se debe confundir la legitimación con la titularidad del derecho controvertido, esta última es una cuestión de mérito, sobre la que hay pronunciamiento en la sentencia definitiva, al declarar con lugar o sin lugar la demanda.

La falta de cualidad o la falta de interés en el actor o en el demandado para intentar o sostener el juicio, solo pueden proponerse por el demandado, junto con las defensas invocadas en la contestación de la demanda, conforme el artículo 361 del CPC.

B. *Capacidad de Ser Parte y Capacidad Procesal*

Capacidad de Ser Parte: señala Calamandrei que pueden ser sujetos de una relación jurídico procesal *"todas las personas, físicas y jurídicas, que pueden ser sujetos de relaciones jurídicas en general, esto es, todos aquellos (hombres o entes) que tienen la capacidad jurídica"* (Rengel-Romberg, 1995:33). Esto lo simplifica Rengel-Romberg cuando señala que la capacidad de ser parte *"es la capacidad para ser sujeto de una relación procesal" (ibídem)*.

Capacidad Procesal: es distinta a la capacidad de ser parte. Mientras que la primera pertenece a toda persona física o moral que tiene capacidad jurídica o de goce, la segunda corresponde solamente a *"las personas que tienen el libre ejercicio de sus derechos, esto es, la capacidad de obrar o de ejercicio del derecho civil" (Ibíd.: 35)*.

La capacidad procesal es regulada por el artículo 136 del CPC, que establece: *"son capaces para obrar en juicio, las personas que tengan el libre ejercicio de sus derechos, los cuales pueden gestionar por si mismos o por medio de apoderados, salvo las excepciones establecidas por la Ley"*.

C. *La Capacidad de Postulación*

La Capacidad de Postulación también identificada como *Ius Postulandi*, se define como la facultad que corresponde a los profesionales del Derecho o abogados, para realizar actos procesales con eficacia jurídica, en calidad de partes, representantes (apoderados) o asistentes de la parte.

En la definición anterior destaca que esta capacidad es meramente profesional y técnica, correspondiendo exclusivamente a los abogados (Art. 166 CPC).

Al efecto es importante destacar, que con esta capacidad cuentan los abogados en el ejercicio libre de su profesión, no inhabilitados por alguna de las circunstancias legales relacionadas con su condición o por la aplicación de alguna sanción disciplinaria (Ley de Abogados Arts. 3, 4 y 12).

D. *La Representación Procesal: Legal y Judicial*

La Representación Procesal nos indica Rengel-Romberg "*constituye una relación jurídica, de origen legal, judicial o voluntario, por virtud de la cual una persona, llamada representante, actuando dentro de los límites de su poder, realiza actos procesales a nombre de la parte llamada representada, haciendo recaer sobre esta los efectos jurídicos emergentes de su gestión*" (1995:52). La parte representada ha de ser persona natural o jurídica.

En el caso de la representación judicial, es importante destacar que el representante debe contar con el "*ius postulandi*", a los fines de poder realizar actos procesales validos en nombre de quien representa. En ocasiones, el representante legal reúne tal condición, y así puede actuar, de otra manera tendrá que otorgar mandato para los fines judiciales.

E. *La Pluralidad de Partes (Litisconsorcio: Activo y Pasivo).*

La figura del Litisconsorcio se origina en los procesos con pluralidad de partes. En sentido técnico, el Litisconsorcio puede definirse como "*la situación jurídica, en que se hayan diversas personas vinculadas por una relación sustancial común o por varias relaciones sustanciales conexas, que actúan conjuntamente en un proceso, voluntaria o forzosamente, como actores (**Litisconsorcio Activo**) o como demandados (**Litisconsorcio Pasivo**) o como actores de un lado y como demandados del otro*" *(Rengel -Romberg, 1995:42).*

Una decisión de la Sala Constitucional del TSJ (28 de noviembre de 2001), generó controversia en cuanto a la acumulación de acciones de varios actores contra un mismo empleador o patrono. El conflicto fue resuelto con la aplicación inmediata (una vez publicada en Gaceta) del artículo 49 LOPT, sobre litisconsorcio pasivo (acumulación de acciones de varios actores), conforme lo previsto en el artículo 194.

3. *Los sujetos laborales y su capacidad.*

A. *Noción de Sujetos Laborales. Exclusión de Determinados Sujetos.*

Referirnos a los Sujetos Laborales, es considerar a los trabajadores[8], a los empleadores o patronos (persona natural o jurídica) y a las correspondientes asociaciones profesionales o sindicatos.

---

8   La LOTTT elimina la tradicional distinción entre empleados y obreros, considerada hoy día universalmente como discriminatoria. Aun cuando en el sector publico venezolano se mantiene tal diferenciación, y se hace más alarde de ello, cuando es el interés en resaltar una determinada clase de trabajadores en el "proceso social trabajo".

Igualmente comprenderíamos al Juez, como sujeto llamado a decidir las controversias o conflictos. Se trata de estudiar las aptitudes de las personas dentro del ámbito de aplicación del Derecho del Trabajo y ante el proceso.

La normativa sustantiva laboral (LOTTT) aporta los conceptos de trabajador (dependiente, no dependiente, de dirección, de inspección y de vigilancia en los Arts. 35 al 38) y de patrono o empleador (Art. 40). Los sindicatos como organizaciones profesionales, han de ser de trabajadores (Art. 367) y de patronos o empleadores (Art. 368).

Exclusiones. Los miembros de los cuerpos armados (Art. 5) y los funcionarios públicos de todos los niveles de la administración (Art. 6) están excluidos de la aplicación de la legislación laboral, aunque a los segundos, se les aplica la LOTTT en forma supletoria, o sea en todo lo no previsto en su normativa especial. En todo caso los derechos de estos sujetos se encuentran garantizados a través de otros regímenes de protección, no correspondiéndole a la jurisdicción laboral conocer de sus conflictos.

B. *Capacidad de los Trabajadores y de sus Organizaciones*

En materia laboral la capacidad negocial, de obrar o de ejercicio presenta atenuaciones, ya que conforme la LOPNA *"se reconoce a los adolescentes , a partir de los catorce años de edad, el derecho a celebrar válidamente actos, contratos y convenios colectivos relacionados con su actividad laboral y económica, así como para ejercer las respectivas acciones para la defensa de sus derechos e intereses, inclusive el derecho de huelga, ante las autoridades administrativas y judiciales competentes"* (Art. 100).

De esta forma los menores de edad, mayores de catorce años, pueden ejercer libremente sus derechos individuales y colectivos como trabajadores, bajo las condiciones previstas en la Ley (T. II, C. III, Arts. 94-116 LOPNA).

Las organizaciones sindicales de trabajadores y empleadores, cumplidos los requisitos legales para su constitución y funcionamiento, deben velar de manera fundamental, por la defensa y protección de los intereses de sus afiliados (Art. 365 LOTTT), contando unas y otras, con atribuciones y finalidades que les son propias (Arts. 367 y 368 LOTTT).

C. *Capacidad de los Empleadores y sus Organizaciones*

El empleador o patrono como titular de la empresa, establecimiento, explotación o faena, puede ser persona natural o jurídica (Art. 40 LOTTT).

Al efecto es importante destacar sobre la representación del patrono, que se considera recae en las personas que ejercen funciones de dirección o de administración, aún sin tener mandato expreso (Art. 41).

Anteriormente ya se dejó asentado, lo relacionado a las organizaciones sindicales de empleadores, que tratamos conjuntamente con las de los trabajadores.

4. *La protección laboral de niños y adolescentes*

Breve Identificación de Normas Sustantivas y Adjetivas Aplicables.

Se trata de un régimen especial de trabajo ahora regulado por la Ley Orgánica para la Protección de Niños, Niñas y Adolescentes (LOPNA), reformada en el 2007.

Las normas sustantivas sobre el trabajo de niños, niñas y adolescentes antes consideradas, garantizan el ejercicio de los derechos individuales y colectivos de estos trabajadores, y están comprendidas en el Título II (Derechos, Garantías y Deberes), Capítulo III (Derecho a la Protección en materia de Trabajo), artículos 94 al 116. Entre estas normas destacamos ya, la que establece sobre la capacidad laboral reconocida a los adolescentes trabajadores, que les permite contratar y ejercer acciones, sin requerir autorización (Art. 100), y la que dispone sobre la aplicación preferente de las disposiciones de ese Título a la legislación ordinaria del trabajo (Art. 116).

Con relación a las normas adjetivas, aplica el procedimiento ordinario, por referencia expresa de la Ley especial en mención (segunda parte del artículo 115), considerando en forma supletoria las normas de la LOPT. El nombrado procedimiento está previsto en el Capítulo IV del Título IV (Instituciones Familiares), artículos 450 al 492 de la misma Ley, por ante los órganos jurisdiccionales correspondientes, a saber: los Tribunales de Protección de Niños, Niñas y Adolescentes (constituidos en primera instancia por jueces de mediación y sustanciación y jueces de juicio, y en segunda instancia, por jueces superiores –Art. 175 Segunda Parte-) y la Sala de Casación Social del Tribunal Supremo de Justicia (Art. 173). En este procedimiento informan los principios antes considerados, incluyendo la oralidad.

TÍTULO II

EL PROCEDIMIENTO ORDINARIO LABORAL

INTRODUCCIÓN

A partir del desarrollo de estos capítulos, nos abocaremos al estudio del Procedimiento Laboral, sea a través del Procedimiento Ordinario o los Procedimientos Especiales del Trabajo.

El Procedimiento Ordinario Laboral tiene lugar en sede judicial, ante el reclamo de conceptos laborales comunes, o de asuntos relativos a accidentes y enfermedades profesionales. El estudio correspondiente lo asumiremos identificando los diferentes estados o momentos del proceso (fases de introducción, instrucción decisión y ejecución), y las instancias o grados para el conocimiento de la causa.

Los Procedimientos Especiales Laborales se desarrollan a nivel de órganos judiciales (asuntos sobre amparo, estabilidad relativa y contencioso administrativo laboral) y administrativos (asuntos sobre estabilidad absoluta y negociación colectiva), con aplicación de normas igualmente especiales (LOADGC, LOTTT, LOPT y LOJCA, entre otras).

CAPÍTULO 5

LA INTRODUCCIÓN DE LA CAUSA LABORAL

SUMARIO

1. *La Demanda*: A. *Noción*. B. *Efectos: Procesales y Sustanciales*. C. *Requisitos: Generales y Específicos*. 2. *El Emplazamiento*: A. *Noción*. B. *La Citación y la Notificación como Actos de Comunicación Procesal*. a. *Características de la Citación* (*Extensibles a la Notificación*). b. *Efectos de la Citación* (*Extensibles a la Notificación*): *Procesales y Sustanciales*. c. *Formas de Notificación en el Nuevo Procedimiento Laboral: Carcelaria, por Medios Electrónicos, por Correo, del No Presente y por Edicto*. d. *Factibilidad de la Perención Extraordinaria de la Instancia Laboral*. 3. *Las Defensas del Demandado*: A. *La Defensa como Derecho Constitucional y las Garantías del Debido Proceso*. B. *Presupuestos Procesales de la Acción Laboral*. C. *Las Cuestiones Previas en el Nuevo Procedimiento Laboral*. D. *El Despacho Saneador como Medio para subsanar deficiencias en Presupuestos Procesales*. 4. *El Proceso por Audiencias*: A. *La Audiencia Preliminar*. B. *La Audiencia de Juicio*. 5. *La Contestación de la Demanda*: A. *Noción*. B. *Oportunidad*. C. *Forma*. D. *Efectos*. 6. *La Compensación en Materia Laboral*. 7. *La Reconvención Laboral*. 8. *La Confesión Ficta*. 9. *Las Medidas Cautelares en el Procedimiento Laboral*.

1. *La demanda*

A. *Noción*

La Constitución reconoce a toda persona, el derecho de acceso a los órganos de administración de justicia para hacer valer sus derechos e intereses, a su tutela efectiva y a obtener con prontitud la decisión correspondiente (Art. 26). Al efecto, el Estado debe garantizar *"verdadera"* justicia (véase Único Aparte artículo en comento).

Conforme el CPC el procedimiento ordinario comienza con la interposición de la demanda (Art. 339), que en materia civil ha de ser escrita, pero la demanda laboral podría ser oral, debiendo reducirse a escrito en forma de acta (Parágrafo Único Art. 123 LOPT, y anteriormente en Art. 63 LOTPT), aunque la validez de este último precepto sería discutible, conforme explica Villasmil Briceño (1988), ya que se contempla la posibilidad de que el actor comparezca al Tribunal del Trabajo, sin estar asistido por abogado, lo que contraría lo previsto en la Ley de ejercicio respectiva (Art. 4 LA).

Carnelutti escribe que la demanda es *"una carga procesal, puesto que quien pretende hacer valer un derecho en juicio, tiene forzosamente que proponer su demanda por ante la autoridad judicial competente"* (Villasmil B., 1988:55).

Rengel-Romberg expone que como acto introductorio de la causa, la demanda puede definirse como *"el acto procesal de la parte actora mediante el cual ésta ejercita la acción, dirigida al Juez para la tutela del interés colectivo en la composición de la litis, y hacer valer la pretensión, dirigida a la contraparte pidiendo la satisfacción de la misma"* (1995: V. III, 24).

Couture entiende por acto procesal *"el acto jurídico emanado de las partes, de los agentes de la jurisdicción o aún de los terceros ligados al proceso, susceptible de crear, modificar o extinguir efectos procesales"*. (1981: 201).

Rodríguez Díaz presenta una definición más sintética, en los términos siguientes *"la demanda es un acto procesal mediante el cual se materializa el derecho de acción y se interpone la pretensión"*. (1995: 59).

De las definiciones aportadas se desprende como fue tratado en el primer tema, que los conceptos *"demanda"*, *"acción"* y *"pretensión"* son diferentes, aún cuando existe la tendencia a confundirlos.

B. *Efectos: Procesales y Sustanciales*

Siguiendo a Rengel-Romberg, podemos establecer los efectos de la interposición de la demanda, de la manera siguiente:

Efectos Procesales:

a) Da comienzo al procedimiento ordinario.

b) Hace surgir la obligación del Juez de proveer la admisión o negación de la demanda.

c) Obliga al Tribunal a ordenar la comparecencia del demandado para la contestación de la demanda.

d) Hace nacer en cabeza del demandante, la carga de gestionar la citación del demandado.

e) Determina las partes en el proceso.

f) Determina el objeto del proceso (la pretensión).

Efectos Sustanciales:

a) Interrumpe la prescripción (Art. 52 LOTTT y 1969 CC). Según la LOTTT opera esto por la mera introducción de una demanda judicial, sin exigirse el registro del libelo ni la notificación del demandado.

b) En otros casos, restringe el derecho del demandante como ocurre cuando el acreedor ha demandado a uno de los codeudores por su parte, y éste ha convenido en la demanda o ha habido sentencia condenatoria, caso en el cual se presume que el acreedor ha renunciado a la solidaridad (Art. 1234, ord. 2o CC).

C. *Requisitos: Generales y Específicos*

Según Villasmil Briceño los requisitos que debe contener la demanda, pueden sistematizarse en:

Requisitos Generales:

Los requisitos de carácter general, aplicables a toda demanda que se intente por ante los Tribunales son:

a) Forma Escrita. Esto comprende en el procedimiento civil al ordinario, el oral y el breve.

b) Suficiencia. Debe bastarse a sí misma y contener toda la información necesaria.

c) Pretensión. Toda demanda debe contener una pretensión, es decir, una afirmación de interés.

El artículo 340 del CPC determina los requisitos que deben reunirse en el libelo de la demanda.

Requisitos Específicos:

El artículo 123 LOPT establece sobre los *"datos"* que debe contener la demanda laboral. En la primera parte de la norma, se dispone sobre los requisitos de las demandas sobre asuntos comunes, y en la segunda parte, sobre demandas concernientes a accidentes de trabajo o enfermedades profesionales.

La disposición citada comprende todos los requisitos, y no resulta necesaria ya la aplicación del artículo 340 del CPC.

2. *El emplazamiento*

A. *Noción*

Se entiende como la actuación judicial que ordena la comparecencia del demandado en determinado momento, para dar contestación a la demanda.

En el CPC está regulado, en lo que respecta al procedimiento ordinario, por el artículo 344, que ordena la comparecencia del demandado dentro de los veinte (20) días siguientes a su citación (lapso procesal), o la del último de ellos si fueren varios, y en lo que respecta al procedimiento breve, el artículo 883 señala el segundo día siguiente a la citación del demandado (término procesal).

En el procedimiento del ordinario laboral, el artículo 126 LOPT establece que admitida la demanda, se ordenará la *"notificación"* del demandado, mediante un cartel que indicará el día y la hora acordada para la celebración de la audiencia preliminar. Esta comparecencia será personalmente o mediante apoderado, para el décimo día hábil siguiente (es un término), *"posterior a la constancia en autos de su notificación o a la última de ellas, en caso de que fueran varios los demandados" (Art. 128 LOPT)*.

La contestación de la demanda tendrá lugar concluida la audiencia preliminar, sin lograr conciliación ni arbitraje, dentro de los cinco (5) días hábiles siguientes (es un lapso) (Art. 135 LOPT).

En procedimiento civil el emplazamiento se realiza sólo para la contestación de la demanda, y esto sin hora ni día determinados (se trata de un lapso, Art. 344 CPC), ya que no es necesaria la presencia del demandante en acto alguno (no hay conciliación formal).

B. *La Citación y la Notificación como Actos de Comunicación Procesal*

Tanto la Citación como la Notificación constituyen actos de comunicación procesal. La diferencia radica en que en la primera, el propósito es hacer el llamado para la comparecencia de un sujeto al proceso, sea para contestar la demanda o para algún otro propósito, mientras que en la Notificación, la finalidad es dar a conocer a un sujeto sobre un acto procesal en el cual ha de tener algún interés. Para estos efectos, es importante tener en cuenta el alcance de los artículos 26 y 233 del CPC.

En la Ley Orgánica Procesal del Trabajo (LOPT), se contempla la notificación como medio para llamar al demandado a comparecer en juicio, lo que resulta erróneo, dada la naturaleza de este acto de comunicación procesal.

En la Exposición de Motivos LOPT justifican esto para *"...flexibilizar la forma de dar aviso a la parte demandada en los juicios laborales, al tiempo que se le impone al Juez el deber de garantizar el derecho a la defensa y el debido proceso de las partes en juicio, el cual además se desarrolla en audiencia, lo que impedirá casi en forma absoluta la posibilidad de fraude en ese estado del proceso"*.

a. *Características de la Citación (Extensibles a la Notificación).*

Siguiendo a Rengel-Romberg estas características son las siguientes:

a) Es formalidad necesaria para la validez del juicio, pero no es esencial.

b) Las reglas de la citación no son de orden público.

c) La práctica de la citación debe constar por escrito.

b. *Efectos de la Citación (Extensibles a la Notificación): Procesales y Sustanciales*

Efectos Procesales:

a) Pone las partes a derecho (Art. 26 CPC).

b) Origina en el demandado la carga de comparecer a la contestación de la demanda.

c) La citación determina la prevención. Según Couture la prevención es *"la situación jurídica en que se haya un órgano del Poder Judicial, cuando ha tomado conocimiento de un asunto antes que otros órganos, también competentes, y que por ese hecho dejan de serlo"* (Rengel-Romberg, 1995:236).

d) La citación perpetua la competencia (esta no se alteraría por cambio de circunstancias de hecho. Ej.: cambio de valor del objeto, pero sí por cambios de derecho que pudiera introducir una nueva Ley procesal, como podría ser la modificación de distribución de competencia).

Efectos Sustanciales:

Estos efectos son todos civiles, salvo la interrupción de la prescripción, a saber:

a) Obliga al poseedor de buena fe a restituir los frutos que percibiere después que se le haya notificado legalmente de la demanda (Art. 790 CC).

b) Interrumpe la prescripción cuando es practicada dentro del lapso previsto para esta (Art. 1969 CC). En materia laboral con la aplicación de la LOTTT, ya no está previsto el efecto interruptivo de la prescripción con la citación o notificación, ya que se alcanza por la mera (calificativo nuestro) reclamación ante la autoridad administrativa, o *"...por acuerdos o transacciones celebrados ante el funcionario....competente del trabajo..."* (Art. 52, letra c).

c) Constituye en mora al deudor.

c. *Formas de Notificación en el Nuevo Procedimiento Laboral: Cartelaria, por Medios Electrónicos, por Correo, del No Presente y por Edicto*

Previo a considerar tales formas, en el procedimiento laboral, debemos destacar los artículos 41 y 42 LOTTT, que comprenden todo lo relacionado con los representantes del patrono[1].

---

[1] Es el caso de patronos o empleadores personas jurídicas. Hoy día esta circunstancia se presenta en la mayoría de las situaciones, particularmente, frente a medianas y grandes empresas, siendo el medio socorrido a los fines de no asumir responsabilidad personal desde el punto de vista patrimonial. Aunque la LOTTT contempla una responsabilidad solidaria de los accionistas (Art. 151). Esta última es cuestionable desde el punto de vista civil y mercantil,

La LOPT contiene regulación expresa sobre tres (3) formas de notificación, a saber:

Notificación Cartelaria:

Este tipo de notificación está prevista, en sintonía con la celeridad y gratuidad necesarias, aplica a todo empleador persona natural o jurídica (público y privado) y debe practicarse de conformidad con el artículo 126 LOPT. El Alguacil es el funcionario llamado a practicarla, mediante cartel con el día y la hora fijados para la celebración de la audiencia preliminar. Este cartel será fijado *"...a la puerta de la sede de la empresa, entregándole una copia del mismo al empleador o consignándolo en (sic) su secretaria o en su oficina receptora de correspondencia, si la hubiere..." (Encabezamiento Art. 126 LOPT).*

Bajo los términos descritos, el legislador piensa en el empleador en condición de persona jurídica, ya que el empleador persona natural no cuenta con *"empresa"*, salvo que se considere cualquier sitio donde se labore. En todo caso, los empleadores persona natural, son una especie en extinción, primero porque la tendencia de hoy es a una mejor organización del trabajo, y segundo, porque con los empleadores persona jurídica, se limita la responsabilidad, al patrimonio correspondiente.

A su vez, la Ley dispone que el Alguacil dejará constancia en el expediente, de la práctica de la notificación, y así mismo el Secretario debe poner (sic) constancia en autos, y al día siguiente comenzará a contarse el lapso de comparecencia a la audiencia preliminar, que como se ha estudiado, es un término de diez (10) días, a la hora fijada (Art. 128 LOPT).

También tiene aplicación lo siguiente:

a) La facultad del demandado para darse por citado (notificado en este caso), mediante una simple diligencia ante el Secretario del Tribunal (Art. 216 CPC).

b) La citación (notificación) mediante apoderado, con faculta expresa para ello (Art. 217 CPC y Segunda Parte Art. 126 LOPT).

c) La posibilidad de gestionar la citación (notificación) mediante la intervención de otro Alguacil o de un Notario de la jurisdicción del Tribunal (Arts. 218 P.U. y 345 CPC; Parágrafo Único Art. 126 LOPT).

Notificación por Medios Electrónicos:

Con aplicación del Decreto-Ley Mensajes de Datos y Firmas Electrónicas (DLMDFE), está previsto en la LOPT (Tercera Parte Art. 126), la posibilidad que de oficio o a solicitud de parte, el Tribunal pueda practicar la notificación por los medios electrónicos *"...de los cuales disponga siempre y cuando*

---

pero probablemente una solución justa, frente a lo ilusorio que resulta en muchos casos la garantía de cumplimiento de los derechos de los trabajadores.

estos le pertenezcan". En este sentido, debe procederse a la certificación de la notificación conforme la DLMDFE, dejándose constancia en el expediente *"...que efectivamente se materializó la notificación del demandado"*. Al día siguiente a esta certificación y constancia, comenzará a correr el término de comparecencia a la audiencia preliminar.

El legislador ha querido ser prudente en referir *"medios electrónicos"*, sin establecer alguno en particular, porque el avance tecnológico, y particularmente el quehacer japonés en el área, ha eliminado toda barrera interpersonal.

El COPP ya contempla ésto, cuando ante la citación de víctimas, expertos, intérpretes y testigos, dispone que en caso de urgencia podrán ser citados *"...por teléfono, por correo electrónico, fax, telegrama o cualquier otro medio de comunicación interpersonal..." (Art. 185)*.

Se trata de un mecanismo procesal muy novedoso, la Exposición de Motivos de la LOPT lo refiere como uno de los *"medios alternativos de notificación"* y su implementación dependerá de que los Tribunales dispongan de medios electrónicos que les pertenezcan.

En esta materia se ha ido construyendo doctrina, dirigida al análisis de los medios electrónicos como vía para comunicar (citar o notificar) procesalmente, y de los efectos probatorios de los documentos electrónicos (véase en bibliografía producción de Mariliana Rico Carrillo).

Notificación por Correo:

Todo un procedimiento en este sentido, regula la LOPT (Art. 127), partiendo de la solicitud del demandante, acompañando la dirección postal del demandado (su oficina o el lugar donde ejerza su comercio o industria). Al Alguacil le corresponde depositar el sobre abierto contentivo del cartel (sin compulsa, porque la comparecencia es a la audiencia preliminar), y el funcionario le dará un recibo, y al retorno del recibo firmado por el receptor, este será agregado al expediente para computar la comparecencia a la audiencia preliminar.

Duque Corredor nos informa sobre la existencia de un Reglamento Interno de IPOSTEL para Citaciones y Notificaciones Judiciales por Correo (G.O. N° 33.678 de 16-3-87), en el cual se regula todo lo relacionado con ese servicio, comprendiendo sobre el aviso de recibo, el depósito de la compulsa o copia de la demanda con la orden de comparecencia o de la boleta de notificación, la práctica de citaciones y notificaciones a personas jurídicas, la práctica de notificaciones a personas naturales, y sobre las devoluciones (2000:190-195).

Notificación del No Presente y Notificación por Edicto:

En lo que corresponde a la Notificación del No Presente (situación del patrono o representante del patrono no presente en el territorio de la Republica) y por Edicto (casos excepcionales sobre necesidad de comparecencia de herederos desconocidos ante transmisión mortis causa de la titularidad de empresas como fondos de comercio unipersonales, no societarios cada vez menos frecuentes), no están previstas en la LOPT, pero existen vías.

El No Presente puede ser notificado por medios electrónicos y por correo certificado con aviso de recibo. La Notificación por Edicto necesariamente tiene que ser por vía cartelaria y mediante avisos publicados en medios impresos (dos -2- periódicos de mayor circulación en la localidad), con aplicación del artículo 231 CPC.

d. Factibilidad de la Perención Extraordinaria de la Instancia Laboral

El artículo 267 del CPC dispone en sus ordinales 1o y 2o, sobre la extinción de la instancia por razones atinentes a la citación; se trata de la clase de perención breve o extraordinaria (por el transcurso de 30 días), a diferencia de la anual u ordinaria a que se refiere el encabezamiento de la disposición.

Chiovenda define la perención como *"el modo de extinción de la relación procesal, que se produce después de un cierto periodo de tiempo, en virtud de la inactividad de los sujetos procesales"* (Villasmil B., 1988:90). Este es el caso se la llamada perención ordinaria, porque la perención por falta de citación (breve o extraordinaria) a la que nos referimos, opera por la sola inactividad del demandante, en razón del incumplimiento de su carga procesal, de impulsar o de proveer los medios para la citación del demandado.

Villasmil Briceño ha sido del criterio sobre la negativa de aplicación de la perención breve en el procedimiento del trabajo, considera que el demandante *"no tiene obligación alguna respecto de la citación del demandado, la cual deviene enteramente en una carga o responsabilidad del órgano jurisdiccional"* (1988:94), razón por la que afirma que esta perención por inercia en la citación, no tiene aplicación en nuestro procedimiento especial. El autor considera que las obligaciones impuestas al demandante para la citación del demandado, son esencialmente de naturaleza económica, y esas cargas no tienen aplicación en el procedimiento laboral, en virtud de la gratuidad del procedimiento en cuestión.

Rodríguez Díaz nos aporta una jurisprudencia que fijo posición en ese sentido (Sala Civil CSJ del 20-10-90), al señalar: *"...el actor no tiene obligación legal que cumplir en materia laboral porque no hay derechos que cancelar (para la compulsa y la citación), es decir, no hay carga procesal que cumplir para el actor dada la gratuidad de las actuaciones en materia laboral y por ello no es aplicable lo dispuesto en el numeral 1o del artículo 267 del CPC".*

Aun cuando el criterio anterior era sostenido por el Máximo Tribunal de la Republica, no lo compartimos plenamente, por considerar que el actor no solo tiene obligaciones de naturaleza económica, sino que igualmente debe ser diligente al aportar los datos necesarios para ubicar al demandado, y velar porque la citación se verifique oportunamente; de forma tal, que si ha transcurrido el tiempo previsto para la perención breve o extraordinaria sin que se practicara la citación por las circunstancias antes descritas, debía operar la perención en estudio.

Esta disyuntiva doctrinal fue resuelta por la LOPT, a nivel de sus disposiciones finales (por cierto mal ubicadas) dispone en los artículos 201 al 204 sobre la perención ordinaria o anual, y nada refiere sobre la extraordinaria o por inercia en la citación o notificación, de lo que se desprende que en forma tácita no reconoce aquella. En este sentido observamos que la situación varía ante la nueva Ley, porque el nuevo procedimiento oral debe iniciar con celeridad, y por esto responde el Juez como rector del proceso (Art. 6 LOPT).

3. *Las defensas del demandado*

A. *La Defensa como Derecho Constitucional y demás Garantías del Debido Proceso*

Las Garantías del Debido Proceso están previstas en el artículo 49 de la Constitución Nacional, con aplicación a todas las actuaciones judiciales y administrativas, y entre estas destacan la defensa y la asistencia jurídica como *"derechos inviolables en todo estado y grado de la investigación y del proceso" (ordinal 1o)* reconociendo a toda persona el derecho de disponer del tiempo y de los medios adecuados para el ejercicio de su defensa, previa notificación.

Por su parte el CPC establece la obligación de los Jueces de garantizar el derecho de defensa, y de mantener a las partes en sus derechos y facultades, sin preferencia ni desigualdades (Art. 15).

A su vez están contempladas las siguientes garantías:

a) La presunción de inocencia (ordinal 2o).

b) El derecho a ser oído (ordinal 3o).

c) El derecho a ser juzgado por sus jueces naturales (ordinal 4o).

d) La posibilidad de acoger el precepto constitucional que exime declarar en su contra o de determinadas personas (ordinal 5o).

e) El principio de la legalidad (ordinal 6o).

f) El principio de la cosa juzgada (ordinal 7o).

g) La responsabilidad del Estado por error judicial, retardo u omisión injustificados (ordinal 8o).

Las garantías antes descritas tienen aplicación sobre el proceso en general, aunque algunas de estas, responden en específico a aspectos del proceso penal.

B. Presupuestos Procesales de la Acción Laboral

Couture define los presupuestos procesales, como aquellos "antecedentes (supuestos de hecho o de derecho) necesarios para que el juicio tenga existencia jurídica y validez formal" (1981: 102-103). Tales presupuestos, necesarios para una existencia y válida materialización del derecho de acción, en materia del trabajo, son:

a) Jurisdicción del Juez.

Previo a considerar este aspecto, debemos destacar que la Jurisdicción puede ser Interna (Poder Ejecutivo -Administración Pública- y Poder Judicial -Tribunales-) o Externa (Territorialidad -Juez Nacional o Extranjero-).

Se puede considerar la situación de un empleador que comparezca ante un Tribunal del Trabajo, para solicitar la calificación (autorización) de despido de un directivo sindical amparado por inamovilidad (fuero sindical), procedimiento que conforme a la Ley (Art. 422 LOTTT) corresponde tramitar ante el Inspector del Trabajo (administración pública).

En esta situación se plantea la falta de jurisdicción del Juez respecto de la administración pública, y que ante otras circunstancias, podría tener lugar respecto del Juez extranjero.

Nuestra jurisprudencia más autorizada, ha sido pacífica en la aplicación de los principios de territorialidad de la legislación del trabajo, y de irrenunciabilidad de sus disposiciones que favorezcan a los trabajadores, en la solución de los conflictos que puedan suscitarse por el cambio del ámbito espacial de ejecución del contrato de trabajo.

El máximo Tribunal en nuestro país ha reconocido la plena jurisdicción de los Tribunales nacionales del trabajo, en los casos de contratos laborales iniciados en el extranjero, pero cumplidos parcialmente y extinguidos en Venezuela. Al efecto con toda justicia, se ha decidido que el empleador debe reconocer los conceptos laborales conforme la Ley venezolana, sobre el tiempo laborado en el país (nuevo criterio en Sala de Casación Social del TSJ, año 2002).

b) Competencia Territorial.

Conforme criterio legal (Arts. 40 y 41 CPC) y jurisprudencial, el trabajador puede a su conveniencia, intentar una acción laboral bajo la modalidad siguiente: por ante el Tribunal del Trabajo del lugar donde el patrono tenga su domicilio; por ante el Tribunal competente del lugar donde se celebró el contrato de trabajo, siempre que coincida con el lugar donde se encuentre el patrono, aunque se trate de una mera residencia, o por ante el Tribunal del lugar donde el trabajador presta o prestó servicios, aunque no coincida con el domicilio o residencia del patrono. Esto lo ratifica la LOPT, pero precisa: *"...En ningún caso podrá establecerse o convenirse un domicilio que excluya a los señalados anteriormente"* (Art. 30).

c) Competencia por la Materia.

La normativa correspondiente esta prevista en los artículos 28 del CPC y 29 LOPT.

Si un empleado público demanda por ante el Tribunal del Trabajo, al instituto u organismo del Estado al que presta o prestó sus servicios, el respectivo Juez puede establecer de inmediato su falta de competencia en razón de la materia, puesto que conforme el artículo 6 de la LOTTT, los funcionarios o empleados públicos quedan sometidos al régimen de la carrera administrativa, ahora régimen estatutario de la función pública conforme la LEFP, y a los tribunales de la especialidad. Con la vigencia de la Ley Orgánica de la Jurisdicción Contencioso Administrativa (LOJCA), los Juzgados Superiores Estadales de esta Jurisdicción Contencioso Administrativa, son competentes para conocer sobre las demandas de nulidad contra los actos administrativos de efectos particulares, relativos a la función pública (Art. 25, numeral 6).

Además todo lo relativo al contencioso del trabajo de niños y adolescentes, es de la competencia de los Tribunales de Protección (Art. 115 LOPNA).

d) Competencia por la Cuantía.

Las normas generales acerca de la competencia por el valor de la demanda, están previstas en los artículos 29 al 39 del CPC.

A partir de la LOPT, no hay lugar a considerar cuantía alguna, a los efectos de establecer la competencia de los Tribunales del Trabajo, esto en atención a que priva su especialidad. Tales Tribunales en Primera Instancia, son identificados según la fase que corresponda, bien como Tribunales de Sustanciación, Mediación y Ejecución, o Tribunales de Juicio, y en Segunda Instancia, como Tribunales Superiores del Trabajo. Solo hay consideración a la cuantía, a los fines del Recurso de Casación, el cual procede contra sentencias definitivas en segunda instancia y laudos arbitrales, cuando el interés principal exceda de tres mil unidades tributarias (3.000 UT) (Art. 167 LOPT).

e) Competencia por Conexión.

Situaciones relacionadas a conexión, no se plantean cotidianamente en los Tribunales del Trabajo, aunque podría suceder que a la muerte de un trabajador, su cónyuge o concubina demande al empleador por el pago de las prestaciones sociales de este, y a su vez, los ascendientes del mismos trabajador (que hubieren estado a cargo de aquel), reclamen por ante otro Tribunal, el pago de las mismas prestaciones. En estas situaciones ninguno de los eventuales beneficiarios del trabajador, tiene derecho preferente en ese sentido (Art. 145 LOTTT). Así se plantea un problema de conexión entre los diversos pleitos, en razón de una identidad de causa, lo cual justifica que el Tribunal prevenido conozca y decida.

f) Legitimidad en la Persona del Actor.

El cuestionamiento de la legitimidad del actor, en materia laboral no es muy frecuente. Conforme a la legislación vigente, se otorga una habilitación especial a los adolescentes trabajadores (Art. 100 LOPNA), a partir de los catorce (14) años para celebrar contratos de trabajo y ejercer las acciones correspondientes, ahora sin requerir autorización alguna. Aunque en la materia, podría plantearse el caso de un trabajador sometido a interdicción o inhabilitación, que intente una acción sin estar dotado del correspondiente tutor o curador.

g) Legitimidad de la Persona que se presente como Apoderado o Representante del Actor.

Puede ser el caso de un sujeto que se presente como apoderado del actor, contraviniendo el Art. 116 del CPC, al no tratarse de un abogado en libre ejercicio de la profesión, por encontrarse en una de las situaciones previstas en el artículo 12 de la Ley de Abogados (abogado inhabilitado para ejercer por ser funcionario público, por ejemplo).

Otra situación puede ser el caso de una empresa u organización sindical, que intenta una demanda por intermedio de una persona que carece de la representación que se atribuye, en razón de que el acta constitutiva estatutaria no le faculta para actuar en juicio, como órgano de la persona jurídica demandante.

h) Caución o Fianza para Proceder Judicialmente.

Núñez Rincón es del criterio que reconoce su posibilidad, en el caso del trabajador extranjero que haya concluido su relación de trabajo en el país, y reclama por ante nuestros Tribunales el pago de las prestaciones sociales derivadas de su contrato. Villasmil Briceño discrepa de ese criterio y así compartimos, al efecto se apoya en una jurisprudencia que rige desde el año 1940 y en el Convenio N° 97 de la OIT, que acuerda a los trabajadores extranjeros los mismos derechos que a los nacionales, entre otros aspectos, en cuanto al acceso a la justicia.

i) Forma de la Demanda.

Se trata del cumplimiento de la demanda de los requisitos o datos, que según el motivo del juicio, están previstos en artículo 123 LOPT; a esto nos referimos al considerar los requisitos específicos de la demanda laboral.

i) La Existencia de una Condición o Plazo Pendiente.

En materia laboral esto se plantea, especialmente cuando el empleador y el trabajador por vía transaccional, han estipulado un plazo para el pago de determinadas prestaciones, o cuando se reclama el pago de un beneficio, como las utilidades legales, antes del cierre del ejercicio económico anual de la empresa.

j) La Existencia de una Cuestión Prejudicial que deba resolverse en un Proceso distinto.

Es importante aclarar previamente, que cuestión prejudicial es todo asunto controvertido, cuya solución constituye una premisa necesaria para la decisión de otro.

Un caso de prejudicialidad penal que puede operar en materia laboral, es ante la situación de un trabajador que reclama indemnización por daño moral, ante un hecho punible que le fue imputado por su patrono y que motivó el despido. Ante la existencia de un proceso penal, el Juez del Trabajo no puede pronunciarse al efecto, hasta tanto el Juez Penal establezca sobre la comisión del delito por parte del trabajador.

k) La Cosa Juzgada.

Constituye esta la garantía de eficacia de la potestad jurisdiccional del Estado, al impedir que una controversia ya decidida definitivamente, pueda ser planteada nuevamente por ante los Tribunales.

En materia del trabajo se presentaba con bastante frecuencia el alegato de la cosa juzgada, en los casos de transacciones realizadas entre patronos y trabajadores, por ante las autoridades administrativas o judiciales del trabajo.

Es importante destacar, que en la LOTTT (Art. 19) ya no está previsto, el efecto de cosa juzgada de la transacción celebrada por ante el funcionario competente del trabajo (según Parágrafo Único Art. 3 LOT derogada). A esta circunstancia no encontramos justificación, salvo un reconocimiento a que los funcionarios correspondientes (tanto administrativos como judiciales), no siempre garantizan a los trabajadores la plenitud de sus derechos, por lo que queda así abierta la posibilidad de nuevo reclamo por la diferencia faltante.

l) La Caducidad de la Acción establecida en la Ley.

Ejemplo de un lapso de caducidad laboral, es el previsto en el artículo 187 LOPT, conforme al cual si el trabajador dentro de los cinco (5) días hábiles siguientes a la participación de su despido por el empleador al Juez del Trabajo, no ocurre ante este Juez, para manifestar su desacuerdo con la causa de despido alegada, y solicitar su calificación y orden de reenganche y pago de salarios caídos, perderá el derecho al reenganche.

C. *Las Cuestiones Previas en el Nuevo Procedimiento Laboral*

Las cuestiones previas establecidas en el CPC de 1986, antiguas excepciones (dilatorias o de inadmisibilidad) del CPC de 1916, como *"...hechos o alegaciones del demandado que no tocan el fondo de la controversia, pero que impiden, modifican, o difieren su examen de manera transitoria, hasta tanto se subsane la falta de ciertos presupuestos..." (Villasmil, Fernando: 1988,95)*, atendiendo a la orientación del nuevo procedimiento laboral, ahora regido por la LOPT, no tienen lugar, ya que por disposición expresa en la audiencia preliminar *"...no se admitirá la oposición de cuestiones previas"* (Art. 129 LOPT). Consideramos que ha debido ser más determinante el legislador, y contemplar que no se admitirá cuestiones previas en el procedimiento laboral, y así no dejar margen para duda.

D. *El Despacho Saneador como Medio para Subsanar las Deficiencias sobre Presupuestos Procesales*

Esta figura preexistente en la legislación de procedimiento administrativo venezolana (LOPA), y exitosa en otras legislaciones, ahora aplica en el procedimiento laboral (Art. 134 LOPT). En una segunda etapa de la audiencia preliminar, tiene lugar con el propósito de *"corregir y subsanar la controversia de todos los errores u omisiones..., para permitir el correcto establecimiento de la relación jurídica procesal, a fin de que se inicie con la necesaria seguridad -sic - el debate sobre la controversia y que el Juez pueda arribar sin obstáculos al momento de dictar la sentencia"* (Exposición de Motivos LOPT).

Deben resolverse en forma oral todos los vicios procesales que se detecten, de oficio o a solicitud de parte, lo que se reducirá en un acta (Art. 134 LOPT). Muy fácil es contemplarlo en la letra de la Ley, pero recordemos todos los presupuestos procesales para la acción laboral, y tengamos en cuenta toda la problemática que llevan implícita.

4. *El proceso por audiencias*

La secuencia de audiencias procesales, es la manifestación fundamental de la oralidad, principio básico en el nuevo procedimiento laboral. Tales audiencias son:

A. *La Audiencia Preliminar:*

Es uno de los momentos fundamentales y estelares del juicio del trabajo, y su realización y conducción se materializa en la fase de sustanciación del proceso (Exposición Motivos LOPT). Si hay lugar a conciliación o arbitraje, es signo que la función mediadora del Juez ha sido exitosa, y no hay lugar a proseguir la contención.

B. *La Audiencia de Juicio:*

Es el elemento central del proceso laboral y consiste en la realización oral del debate procesal entre las partes (Exposición de Motivos LOPT). Es en esta cuando se incorporan al proceso las pruebas, y tiene lugar la inmediación efectiva (Jesús Eduardo Cabrera, Conferencia en Palacio de Eventos de Maracaibo, 25 de julio de 2003) por parte del Juez, quien atendiendo a diversos grados de inmediación se impone de los actos del proceso, y está en capacidad de decidir el conflicto en tiempo breve.

En el desarrollo de los otros aspectos, hemos especificado y seguiremos detallando las actuaciones que comprende cada audiencia procesal.

5. *La contestación de la demanda*

A. *Noción*

Rengel-Romberg refiere que así como la demanda es el acto procesal de la parte actora, introductorio de la causa, la contestación de la demanda es *"el acto procesal del demandado, mediante el cual este ejercita el derecho de defensa y da su respuesta a la pretensión contenida en la demanda"* (1995:112).

Couture nos aporta una definición más resumida, al señalar que la contestación de la demanda es *"la respuesta que da el demandado a la pretensión contenida en la demanda del actor"* (Rengel-Romberg, 1995:112).

Rodríguez Díaz indica que la contestación es *"una modalidad del derecho de acción, que resulta de la distinta posición que tienen los sujetos activos de la relación procesal, mediante la cual el demandado solicita del órgano jurisdiccional una declaración de certeza, frente a la pretensión del demandante"* (1995:168).

En el nuevo procedimiento del trabajo, la contestación de la demanda tiene lugar cuando concluida la audiencia preliminar sin lograr la conciliación ni el arbitraje, el demandado consigna esta por escrito, dentro de los cinco (5) días hábiles siguientes (Art. 135 Primera Parte LOPT).

De aquí se desprende que es una actuación procesal (consignación de escrito), mas no acto, esto lo son las audiencias del proceso.

B. *Oportunidad*

Como se indicó con anterioridad, esta actuación procesal tiene lugar en un lapso de cinco (5) días hábiles (de despacho en el Tribunal) siguientes a la conclusión de la audiencia preliminar (esta se puede prolongar hasta por cuatro -4- meses), sin lograr la conciliación ni el arbitraje.

C. *Forma de Contestar la Demanda Laboral*

Esta forma se desprende del texto del artículo 135 LOPT, a saber: *"... (el demandado deberá) consignar por escrito la contestación de la demanda, determinando con claridad cuáles de los hechos invocados de la demanda admite como cierto y cuáles niega o rechaza, y expresar asimismo, los hechos o fundamentos de su defensa que creyere conveniente alegar..."*. Y también deberá *"...exponer los motivos del rechazo..."*.

De lo anterior se desprende, que en el procedimiento laboral la contestación de la demanda sigue siendo por escrito, y no hay lugar a contestación genérica, propia del procedimiento civil, sino que corresponde una contestación determinativa o circunstancial, exponiendo a su vez los motivos del rechazo (esto no era exigido en la LOTPT).

El máximo Tribunal de Justicia en este sentido no ha mostrado un criterio uniforme, y desde 1996 sostuvo (sentencia del 14-8-96) que para contestar bien la demanda laboral, no era preciso que el demandado motivara cada una de sus negaciones al contestarla, que simplemente debía expresar con claridad cuáles hechos admitía y cuáles negaba, entendiéndose que admitía lo no negado expresamente. Al efecto se precisaba, que exigirle al demandado las razones de sus contradicciones, equivalía a poner en sus hombros toda la carga probatoria.

A partir del año 2000, la Sala de Casación Social del Tribunal Supremo de Justicia (sentencia del 15-3-2000) se apartó del anterior criterio jurisprudencial, y retomó la antigua doctrina, por medio de la cual se obliga al demandado a *"determinar con claridad, al contestar la demanda, cuáles de los hechos invocados en el libelo admite como ciertos o rechaza, con el único fin de aliviar la carga de la prueba que incumbe al actor"* (Pierre Tapia, 2.000: 339).

A este último criterio está acorde la normativa citada (los Magistrados de esa Sala son los corredactores de la Ley), y responde a las circunstancias socioeconómica del sujeto actor, que es el trabajador en la mayoría de los casos, y a quien es necesario proteger ante la desigualdad económica (cada vez más pronunciada) en que se encuentra frente al empleador.

D. *Efectos de la Contestación de la Demanda*

La contestación de la demanda genera unos efectos, que siguiendo a Villasmil Briceño (1988), describiremos de seguidas:

a) Establece el límite fáctico del debate judicial. Producida la contestación de la demanda, las partes no pueden introducir en la controversia hechos nuevos o distintos, puesto que ya ha precluido la oportunidad para formular nuevos alegatos o defensas, y para reformar la demanda (Art. 364 CPC).

b) Determina los hechos sujetos a verificación probatoria. En la medida en que la contestación de la demanda, tenga el reconocimiento o la negación de todos o algunos de los hechos explanados en la demanda, en ese mismo orden quedarán establecidos los hechos sujetos a prueba.

c) Determina la distribución de la carga de la prueba. Esta distribución depende de la postura que asuma el demandado en la contestación: si el demandado se limita a contradecir los hechos explanados en la demanda, corresponderá íntegramente al actor la carga de probar los hechos fundamentales de su pretensión; si el demandado conviene total o parcialmente en los hechos fundamentales de la demanda, el actor quedara eximido de probar los hechos que son objeto del allanamiento; y si el demandado invoca alguna excepción o defensa, le corresponderá a aquel la prueba de los hechos que le sirven de soporte.

6. La compensación en materia laboral

Es posible que se plantee la compensación en materia laboral, esta presupone una defensa procesal que se debe oponer en el acto de la contestación al fondo de la demanda, en razón a que el trabajador y su empleador se adeuden recíprocamente cantidades de dinero, como señala Núñez Rincón (1983). El nombrado autor agrega, y así lo ha sostenido la jurisprudencia, que el Tribunal Laboral tiene competencia para conocer de la compensación opuesta, aún cuando la deuda cuya compensación se propone tenga carácter civil o mercantil. Lo anterior responde al criterio que apunta que *"la competencia para lo principal incluye competencia para lo accesorio y accidental"* (Ibid: 250).

7. La reconvención laboral

En el acto de la contestación al fondo de la demanda, el demandado puede proponer la reconvención. Rodríguez Díaz indica que *"es más una acción, que una defensa propiamente dicha"* (1995:181). Con esta se propone una mutua petición o *"contrademanda"* respecto de la otra parte demandante, pudiéndose tratar en ella cuestiones totalmente diferentes de las tratadas en el juicio principal. Por estas razones, siendo una acción deben cumplirse los requisitos de Ley (Art. 123 LOPT) Asimismo es necesario que el Tribunal del Trabajo, tenga competencia por razón de la materia para el conocimiento de la reconvención.

Villasmil Briceño considera que la tramitación de la reconvención en materia laboral, debe ajustarse a lo previsto en el artículo 888 del CPC, conforme el procedimiento breve. Debemos destacar que el mencionado artículo establece que el Tribunal por ante el cual se propone la reconvención, debe ser competente por la cuantía, mientras que cuando se dispone en ese sentido en el procedimiento ordinario civil (Art. 366 CPC), no se hace tal salvedad.

8. La confesión ficta

Se produce por la incomparecencia del demandado a la contestación, conforme lo previsto en el artículo 362 del CPC. La sanción por tal incomparecencia, es que se tendrá al demandado por confeso sobre los hechos de la demanda, en cuanto no sea contraria a derecho la petición del demandante, si aquel nada prueba que le favorezca.

Villasmil Briceño reseña que nuestra jurisprudencia ha sido siempre restrictiva, en cuanto a la interpretación de la facultad excepcional, sobre la prueba favorable que puede producir el demandando confeso. Así señala que el Máximo Tribunal en sentencia de fecha 26 de enero de 1955, estableció que *"la única prueba favorable que puede hacer el reo confeso, debe tender exclusivamente a destruir la presunción de voluntariedad de su inasistencia a la contestación de la demanda, como el haber mediado fuerza mayor insuperable; o bien la contraprueba de los hechos expresamente alegados por el actor en el libelo, como constitutivos de su acción; pero la prueba de todo hecho nuevo, ya sea modificativo, impe-*

ditivo o extintivo del derecho accionado, debe serle por tanto rechazada" *(1988:174 -175).* Y esta sigue siendo la posición del Máximo Tribunal, ya que de lo contrario, como expone Borjas se estaría consagrando el absurdo de *"hacer privilegiada la situación jurídica del reo contumaz, a quien se pretende sancionar"* *(citado por Villasmil, Ibid: 175).*

A propósito de la confesión ficta, el CPC incorpora en su normativa el llamado Juicio de Rebeldía como plantea Villasmil Briceño, que es la modalidad para proseguir la tramitación del proceso, cuando el demandado no comparece. Este aparece previsto en el citado artículo 362, haciéndose la salvedad que los lapsos de pruebas y para sentenciar, en el procedimiento del trabajo se deben regir por lo dispuesto en la LOPT, que establece lapsos más reducidos, atendiendo a la celeridad necesaria.

9. *Las medidas cautelares en el procedimiento laboral*

La LOPT dispone que el Juez de Sustanciación, Medición y Ejecución del Trabajo podrá acordar todas las medidas cautelares pertinentes (Art. 137).

Las medidas cautelares han de ser típicas (preventivas) o atípicas (innominadas).

Conforme la Ley las medidas preventivas proceden *"solo cuando exista riesgo manifiesto de que quede ilusoria la ejecución del fallo y siempre que se acompañe un medio de prueba que constituya presunción grave de esta circunstancia y del derecho que se reclama"* (Art. 585 CPC). Estas mismas circunstancias aparecen descritas en el LOPT (Art. 137).

El Juez del Trabajo puede decretar medidas atípicas o innominadas, conforme el Poder Cautelar General que le otorga la Ley (Parágrafo Primero Art. 588 CPC).

En los procedimientos del trabajo, dentro de las medidas preventivas aplican el embargo y la medida de prohibición de enajenar y gravar, que generalmente son decretadas ante una sentencia definitiva en segunda instancia favorable al actor.

En ocasiones se han dictado medidas cautelares atípicas o innominadas, como ha sido prohibir la prestación de servicios a un empleador, por un sujeto obligado en exclusividad con otro empleador (situación frecuente entre artistas de televisión).

CAPÍTULO 6

LA INSTRUCCIÓN DE LA CAUSA LABORAL

SUMARIO

1. *Las Pruebas*: A. *Noción*. B. *Objeto*. 2. *Principios Generales de la Prueba Judicial*. 3. *Hechos Dispensados de Prueba*: A. *Hechos Admitidos*. B. *Hechos Presumidos por la Ley*. C. *Hechos Notorios*. 4. *La Carga de la Prueba*: A. *Noción*. B. *Carga Subjetiva y Carga Objetiva de la Prueba*. 5. *La Prueba Laboral en Venezuela*: A. *Oportunidad Probatoria*. a. *Promoción*. b. *Admisión*. c. *Evacuación*. d. *Observaciones a las Pruebas Evacuadas*. B. *Medios de Prueba*: a. *Noción*. b. *Grupos de Medios de Prueba: Tradicionales, Nuevos Medios Probatorios y otros*. 6. *Valoración de las Pruebas*: A. *Noción*. B. *Sistemas*: a. *Prueba Legal o Tarifada*. b. *Libre Convicción*. c. *Sana Crítica*. d. *Sistema Venezolano de Valoración de la Prueba Laboral*

1. *Las pruebas*

A. *Noción*

Devis Echandía refiere que desde el punto de vista procesal, es ineludible reconocer tres aspectos de la noción de prueba, a saber:

a) el vehículo, medio o instrumento;

b) el contenido esencial o esencia de la prueba (razones o motivos que en esos medios se encuentran, a favor de la existencia o inexistencia de los hechos);

c) el resultado o efecto obtenido en la mente del Juez (el convencimiento de que existen o no esos hechos).

Según el autor, una noción de prueba judicial, debe pues comprender esos tres aspectos.

El mismo autor escribe sobre la diferencia entre Prueba y Medio de Prueba, señala que en sentido estricto por Pruebas Judiciales se entiende *"las razones o motivos que sirven para llevarle al Juez la certeza sobre los hechos"* *(1981:29)* y por Medios de Prueba, *"los elementos o instrumentos (testimonios, documentos, etc.) utilizados por las partes y el Juez, que suministran esas razones o esos motivos (es decir, para obtener la prueba)"* *(Ibídem)*. Es así como agrega, que puede existir un medio de prueba que no contenga prueba de nada, *"porque de él no se obtiene ningún motivo de certeza"* *(Ibídem)*.

Con base a las anteriores ideas, Devis Echandía expone que Probar es *"aportar al proceso, por los medios y procedimientos aceptados en la Ley, los motivos o las razones que produzcan el convencimiento o la certeza del Juez sobre los hechos"* *(Ibíd., 34)*.

Y Prueba Judicial (en particular) es *"todo motivo o razón aportado al proceso, por los medios y procedimientos aceptados en la Ley, para llevarle al Juez el convencimiento o la certeza sobre los hechos"* *(Ibídem)*.

Rengel-Romberg define la prueba como *"la actividad de las partes, dirigida a crear en el Juez la convicción de la verdad o falsedad de los hechos alegados en la demanda o en la contestación"* *(1995:219)*.

Agrega el autor que las partes suministran el material probatorio al Juez, del mismo modo que suministran los temas de las pruebas en sus alegatos, y esto es una manifestación del principio dispositivo (Art. 12 CPC).

Es importante tener en cuenta a los efectos de nuestra materia, el alcance de la presunción de la existencia de la relación de trabajo, prevista en el artículo 65 de la LOT, ya que tiene incidencia sobre la carga de la prueba que estudiaremos en adelante.

B. *Objeto*

Couture expone que el tema sobre objeto de la prueba, busca una respuesta para la pregunta: Qué se prueba, qué cosas deben ser probadas?

Devis Echandía plantea que el objeto de la prueba judicial implica considerar .Qué puede ser probado?. Este autor expresa que el objeto de la prueba judicial en general, es todo aquello que siendo de interés para el proceso, puede ser susceptible de demostración histórica (como algo que existió, existe o puede llegar a existir) y no simplemente lógica (como sería la demostración de un silogismo o de un principio filosófico), es decir, que objeto de la prueba judicial son los hechos presentes, pasados o futuros, y lo que puede asimilarse a estos (costumbre y ley extranjera).

Para Carnelutti el objeto de la prueba judicial son las afirmaciones de las partes y no los hechos, pero al efecto precisa Devis Echandía, que no obstante que teóricamente las partes traten de demostrar afirmaciones contenidas tanto en la demanda como en las excepciones, en el fondo esas afirmaciones recaen sobre la existencia o inexistencia de hechos.

Devis Echandía explica que cuando se dice que el objeto de la prueba judicial son los hechos, se toma esta palabra en un sentido jurídico amplio, y no en un sentido literal, ni mucho menos circunscrito a sucesos o acontecimientos; en otra forma no podría incluirse en el término todo lo que puede probarse para fines procesales. A fin de cuentas, para el autor objeto de la prueba judicial son los hechos en su sentido jurídico amplio, como *"todo lo que puede ser percibido y que no es una simple entidad abstracta o idea pura"* (1981: T. I, 158).

En este sentido, según el autor se entiende por hechos:

a) Todo lo que puede representar una conducta humana, los sucesos o acontecimientos o hechos o actos humanos, voluntarios o involuntarios, individuales o colectivos, que sean perceptibles, inclusive las palabras pronunciadas, sus circunstancias de modo, tiempo y lugar, y el juicio o calificación que de ellos se tenga;

b) Los hechos de la naturaleza, en que no interviene la actividad humana;

c) Las cosas o los objetos materiales, sean o no producto del hombre, incluyendo los documentos;

d) La persona física humana, su existencia y características, estado de salud, etc.;

e) Los estados y hechos psíquicos o internos del hombre, incluyendo el conocimiento de algo, cierta intención o voluntad y el consentimiento tácito o la conformidad.

Naturalmente, puede tratarse de la existencia o inexistencia de los hechos en sus distintos significados.

Con respecto a la controversia doctrinal planteada sobre el objeto de la prueba, el Código de Procedimiento Civil Venezolano asume una posición ecléctica, cuando en el encabezamiento de su artículo 506 establece: *"Las partes tienen la carga de probar sus respectivas afirmaciones de hecho..."*.

2. *Principios generales de la prueba judicial*

Devis Echandía expone que en una teoría general de la prueba judicial, no es posible desconocer los siguientes principios:

a) Principio de la necesidad de la prueba y de la prohibición de aplicar el conocimiento privado del Juez sobre los hechos.

b) Principio de la eficacia jurídica y legal de la prueba.

c) Principio de la unidad de la prueba.

d) Principio de la comunidad de la prueba, también llamado de adquisición.

e) Principio del interés público de la función de la prueba.

f) Principio de lealtad y probidad o veracidad de la prueba.

g) Principio de contradicción de la prueba.

h) Principio de igualdad de oportunidades para la prueba.

i) Principio de la publicidad de la prueba.

j) Principio de la formalidad de la prueba.

k) Principio de la legitimación de la prueba.

l) Principio de la preclusión de la prueba.

m) Principio de la inmediación y de la dirección del Juez en la producción de la prueba.

n) Principio de la imparcialidad del Juez en la dirección y apreciación de la prueba.

o) Principio de la originalidad de la prueba.

p) Principio de la concentración de la prueba.

q) Principio de la libertad de la prueba.

r) Principio de la pertinencia, idoneidad o conducencia y utilidad de la prueba.

s) Principio de la naturalidad y espontaneidad, licitud de la prueba y del respeto a la persona humana.

t) Principio de la obtención coactiva de los medios materiales de prueba.

u) Principio de la insaculación de la prueba.

v) Principio de la evaluación o apreciación de la prueba.

w) Principio de la carga de la prueba y la autorresponsabilidad de las partes por su inactividad.

x) Principio de la oralidad en la práctica de la prueba.

y) Principio inquisitivo en la obtención de la prueba.

z) Principio de la no disponibilidad e irrenunciabilidad de la prueba.

aa) Principio de la gratuidad de la prueba.

Aspectos relacionados con estos principios corresponden al estudio del Derecho Procesal Civil. Para mayor abundamiento puede consultarse el texto del nombrado autor, así como las consideraciones formuladas por Rodríguez Díaz en su libro, ambos descritos en la bibliografía de este trabajo.

Los principios antes enunciados se interrelacionan entre sí, y todos tienen recepción en nuestro ordenamiento procesal, comprendiendo desde la Constitución hasta las leyes generales y especiales de procedimientos.

3. Hechos dispensados de prueba

Siguiendo a Rengel-Romberg, consideraremos sobre los hechos que no requieren prueba, a saber:

A. Hechos Admitidos:

Se señala que el hecho es admitido, y por tanto, excluido del *"thema probandum"*, cuando la parte reconoce en forma expresa o tácita, la existencia del hecho afirmado por el adversario.

La admisión tacita de los hechos se produce, cuando la Ley atribuye al silencio de la contraparte el valor de una admisión de los hechos afirmados por el adversario. La forma más común de este tipo de admisión tácita, se tiene cuando el demandado no da contestación a la demanda, caso en el cual se produce lo que la Ley denomina *"confesión ficta"*, que versa sobre los hechos afirmados en la demanda (Art. 362 CPC).

La doctrina moderna ha venido señalando diferencias entre admisión y confesión de los hechos.

B. Hechos Presumidos por la Ley

Los hechos presumidos por la Ley tampoco son objeto de prueba.

El Código Civil define las presunciones como "las consecuencias que la Ley o el Juez sacan de un hecho conocido para establecer uno desconocido" (Art. 1.394).

Toda presunción está constituida por tres elementos necesarios:

a) El hecho conocido.

b) El hecho desconocido o presumido.

c) El nexo de causalidad entre el hecho conocido y el hecho presumido.

El nombrado instrumento legal distingue las presunciones establecidas por la Ley o presunciones legales (Ej. Presunción de laboralidad Art. 53 LOTTT), de las que puede establecer el Juez o presunciones *hominis*. Estas últimas quedan a la prudencia del Juez, quien solo debe admitir las que sean graves, precisas y concordantes, y solamente en los casos en que la Ley admite prueba testimonial (Art. 1.399).

C. Hechos Notorios

La vigente Ley Adjetiva Civil (CPC) establece por primera vez en nuestro país, que los hechos notorios *"no son objeto de prueba"* (Art. 506 Última Parte).

En todo caso, la doctrina y la práctica judicial tradicionalmente venían admitiendo, aun sin disposición expresa, que los hechos notorios no requieren prueba.

Según Couture pueden considerarse hechos notorios, *"aquellos que entran naturalmente en el conocimiento, en la cultura o en la información normal de los individuos, con relación a un lugar o a un círculo social, y a un momento determinado en el momento (sic) en que ocurre la decisión"* (Rengel-Romberg, 1995:255).

En doctrina se señala que debe distinguirse el hecho notorio de la máxima experiencia.

Rengel-Romberg refiere que los hechos notorios son *"concretos sucesos que aparecen en el proceso, como premisas menores del silogismo en que consiste la sentencia; a diferencia de las máximas de experiencia, que por ser reglas generales extraídas de la experiencia, aparecen en las premisas mayores generales no jurídicas, llamadas por ello premisas mayores fácticas"* (1995:257). Y agrega el autor que tanto unos como otros (máximas de experiencia y hechos notorios), constituyen una excepción a la regla de que el Juez no debe utilizar en el proceso su conocimiento privado, teniendo en común la notoriedad, lo que no las convierte en un fenómeno único, porque tal notoriedad en ambos casos, *"solo tiene trascendencia en cuanto es tomada en cuenta por la Ley, para eximir a unos y a otros de la prueba correspondiente"* (Ibídem).

4. La carga de la prueba[1]

Previo a la consideración específica del punto, es importante establecer por qué se dice carga y no obligación de probar. Carnelutti tiene entre sus grandes méritos el haber establecido la distinción entre estos conceptos.

Se habla de carga cuando *"el ejercicio de una facultad es puesto como condición para obtener cierta ventaja. Por eso carga es una facultad cuyo ejercicio es necesario para la consecución de un interés"* (Buzaid, 1989: 29). De ahí viene la relación entre los dos conceptos. Obligación y carga tienen de común el elemento formal, que consiste en el vínculo de la voluntad, pero difieren entre sí *"en cuanto al elemento substancial, porque el vínculo es impuesto cuando hay obligación para la tutela de un interés propio"*. Por tanto, refiere el mismo autor, *"a la idea de carga es correlativa la idea de riesgo, no la idea de subordinación o de sujeción"* (Ibídem).

A. Noción

Carga de la prueba en su sentido procesal, es según Couture *"conducta impuesta a uno o a ambos litigantes, para que acrediten la verdad de los hechos enunciados por ellos"* (1981:241). No supone en consecuencia, según expresa el

---

[1] Para ampliar la información sobre este aspecto, ya fue recomendado el trabajo: "La Carga de la Prueba y la Actividad Probatoria en el Proceso Laboral. Situación en México y en Venezuela", que destaca entre los Anexos de este libro.

autor *"ningún derecho del adversario, sino un imperativo del propio interés de cada litigante"* (Íbíd., 242). Se trata de una circunstancia de riesgo, que consiste en que *"quien no prueba los hechos que ha de probar, pierde el pleito"* (Íbídem).

Buzaid hace un análisis de la legislación comparada con respecto a la regla de la carga de la prueba, y así considera su regulación en los Códigos del Proceso Civil de Alemania (Art. 286), de Austria (Art. 266), de Suiza (Art. 8), de Francia (Art. 1.315), de Italia (Art. 2.697) y de Portugal (Arts. 519 y 520), así como en el Código Canónico (Art. 1.748).

Nuestro ordenamiento jurídico contempla en ese sentido, en los artículos 1.354 CC y 506 CPC. En doctrina se distingue entre carga subjetiva y carga objetiva de la prueba.

B.   Carga Subjetiva y Carga Objetiva de la Prueba

Carga Subjetiva

Según Rengel-Romberg se llama así, a la distribución de la carga entre las partes, que se deduce lógicamente de la estructura dialéctica del proceso, y tiene su apoyo en el principio contradictorio, independientemente de que este expresamente distribuida por una norma o Ley, o implícita en la estructura misma del proceso.

Tanto en el Derecho Romano como en el medieval y en el moderno, ambas partes pueden probar lo siguiente:

a) el actor, aquellos hechos que fundamentan su pretensión;

b) el demandado, los hechos que fundamentan su excepción o defensa.

Lo anterior equivale a señalar, que las partes tienen la carga de probar sus respectivas afirmaciones de hecho.

Por otra parte, la inversión de la carga de la prueba tiene lugar, con base a la conducta asumida por el sujeto pasivo al momento de contestar la demanda.

Carga Objetiva

Para este efecto no interesa la actividad de las partes en hacer la prueba, ni cuál de ellas la hizo, solo interesa saber cuáles son los hechos que deben constar para que se consiga la finalidad del proceso.

Rengel-Romberg asume una posición contraria a la doctrina de la carga objetiva de la prueba, considerando entre otras cosas, que en el proceso dispositivo, la prueba es prueba de parte y no del Juez (Arts. 12 y 506 CPC).

5. La prueba laboral en Venezuela

Considerados los aspectos generales anteriores, interesa estudiar en específico sobre la Prueba laboral en nuestro país, atendiendo a su oportunidad y los medios de prueba.

Es importante destacar que la nueva Ley de Procedimiento Laboral destina todo un Título (T. VI Arts. 69 a 122) a las pruebas, y así considera los medios de prueba, su promoción y evacuación.

Atendiendo a esta normativa, estudiaremos este importantísimo aspecto, de la forma siguiente:

A. Oportunidad Probatoria

En el procedimiento civil la oportunidad probatoria tiene lugar, una vez que se verifica la contestación al fondo de la demanda, así se orientaba el anterior procedimiento del trabajo. En el nuevo procedimiento laboral, dentro de la fase inicial de la audiencia preliminar, deben ser promovidas las pruebas (Art. 73 LOPT) ante el Juez de Sustanciación. Mediación y Ejecución, y su evacuación, ante el Juez de Juicio en la audiencia de juicio (Art. 152 LOPT).

El artículo 135 LOTPT define una situación distinta en la prueba venezolana:

a) la necesidad de determinar los hechos que se niegan o se admiten al contestar la demanda (consecuencia de la contestación determinativa o circunstanciada), así como la exposición de los motivos de rechazo;

b) una atemperación del sistema de la carga de la prueba previsto en el juicio civil (inversión de la carga con base al artículo 53 LOTTT).

Por otra parte, se contempla la libertad probatoria del Juez laboral, cuando en el artículo 156 LOPT (equivale al artículo 401 CPC), dispone la facultad judicial de ordenar pruebas, fuera del lapso probatorio establecido.

a. Promoción

Es importante hacer constar que la LOPT define como oportunidad para promover pruebas, la audiencia preliminar, y no refiriere sobre lapso o termino al efecto.

Algunos interpretan que las pruebas deber ser promovidas en la primera actuación dentro de la audiencia preliminar, particularmente cuánto esta no se limita a un solo acto (conforme la LOPT puede prolongarse hasta por 4 meses -Art.- 136). Otros, siguiendo el principio de interpretación que señala: *"donde no distingue el legislador, no está autorizado a hacerlo el intérprete"*, consideramos que las pruebas pueden promoverse en cualquier momento dentro de la audiencia preliminar, y que esto no tiene por qué generar obstáculo en la gestión conciliadora que debe desarrollar el Juez, y por el contrario reafirma el derecho a probar de las partes.

b. *Admisión*

Dispone la LOPT sobre la obligación del Juez de Sustanciación, Mediación y Ejecución, de incorporar al expediente las pruebas promovidas por las partes, una vez finalizada la audiencia preliminar (Art. 74), así como la actuación del Juez de Juicio en ese sentido, de pronunciarse, en el lapso de cinco (5) días siguientes al recibo del expediente, admitiendo las legales y procedentes y desechando las contrarias a esto (Art. 75).

c. *Evacuación*

Corresponde dentro de la audiencia de juicio, una vez oídos los alegatos de las partes, comenzando *"...con las del demandante, en la forma y oportunidad que determine el Tribunal..."* (Art. 152 LOPT). Se establece de manera precisa, que no se permitirá a las partes la presentación ni lectura de escritos, salvo excepción legal.

También hay disposiciones precisas sobre la evacuación de testigos (Art. 153 LOPT) y la comparecencia de los expertos requeridos (Art. 154 LOPT).

d. *Observaciones sobre Pruebas Evacuadas*

Como no está prevista la posibilidad de ejercer oposición sobre las pruebas de la contraparte, se establece la opción de la parte contraria, de formular oralmente y de manera breve, observaciones sobre la prueba evacuada por la otra parte (Art. 155 LOPT).

B. *Medios de Prueba*

a. *Noción*

Devis Echandía sostiene que los medios de prueba pueden considerarse desde dos puntos de vista. Conforme el primero, se entiende por medio de prueba la actividad del Juez o de las partes, que *"suministra al primero el conocimiento de los hechos del proceso y, por lo tanto, las fuentes de donde se extraen los motivos o argumentos para lograr su convicción sobre los hechos del proceso"* *(1981, T. II, 550-551)*, o sea, la confesión de la parte, la declaración del testigo, el dictamen del perito, la inspección, etc.

Con base al segundo punto de vista, se entiende por medio de prueba *"los instrumentos y los órganos que suministran al Juez ese conocimiento y esas fuentes de prueba"* *(Ibid, 551)*, a saber: el testigo, el perito, la parte confesante, etc.

El autor considera y así lo compartimos, que ambos conceptos son correctos, ya que como señala Devis Echandía el segundo punto de vista *"comprende la manera como se verifica la adquisición procesal de la prueba y se lleva al Juez el conocimiento de los hechos que prueban, de modo que es la misma noción contemplada desde otro aspecto" (Ibídem)*.

b. *Grupos de Medios de Prueba*

Refiere Rodríguez Díaz, que a partir de la última reforma del CPC, la normativa procesal en el país, faculta a los jueces para utilizar cuatro grupos de pruebas, las cuales se hallan en el mismo plano, a saber:

I) *Los Medios de Pruebas Tradicionales:*

a) Documentos o Instrumentos (Arts. 429 a 435 CPC): públicos (Arts. 1357 a 1362 CC) y privados (Arts. 1363 a 1379 CC).

- Instrumentos fundamentales de la acción (Art. 434 CPC).

- Exhibición de documentos (Arts. 436 y 437 CPC).

- Tacha de instrumentos (Arts. 1380 a 1382 CC y 438 a 443 CPC).

- Reconocimiento de instrumentos privados (Arts. 444 a 450 CPC).

- Prueba de cotejo (Arts. 446 a 449 CPC).

b) La Confesión (Posiciones Juradas): artículos 1400 a 1405 CC, 403 a 419 CPC.

c) El Juramento Decisorio (en desuso): Arts. 1408 a 1421 CC y 420 a 428 CPC.

d) La Prueba Testimonial: Arts. 1387 a 1393 CC y 477 a 501 CPC.

e) La Experticia: Arts. 1422 a 1427 CC y 451 a 471 CPC.

f) La Inspección: Ocular (Arts. 1428 a 1430 CC) y Judicial (472 a 476 CPC).

g) Las Presunciones Hominis: Arts. 1399 CC y 510 CPC.

II) *Nuevos Medios Probatorios conforme el CPC:*

a) El Interrogatorio Libre: Arts. 401, ord. 1o. CPC.

b) La Prueba de Informes: Art. 433 CPC.

c) La Reconstrucción de los Hechos: Art. 401, ord. 4o. CPC.

d) Las Reproducciones: Art. 502 CPC.

e) La Pericia Experimental: Art. 504 CPC.

III) *Los medios de prueba diseminados en otras Leyes:*

a) El Juramento Supletorio: Art. 143 Ccom.

b) Los Peritajes Agrarios (Ley de Tierras).

c) Los Informes del Equipo Multidisciplinario (LOPNA).

IV) Los medios de prueba agrupados en todos aquellos instrumentos capaces de trasladar hechos al proceso, y que no estén contemplados ni prohibidos en ninguna Ley (Libertad Probatoria Art. 395, Único Aparte CPC).

Cabrera y Rodríguez Díaz, coinciden en afirmar que los medios probatorios tradicionales y los nuevos medios (segundo grupo), a pesar del principio de libertad de prueba (Art. 395 CPC y Único Aparte Art. 70 LOPT), no pueden ser objeto de variaciones, es decir no admiten mixturas, salvo cuando una norma expresamente lo permita.

En vista que el estudio pormenorizado de tales medios de prueba fue realizado en la asignatura Derecho Procesal Civil, no haremos mayor consideración, salvo la mención de peculiaridades del procedimiento laboral.

Es importante destacar que la LOPT excluye de los medios de prueba admisibles en el juicio laboral, las pruebas de posiciones juradas y de juramento decisorio (Encabezamiento Art. 70).

La nueva Ley establece sobre la declaración de parte (Arts. 103 al 106), con base a las respuestas formuladas por las partes a requerimiento del Juez de Juicio. Este medio de prueba aparece previsto en el Código Procesal Civil Modelo para Iberoamérica, aunque la orientación es diferente, porque en este se contempla la posibilidad que las partes puedan recíprocamente pedirse posiciones o interrogarse en la audiencia (Art. 138 CPCMI).

Debe destacarse que la Ley atenta contra la inmediación necesaria, característica fundamental del nuevo procedimiento laboral inspirado básicamente en la oralidad, cuando deja abierta la posibilidad para que el Juez comisione a un tribunal de la jurisdicción, para la práctica de inspección judicial, lo que también contraria la prohibición expresa de delegar la práctica de esta clase de prueba (Art. 234 CPC).

En cuanto a la prueba documental laboral, es importante considerar la distinción que en doctrina se hace entre el documento público y el documento administrativo.

Con relación a la distinción entre documento público y documento administrativo, en forma reiterada la jurisprudencia ha señalado que los documentos emitidos por funcionarios públicos, en el ejercicio de sus competencias específicas, constituyen un género de la prueba instrumental, que por referirse a actos administrativos de diversa índole, su contenido tiene el valor de una presunción, respecto de la veracidad y legitimidad de su contenido. Esto en razón al principio de ejecutividad y ejecutoriedad, previsto en el artículo 8 de la Ley Orgánica de Procedimientos Administrativos (LOPA), y por tanto, tales instrumentos deben considerarse ciertos, hasta prueba en contrario.

Sin embargo, se señala que no es posible una asimilación total entre el documento público y el documento administrativo, toda vez que es posible desvirtuar la certeza del documento administrativo, por cualquier otra prueba pertinente e idónea, inclusive la de testigos, mientras que el documento público solo puede ser impugnado por la tacha de falsedad. En consecuencia, no es procedente en cuanto a su virtualidad probatoria, asimilar absolutamente el documento administrativo al documento público.

Por otro lado, Jaime refiere dentro de los inconvenientes del proceso laboral, sobre la impugnación de informes administrativos relacionados con la LOPCYMAT. El autor destaca que la reforma de esta Ley, posterior a la LOPT, ha creado un grave problema, ya que aquella contempla que los documentos emanados del INPSASEL, tienen carácter público. Ahora bien, LOPT y el CPC, no contemplan dentro de las causales por las cuales se puede tachar de falso un documento público, una que se adapte a ese tipo de documento, particularmente cuando este se fundamente, como ya ha ocurrido, en criterios errados sostenidos por los facultativos que tienen a su cargo determinar la enfermedad y sus causas, así como el carácter ocupacional de la misma. Precisa Jaime "se requiere pues una reforma que garantice el procedimiento idóneo para impugnar tales informes" (Jaime, 2009: 28).

6. *Valoración de las pruebas*

A. *Noción*

Couture expone que el tema de la valoración de la prueba, busca una respuesta para la pregunta: qué eficacia tienen los diversos medios de prueba establecidos en el derecho positivo?

Se trata de señalar, con la mayor exactitud posible, como gravitan y qué influencia ejercen los diversos medios de prueba, sobre la decisión que el magistrado debe emitir.

En este sentido, Rengel-Romberg precisa que el tema de la valoración de la prueba, responde a la pregunta: qué valor tiene la prueba?, esto es cuál es su eficacia en el proceso?

B. *Sistemas*

Couture refiere que la doctrina europea distingue entre las llamadas pruebas legales, y las pruebas libres o libre convicción. Por otra parte, existe una categoría intermedia, la sana crítica.

a. *Prueba Legal o Tarifada*

Devis Echandía expone que dentro de este sistema de la tarifa legal, "la altísima función y la sagrada misión del Juez quedan a merced de los errores o las habilidades, lícitas e ilícitas, de los abogados litigantes" (1981: T. I, 289).

Y agrega *"en un sistema rigurosamente dispositivo y con tarifa legal, no es verdad que el Juez administre justicia de acuerdo con la Ley, sino que reconoce la que las mismas partes obtienen por su propio esfuerzo" (Ibídem)*.

En el caso de las llamadas Pruebas Legales o de apreciación conforme la Ley, es la norma legal la que señala por anticipado al Juez, el grado de eficacia que debe atribuir a un determinado medio probatorio.

En este sentido, el Código de Procedimiento Civil contempla una disposición para la apreciación de la prueba de testigos (Art. 508), y para la apreciación de conjunto de las pruebas (Art. 509) y de los indicios (Art. 510).

La apreciación de conjunto de las pruebas, responde también a una jurisprudencia reiterada, conforme a la cual los jueces deben realizar el examen de todo el material probatorio, a fin de que la verdad procesal surja del análisis y concatenación del conjunto de las pruebas ofrecidas por los litigantes.

b. *Libre Convicción*

Por Libre Convicción se entiende el modo de razonar que no se apoya necesariamente en la prueba que el proceso exhibe al Juez, ni en medios de información que puedan ser fiscalizados por las partes.

En este sistema de apreciación de la prueba, el magistrado adquiere el convencimiento de la verdad, con la prueba de autos, fuera de esta, y aún contra aquella.

Devis Echandía indica que el sistema de la libre apreciación *"exige jueces mejor preparados" (Ibídem)*, considerando la obligación de estos de motivar la sentencia, explicando los motivos de su convencimiento sobre la base de ciertas pruebas, y que esto constituye garantía suficiente para la correcta justicia, junto con la formación universitaria en derecho para el desempeño del cargo y la revisión de aquella por Tribunales Superiores.

Este sistema aplica para los asuntos regulados por la Ley Orgánica de Protección del Niño y del Adolescente (LOPNA), y rigió para los asuntos penales, hasta la reforma del Código Orgánico Procesal Penal (COPP) del 2001.

c. *Sana Crítica*

Couture la refiere como categoría intermedia entre la prueba legal y la libre convicción. Sin la excesiva rigidez del primer sistema, y sin la incertidumbre del segundo, configura una formula calificada de feliz, para regular la actividad intelectual del Juez frente a la prueba.

Agrega el autor, que la sana crítica son ante todo, *"reglas del correcto entendimiento humano; contingentes y variables con relación a la experiencia del tiempo y del lugar; pero estables y permanentes en cuanto a los principios lógicos en que debe apoyarse la sentencia"* (1979: T. II, 195).

El Juez que debe decidir con arreglo a la sana crítica, no es libre de razonar, esta manera de actuar seria libre convicción. La sana crítica es la unión de la lógica y de la experiencia, como se ha expuesto.

La Ley pionera en la aplicación de este sistema, lo fue la Ley Orgánica sobre Sustancias Estupefacientes y Psicotrópicas (hoy Ley Orgánica contra el Tráfico Ilícito y el Consumo de Sustancias Estupefacientes y Psicotrópicas), actualmente el Código de Procedimiento Civil (CPC) lo reconoce, el Código Orgánico Procesal Penal (COPP) lo contempla desde la reforma de 2001, y la Ley Orgánica Procesal del Trabajo (LOPT), también tiene receptividad hacia aquel (Art. 10).

d. Sistema Venezolano de Valoración de la Prueba Laboral

La regla general de la apreciación de la prueba en nuestro país, está prevista en el artículo 507 CPC, en los términos: "*A menos que exista una regla general expresa para valorar el mérito de la prueba, el Juez deberá apreciarla según las reglas de la sana crítica*".

Rengel-Romberg considera que en base a lo considerado, es mixto el sistema venezolano de valoración de la prueba. Autores como Devis Echandía no admiten la existencia de sistemas mixtos, y sostienen que el Juez tiene libertad de apreciación o no la tiene, pues no existe libertad a medias.

En lo que corresponde a la valoración de la prueba laboral, la LOPT dispone que al efecto se proceda con base a las reglas de la sana crítica, pero "*en caso de duda, preferirán (los Jueces del Trabajo) la valoración más favorable al trabajador*" (Art. 10).

En este sentido, es importante destacar que el principio proteccionista, rige no solo para la interpretación y aplicación de las normas sustantivas laborales, sino también con respecto a las normas adjetivas.

CAPÍTULO 7

LA DECISIÓN Y EJECUCIÓN DE LA CAUSA LABORAL

SUMARIO

1. *Auto para Mejor Proveer*: A. *Noción*. B. *Oportunidad*. 2. *La Sentencia*: A. *Noción*. B. *Clasificación*: a. *Por su Posición en el Proceso*. b. *Por su Contenido Específico*. C. *Requisitos Formales*: a. *Intrínsecos*. b. *Extrínsecos*. D. *Vicios de la Sentencia. Consecuencias*: a. *Nulidad*. b. *Inexistencia*. E. *Oportunidad para Decidir*. F. Sentencia e Indexación *Judicial*. G. *Experticia Complementaria del Fallo o del Objeto*. 3. *Los Recursos*: A. *Noción*. B. *Razones para su Existencia*. C. *Clases*: a. *Ordinarios: Apelación, Adhesión a la Apelación, Recurso de Hecho y Revocatoria por Contrario Imperio*. b. *Extraordinarios: Recursos de* Casación, *Control de Legalidad, Nulidad e Invalidación*. 4. *La Ejecución*: A. *Noción*. B. *Procedimiento*.

1. *Auto para mejor proveer*

A. *Noción*

En el procedimiento laboral (Art. 156 LOPT) y en el civil (Art. 410 CPC), está contemplada la posibilidad que el Juez, concluido el lapso probatorio, ordene de oficio la práctica de diligencias probatorias, orientadas al mejor esclarecimiento de la verdad. Podría tratarse de la evacuación de pruebas promovidas por las partes, o de alguna otra que el Juez considere conducente.

B. *Oportunidad*

El momento para el auto para mejor proveer, es posterior al vencimiento del lapso probatorio. Este auto que corresponde a una resolución del Tribunal, debe fijar la oportunidad para que se cumplan las diligencias ordenadas, y no es impugnable (Art. 401 *in fine* CPC).

2. La sentencia

A. Noción

Couture refiere que el vocablo sentencia sirve para demostrar, a un mismo tiempo, un acto jurídico procesal y el documento en que este se consigna.

Como acto, indica el autor, la sentencia es el acto jurídico procesal "que emana de los agentes de la jurisdicción y mediante el cual deciden la causa o puntos sometidos a su conocimiento" (1981, 277). Como documento, la sentencia es *"la pieza escrita, emanada del Tribunal, que contiene el texto de la decisión emitida" (Ibídem)*.

El mismo autor precisa, que la sentencia tiene como efecto fundamental la producción de la cosa juzgada.

Rengel-Romberg define la sentencia como mandato jurídico individual y concreto en que el Juez, mediante el proceso, acoge o rechaza la pretensión que se hace valer en la demanda. El autor agrega que este concepto, es correlativo al de jurisdicción.

B. Clasificación de la Sentencia

Rengel-Romberg señala que esta clasificación puede hacerse con arreglo a diversos criterios, entre los que resultan de interés los siguientes:

a. Por su Posición en el Proceso

Con base a este criterio se clasifican en definitivas e interlocutorias.

La sentencia definitiva es la que dicta el Juez al final del juicio, y pone fin al proceso, acogiendo o rechazando la pretensión del demandante. Es la sentencia de mérito, la sentencia por excelencia.

La sentencia interlocutoria es la que se dicta en el curso del proceso, para resolver cuestiones incidentales (Ej. decisión sobre cuestiones previas).

En nuestro Derecho, la categoría de sentencia interlocutoria admite la siguiente subdivisión:

a) Interlocutorias con fuerza definitiva (Ej. decisión sobre cuestiones previas establecidas en los ordinales 9, 10 y 11 del artículo 346 CPC declaradas con lugar, que extinguen el proceso).

b) Interlocutorias simples (resuelven incidentes Ej. negativa para admitir la evacuación de alguna prueba).

c) Interlocutorias no sujetas a apelación y esencialmente revocables por contrario imperio (constituyen autos de mera sustanciación Ej. orden judicial de comparecencia).

Nuestro Derecho también distingue la categoría de las sentencias de reposición, contempladas en el artículo 245 CPC.

b. *Por su Contenido Específico*

En función a este criterio, se distingue entre sentencias declarativas, de condena, constitutivas y determinativas.

Las sentencias declarativas (Ej. en asuntos sobre derechos reales), de condena (Ej. en asuntos laborales en que se condena al empleador a pagar sumas de dinero) y constitutivas (Ej. sobre estado y capacidad de las personas), recaen sobre pretensiones de diversas especies, como se ha ejemplificado.

La doctrina refiere también sobre las sentencias determinativas o dispositivas, que son las que dicta el Juez en la jurisdicción de equidad (estas tienen también naturaleza declarativa).

C. *Requisitos Formales de la Sentencia*

Rengel-Romberg precisa sobre las formas intrínseca y extrínseca de la sentencia.

a. *Requisitos Intrínsecos*

Estos son los requisitos que debe llenar la sentencia, referidos exclusivamente a su contenido técnico, y a la relación de la sentencia con la pretensión que debe examinar; al efecto dispone el artículo 243 CPC. De esta norma se desprende que la sentencia consta de tres (3) partes, a saber:

a) *Expositiva o Narrativa:* comprende una síntesis clara, precisa y lacónica de los términos en que ha quedado planteada la controversia, sin transcribir en ella los actos del proceso que constan de autos (ordinal 3, Art. 243 CPC).

b) *Motiva:* contiene los motivos de hecho y de derecho de la decisión (ordinal 4).

c) *Dispositiva:* comprende la decisión expresa, positiva y precisa con arreglo a la pretensión deducida y a las excepciones o defensas opuestas, sin que en ningún caso pueda absolverse de la instancia (ordinal 5).

Los otros requisitos de esta naturaleza, están relacionados con la indicación de: el Tribunal que la pronuncia (ord. 1), de las partes y de sus apoderados (ord. 2) y la determinación de la cosa u objeto sobre que recaiga la decisión (ord. 6).

b. Requisitos Extrínsecos

Están referidos a la sentencia como documento, esto es, como expresión externa de la voluntad del órgano que la dicta, sin los cuales esta no adquiere existencia ni autonomía en el mundo jurídico.

Los requisitos extrínsecos están relacionados con los diversos momentos que conducen a la exteriorización de la voluntad, a saber:

a) *Deliberación*: este momento es netamente secreto. Tiene mayor trascendencia cuando se trata de un tribunal colegiado (con base a la legislación los tribunales laborales que conocen en primera instancia, son unipersonales, aunque los superiores podrían ser colegiados, según el Art. 19 LOPT). Aplica en este sentido el artículo 24 CPC.

b) *Documentación*: es la redacción por escrito de la sentencia, y la atestación de su fecha y la firma de los miembros del Tribunal (sin incluir al Alguacil). Se trata de una manifestación del principio de escritura, conforme los artículos 25 y 246 CPC.

c) *Publicación*: es el momento final del proceso de exteriorización de la sentencia, y que implica agregarla al expediente, haciendo constar el día y la hora (Art. 247 CPC) y registrarla en el libro diario (Art. 113 CPC).

Finalmente, la sentencia se pronuncia en nombre de la Republica y por autoridad de la Ley (Art. 242 CPC).

D. Vicios de la Sentencia. Consecuencias

Estos vicios tienen lugar cuando la sentencia no llena los requisitos legales, intrínsecos o extrínsecos, ya estudiados. Estas categorías de vicios de la sentencia, corresponden a defectos en la actividad del Juez (errores *in procedendo*). Al efecto se distingue dos (2) grandes consecuencias, a saber:

a. Nulidad

Se produce cuando en la sentencia no hay observancia de las formas intrínsecas estudiadas. En forma taxativa el artículo 244 CPC establece las razones por las que será nula la sentencia, agregando a los requisitos en cuestión: haber absuelto de la instancia; resultar contradictoria la sentencia; que sea condicional o que contenga ultrapetita. Estas circunstancias las reproduce el Art. 160 LOPT.

Esta consecuencia sobre nulidad de la sentencia, solo puede hacerse valer mediante los recursos de apelación o casación, atendiendo a la jerarquía del Tribunal que la dicte, y según se trate de una decisión en primera o segunda instancia.

b. *Inexistencia*

Tiene lugar cuando hay inobservancia de las formas extrínsecas de la sentencia, antes analizadas. Consideramos que la declaratoria de inexistencia debe proceder de oficio o a instancia de parte, por decisión del órgano superior en el grado de jurisdicción al que la dicto. Es un vicio no habitual, que podría generar responsabilidad en el Secretario del Tribunal, por falta de diligencia en cuanto a la documentación o publicación del fallo.

E. *Oportunidad para Decidir*

Conforme las previsiones de la LOPT, el Juez de Juicio en Primera Instancia, pronunciará oralmente la sentencia, en un tiempo que no excederá a una (1) hora, seguido a la conclusión de la evacuación de pruebas (Art. 158).

En casos excepcionales expresamente establecidos, está prevista la posibilidad de diferir por una sola vez, la oportunidad para dictar sentencia, por un lapso no mayor de cinco (5) días hábiles, después de evacuadas las pruebas; el auto correspondiente debe determinar la nueva fecha, para la necesaria comparecencia de las partes (Segundo Aparte Art. 158).

La celeridad para decidir debe ser tal, que puede ser destituido el Juez que no emita el fallo dentro de la oportunidad legal (Parágrafo Único Art. 158).

Quizá no resulte fácil en ocasiones, establecer cuando ha de concluir la evacuación de pruebas, máxime que no está previsto un límite en la duración de la audiencia de juicio.

De inmediato al pronunciamiento oral de la sentencia, debe reducirse a forma escrita la parte dispositiva del fallo, y dentro de los cinco (5) días hábiles siguientes a esa oportunidad, debe reproducirse por completo el escrito del fallo, para la correspondiente publicación (Art. 159 LOPT). La misma Ley destaca los requisitos que debe reunir la sentencia.

Cuando corresponde decidir al Juez Superior, las circunstancias son similares, con la diferencia que la oportunidad para la decisión tiene lugar seguido a la conclusión del debate oral, conforme al procedimiento de segunda instancia (Art. 165 LOPT).

F. *Sentencia e Indexación Judicial*

En sentencia de fecha 17 de marzo de 1993, con ponencia de Rafael Alfonso Guzmán, la extinta Corte Suprema de Justicia en Sala de Casación Civil, se pronunció y así se ha ratificado por la Sala Social del Tribunal Supremo de Justicia, sobre el reajuste al valor de la moneda, de la reclamación de conceptos laborales, tomando en cuenta en efecto de depreciación que genera la tardanza en su cumplimiento. La indexación puede ser ordenada de oficio, siendo así, no incurre en ultrapetita el Juez que la acuerda sin que la solicite la parte actora.

Es criterio doctrinal y jurisprudencial, excluir de los periodos de indexación judicial, los siguientes lapsos:

a) demora procesal por hechos fortuitos o causa de fuerza mayor;

b) aplazamiento voluntario del proceso por manifestación de las partes (Parágrafo 2º Art. 202 CPC).

c) lapso que comprende el retardo judicial para decidir.

La LOPT solo reconoce la procedencia de la indexación o corrección monetaria sobre las cantidades condenadas, para ser calculada desde el decreto de ejecución hasta su materialización u oportunidad de pago efectivo (Art. 185). Esto resultará adecuado, siempre y cuando los conflictos laborales se diluciden en sede judicial con la celeridad necesaria, porque de lo contrario, el interesado podrá invocar los criterios antes considerados, para que le reconozcan la indexación o corrección antes del decreto de ejecución.

G. *Experticia Complementaria del Fallo o del Objeto.*

Esta clase de experticia es muy frecuente en materia laboral. Procede en todos los casos en que el Juez, al decidir se encuentra comprobada una obligación a favor del sujeto actor, no puede establecer el valor o alcance económico de esta, sin el apoyo de expertos. En este sentido dispone el artículo 249 CPC.

La nueva Ley la identifica como Experticia Complementaria del Objeto (terminológicamente luce más precisa), especificando que es una facultad del Juez ordenarla en su sentencia, y que debe realizarse con un único experto o perito designado por el Tribunal (Art. 159).

3. *Los recursos*

A. *Noción*

Couture expone que los recursos son, genéricamente hablando, *"medios de impugnación de los actos procesales" (1981, 339).* Describe el autor, que verificado el acto procesal, la parte agraviada cuenta, dentro de los límites que la Ley le confiera, *"poderes de impugnación destinados a promover la revisión del acto y su eventual modificación" (Ibidem).*

Apoyándose en Ulpiano, Couture refiere que jurídicamente la palabra recurso, denota *"tanto el recorrido que se hace nuevamente mediante otra instancia, como el medio de impugnación por virtud del cual se recorre (sic) el proceso"* (Ibíd., 340).

Rengel-Romberg define el recurso, como el acto por el cual una de las partes, prosiguiendo la controversia, trata de anular por vía de examen, mediante la actuación de un Tribunal Superior, la resolución que no le es favorable.

B. *Razones para la Existencia de los Recursos*

Según Rodríguez Urraca, son las siguientes:

a) la necesidad de evitar que se produzca el efecto de cosa juzgada que acompaña a la sentencia.

b) El principio de doble instancia.

c) La necesidad que tiene el propio Poder Judicial de autocontrolarse.

C. *Clases de Recursos*

    a. *Ordinarios: Apelación, Adhesión a la Apelación, Recurso de Hecho y Revocatoria por Contrario Imperio*

Apelación:

Couture la define como *"el recurso concedido a un litigante que ha sufrido agravio por la sentencia del Juez inferior, para reclamar de ella y obtener su revocación por el Juez Superior"* (1981, 351). Precisa el autor, que el objeto de la apelación es la revisión de la sentencia de primera instancia.

Chiovenda dice en forma más breve, que la apelación es el medio para pasar del primero al segundo grado de jurisdicción, y que este doble grado, en la intención del legislador, *"representa una garantía para los ciudadanos"* *(Rodríguez: 1995, 288)*.

El CPC ha fijado un criterio sobre la recurribilidad mediante la apelación de las sentencias, atendiendo a que sean interlocutorias o definitivas. Así la regla es que toda sentencia definitiva es apelable (Art. 288), y en el caso de las interlocutorias, se admitirá apelación solamente cuando produzcan gravamen irreparable (Art. 289).

Conforme un criterio de la extinta Corte Suprema de Justicia, fijado desde 1945, el gravamen irreparable consiste en *"el perjuicio de carácter material o jurídico, que la decisión ocasione a las partes, ya en la relación substancial objeto del juicio, ya en las situaciones procesales que se deriven de la marcha del proceso"*.

Efectos de la Apelación: La apelación produce dos (2) efectos importantes:

a) el efecto suspensivo, por virtud del cual se suspende la ejecución de la sentencia impugnada;

b) el efecto devolutivo, conforme el cual se transmite al Tribunal Superior el conocimiento de la causa apelada.

El CPC contempla que la apelación de la sentencia definitiva se oirá a ambos efectos (suspensivo y devolutivo), salvo disposición especial en contrario (Art. 290), y en el caso de la apelación de la sentencia interlocutoria, se oirá solamente en el efecto devolutivo, salvo disposición en contrario (Art. 291).

En el procedimiento del trabajo, está establecida la posibilidad de apelar la sentencia definitiva, dentro de un lapso de cinco (5) días siguientes al vencimiento del lapso para la publicación de la sentencia en forma escrita (Art. 161 LOPT).

Desde el punto de vista práctico, cuando la apelación se admite libremente o a ambos afectos (devolutivo y suspensivo), el Tribunal de Primera Instancia remite al Superior el original del expediente, para los fines consiguientes. Si la apelación solo procede a un solo efecto (devolutivo), se remite al Tribunal Superior copia certificada de las actas conducentes, conjuntamente con el escrito del recurso y el auto de su admisión. En el segundo caso, la parte apelante debe velar porque efectivamente se certifique copia de todas las actas necesarias, y en ese sentido observar que el Tribunal proceda conforme su solicitud de certificación.

A los fines de la apelación, es importante que el Juez observe el principio de la *reformatio in peius*, con base al cual no debe empeorar la situación del apelante, cuando no se ha interpuesto recurso alguno por su contraparte.

Adhesión a la Apelación:

Rengel-Romberg indica que es el recurso accesorio y subordinado a la apelación principal, mediante el cual la parte que no apeló de la sentencia en que hubo vencimiento recíproco de los litigantes, solicita en la alzada la reforma de la sentencia apelada, en aquellos puntos iguales o diferentes de la apelación principal, en que la sentencia del primer Juez produce gravamen al adherente. Las disposiciones en este sentido son los artículos 299 a 304 CPC.

Recurso de Hecho:

Rengel-Romberg precisa que en otras legislaciones es llamado *"recurso de queja por denegación"* y que es la garantía procesal del recurso de apelación.

El autor define este recurso como el que interpone el apelante ante el Tribunal Superior, contra la decisión del Tribunal a quo que niega la apelación o la admite en un solo efecto, solicitando se ordene oír la apelación o admitirla en ambos efectos conforme la Ley. Al efecto dispone el CPC en los artículos 305 al 309.

La LOPT admite esta posibilidad, ante la negativa sobre la apelación o cuando esta se admite a un solo efecto (Único Aparte Art. 161 LOPT).

Revocatoria por Contrario Imperio:

El autor considerado señala que es el recurso por el cual la parte solicita al Juez, la revocatoria de una providencia de mera sustanciación o de mero trámite (Art. 310 CPC). El Juez también puede proceder de oficio para este fin.

b. *Extraordinarios: Casación, Control de la Legalidad, Nulidad e Invalidación*

Recurso de Casación:

Cuenca expone que la Casación es una acción de nulidad autónoma y con procedimiento propio, que revoca la sentencia violadora de la Ley. Este mismo autor agrega que es también *"un control de legalidad para impedir que el fallo afectado por violación o falsa interpretación de la Ley alcance la autoridad y la mutabilidad de la cosa juzgada" (1980, 26).*

Duque Sánchez refiere que la Casación *"debe establecer el verdadero sentido de la norma, garantizando la integridad de la legislación y la uniformidad de la jurisprudencia"* (Rodríguez: 1995, 311). Esto en razón de que la Ley puede ser objeto de varias interpretaciones, que en ocasiones son contradictorias.

En nuestro sistema procesal la jurisprudencia no es vinculante, salvo cuando el Juez actúa en reenvío, ya que debe seguir el criterio de Casación (caso contrario procede recurso de nulidad). Lo habitual es que los Jueces de Instancia conforme lineamiento legal, procuren *"acoger la doctrina de Casación establecida en casos análogos, para defender la integridad de la legislación y la uniformidad de la jurisprudencia"* (Art. 321 CPC).

En la práctica, la mayoría de nuestros Jueces siguen *"fielmente"* el criterio de Casación, sin esbozar ideas propias, con la intención de asegurar que sus fallos no sean anulados.

En materia laboral, la jurisprudencia si adquiere carácter vinculante, al establecer la LOPT: *"Los Jueces de instancia deberán acoger la doctrina de casación establecida en casos análogos..." (Art. 177)*. Esto debe conllevar a los Magistrados de la Sala de Casación Social del Tribunal Supremo de Justicia a producir cada vez más decisiones coherentes y justas, para que así sea seguida la doctrina.

Como fue referido en el Capítulo 3, la Sala Constitucional del TSJ declaro la desaplicación por control difuso del artículo 177 de la LOPT, aunque posterior a esto, la Sala de Casación Social ha ratificado la vigencia del artículo 321 del CPC que hace posible defender la uniformidad de la jurisprudencia.

La cuantía para recurrir en Casación está prevista en la LOPT (Art. 167), en tres mil unidades tributarias (3.000 UT), cantidad que para la entrada en vigencia de esta Ley (2003) resultaba exorbitante, aunque la alta inflación del presente, la muestra ahora diferente. Debemos destacar que el Recurso de Control de Legalidad, el cierta medida es otra alternativa frente los asuntos que no alcanzan esa cuantía.

En la Constitución de 1999 (Art. 262) fue creada la Sala Social, que conoce de los asuntos laborales, agrarios y sobre menores (niños y adolescentes), desde el año 2000.

En la LOPT está previsto sobre el Recurso de Casación en el Capítulo VI, Título VII (Arts. 167 al 177), siguiendo la necesaria orientación de la oralidad, con el debate correspondiente, y previendo la necesidad de limitar la extensión del escrito de formalización. La sentencia de casación no tiene la posibilidad de reenvió, y deberá decidir el fondo del asunto, casando o anulando o confirmando el fallo recurrido (Segundo Aparte Art. 175).

Tramitada la causa ante el Máximo Tribunal, corresponderá al Tribunal de Sustanciación, Mediación y Ejecución, en atención al alcance de la decisión, proseguir con el tramite subsiguiente (Art. 176 LOPT).

Recurso de Control de Legalidad:

Se trata de un nuevo recurso, vigente desde la publicación en *Gaceta Oficial* de la Ley (13 de agosto de 2002), conforme el artículo 194, del que conoce la Sala de Casación Social del Tribunal Supremo de Justicia.

Este recurso procede contra fallos no recurribles en casación que "*violenten o amenacen con violentar las normas de orden público o cuando la sentencia recurrida sea contraria a la reiterada doctrina jurisprudencial...*" (Encabezamiento Art. 178 LOPT) de la nombrada Sala de Casación Social.

La decisión en la tramitación de este recurso, puede ser, decretar la nulidad del fallo, decidir el fondo de la controversia, sin posibilidad de reenvío o confirmar el fallo recurrido (Art. 179 LOPT).

El Control de la Legalidad está inspirado en el Recurso de Casación para la Unificación de Doctrina, recurso especial previsto en el ordenamiento jurídico español, concretamente en la Ley de Procedimiento Laboral (texto articulado aprobado por Real Decreto Legislativo 521/1990, de 27 de abril).

Es de interés destacar, que si bien la LOPT es precursora sobre este Recurso en la legislación venezolana, en la LOPNA (reforma de 2007) está contemplado en términos similares (Art. 490), pero no está previsto multa ante su interposición maliciosa, y se hace una precisión en cuanto al efecto de su interposición, atendiendo a la clase de asunto.

Por otro lado, la LOJCA establece sobre el Recurso Especial de Juridicidad (Arts. 95 al 102), que luce con un efecto parecido al Control de Legalidad, con el fin de "revisar las sentencias definitivas dictadas en segunda instancia que transgredan el ordenamiento jurídico" (Art. 95) y se aclara no constituye una tercera instancia de conocimiento de la causa.

En la decisión del Recurso, la Sala Político Administrativa podrá "declarar la nulidad de la sentencia recurrida, ordenando la reposición del procedimiento o resolver el mérito de la causa para restablecer el orden jurídico infringido" (Art. 101). En este caso está previsto multa, por interposición temeraria del recurso (Art. 102).

Recurso de Nulidad:

Puede ser propuesto por las partes, si el Juez de reenvió fallara contra lo decidido por el máximo Tribunal, y debe interponerse dentro de los diez (10) días siguientes a su publicación (Art. 323 CPC).

Recurso de Invalidación:

Se trata también de un recurso extraordinario, procedente contra la sentencia ejecutoria, o cualquier otro acto que tenga fuerza de tal (Art. 327 CPC), siempre que ocurra alguna de las causas taxativamente enumeradas en el artículo 328 CPC. Sobre la sustanciación, decisión y efectos de la interposición de este recurso, aplican los artículos 329 a 337 CPC.

4. *La ejecución*

A. *Noción*

Constituye este un aspecto muy importante dentro del proceso, ya que el propósito de la parte actora es la satisfacción de la pretensión, lo cual resulta efectivo mediante el cumplimiento de la decisión judicial, a través del acatamiento voluntario o la ejecución forzada. A esta última se refiere Couture como *"el procedimiento dirigido a asegurar la eficacia práctica de las sentencias de condena"* (1981, 438 -439). Agrega el autor que la actividad jurisdiccional se cumple *"tanto mediante la actividad de conocimiento como mediante la actividad de coerción (ejecución forzada, o simplemente ejecución)"* (Ibíd., 440).

B. *Procedimiento*

La Ejecución de las sentencias laborales es regida por el Capítulo VIII del Título VII de la LOPT (Arts. 180 al 186), y realizada por el Juez de Sustanciación, Mediación y Ejecución, con aplicación supletoria del CPC (Art. 183 LOPT).

La LOPT dispone en cuanto al procedimiento de ejecución, que el remate se anunciará con la publicación de un solo cartel, y el justiprecio de los bienes a rematar, por un perito nombrado por el Tribunal (Encabezamiento Art. 183 LOPT). En el procedimiento civil, se prevé la publicación de tres (3) carteles (Arts. 551 y 552 CPC) por regla, y la participación de dos (2) peritos (Art. 556 CPC).

TÍTULO III

LOS PROCEDIMIENTOS ESPECIALES DEL TRABAJO

INTRODUCCIÓN

Corresponde ahora en este último Título, el estudio de los Procedimientos Especiales del Trabajo, para así completar nuestro Curso de Procedimiento Laboral. En la primera parte abordamos generalidades acerca del Derecho Procesal del Trabajo, y en la segunda el Procedimiento Ordinario Laboral.

En esta tercera parte, consideraremos todo lo relacionado con el Amparo Laboral, los Procedimientos de Estabilidad Laboral y el Contencioso Administrativo Laboral. Es muy importante distinguir, que así como existe el Procedimiento Ordinario Laboral, regido por la LOPT, el CPC y demás instrumentos considerados, también los Procedimientos Especiales Laborales tienen configuración propia en el procedimiento laboral. Tales procedimientos están regulados por instrumentos como: la Constitución Nacional, la Ley Orgánica del Trabajo, los Trabajadores y las Trabajadoras (LOTTT), la Ley Orgánica Procesal del Trabajo (LOPT), la ley Orgánica de Amparo sobre Derechos y Garantías Constitucionales (LOADGC) y la Ley Orgánica de la Jurisdicción Contencioso Administrativa (LOJCA), entre otros. Estos procedimientos se llevan en sede administrativa (casos de estabilidad absoluta) o judicial (amparo, casos de estabilidad relativa y contencioso administrativo), atendiendo a la naturaleza del asunto. No pretendemos agotar el estudio del Derecho Procesal del Trabajo con este texto, pero si abordar las nociones más importantes que debe conocer todo interesado en incursionar en el ejercicio profesional del Derecho, en el área laboral.

CAPÍTULO 8

EL AMPARO LABORAL

SUMARIO

1. *El Trabajo como Derecho Humano Fundamental.* 2. *Generalidades sobre el Amparo Laboral*: A. *Noción*. B. *Antecedentes*. C. *Fundamento Constitucional*. D. *Objeto y Motivo de Protección*. E. *El Amparo como Derecho a Medio Judicial de Protección*. F. *La Acción de Amparo como Vía Judicial Autónoma*. F. G. *El Amparo como Medio Extraordinario*. 3. *Remisión de las Leyes Orgánicas del Trabajo (LOT) y Procesal del Trabajo (LOPT) a la Ley Orgánica de Amparo sobre Derechos y Garantías Constitucionales (LOADGC)*. 4. *La Acción de Amparo*: A. *Causales de Procedencia*. B. *Causales de Inadmisibilidad*. 5. *Competencia*. 6. *Procedimiento*. A. *Conforme* la *Normativa (CN y LOADGC)*: a. *Principios del Procedimiento*. b. *Solicitud de Amparo*. c. *Procedimiento para la Decisión*. d. *La Nulidad del Artículo 22 LOADGC*. e. *Contenido de la Sentencia*. f. *Revisión de la Decisión*. g. *Sanción*. B. *Conforme Jurisprudencia de la Sala Constitucional del Tribunal Supremo*: a. *Amparo contra Actos no Judiciales (Administrativos y Personales)*. b. *Amparo contra Actos Judiciales (Sentencias)*. 7. *Breve Referencia a los Instrumentos Internacionales de Promoción y Defensa de los Derechos Económicos, Sociales y Culturales, y Medios de Protección en la Convención Americana*: A. *Instrumentos*. B. *Medios de Protección en la Convención Americana*.

1. El trabajo como derecho humano fundamental

Previo a consideraciones particulares sobre el tema de estudio, atenderemos a la doctrina sobre derechos humanos. Así Fleiner aporta una noción sobre derechos humanos, refiriendo que son *"los derechos de la persona a vivir conforme a su naturaleza y en comunidad con otras personas"* (1999:10). Frosini plantea sobre los derechos humanos como *"indicadores del progreso social"* (1997:49). Y otros incluyen el derecho al trabajo como derecho humano fundamental y de primera generación, por cuanto el fin de estos derechos es *"la protección de los derechos civiles y las libertades públicas"* (Rey, Ernesto; Rodríguez, María, 1998:7).

En todo caso el trabajo constituye un derecho humano fundamental, por cuanto constituye este una actividad básica para la vida misma, por cuanto asegura a todo ser humano, la provisión de recursos materiales, que permitan satisfacer sus necesidades y las de su grupo familiar, así como también le permite al sujeto socializar y desarrollar sus habilidades físicas y mentales, en pro del avance personal y nacional.

En Colombia está previsto en la Constitución, la acción de cumplimiento sobre derechos humanos, con base en el derecho anglosajón (constitucionalismo contemporáneo de EEUU, India, Birmania y provincias de Argentina), el derecho internacional de los derechos humanos (Pacto de San José de Costa Rica), y el derecho de integración o comunitario (Acuerdo de Cartagena, Tratado de MERCOSUR) (Rey, Ernesto; Rodríguez, María, 1998).

En nuestro país, la Constitución de 1999 contempla la preeminencia de los derechos humanos, al establecer que *"los tratados, pactos y convenciones relativos a (estos), suscritos y ratificados por Venezuela, tienen jerarquía constitucional y prevalecen en el orden interno...y son de aplicación inmediata y directa por los tribunales y demás órganos del Poder Público"* (Art. 23).

También aparece previsto que toda persona debe promover y defender los derechos humanos como fundamento de la *"convivencia democrática y de la paz social"* (Art. 132).

La acción de cumplimiento con respecto a los derechos humanos, en Venezuela se materializa con la acción de amparo, que seguidamente analizaremos.

2. *Generalidades sobre el amparo laboral*

A. *Noción*

Brewer Carías (1988) señala que el establecimiento del Amparo como un derecho fundamental (Art. 49 en Constitución de 1961), fue una de las más importantes innovaciones democráticas en toda la trayectoria constitucional venezolana.

El Amparo Constitucional es definido por Mille Mille como: *"...la consagración jurídica a nivel constitucional, de una protección especial de las personas naturales o jurídicas en sus derechos y garantías fundamentales, tanto en el aspecto individual o particular como en los aspectos sociales, políticos y económicos, mediante la acción y procedimiento breve y sumario que persigue el restablecimiento inmediato de la situación jurídica infringida por la acción u omisión del sujeto transgresor de una norma constitucional o de un derecho constitucionalizado"* (1990:11).

Así el Amparo está dado por un derecho constitucional que se ejerce accionando ante los órganos jurisdiccionales, para la protección de los derechos y garantías constitucionales, con el propósito que se restablezca la situación jurídica infringida y se evite la lesión correspondiente.

Como refiere el autor Torres (1996), no existe un Amparo Laboral propiamente dicho, sino el Amparo Constitucional contemplado en la Constitución Nacional y desarrollado por la LOADGC, que cuando persigue la protección de un derecho o garantía constitucional enmarcados en los derechos laborales, adquiere este matiz como Amparo Constitucional en materia del trabajo.

Los derechos y garantías constitucionales en materia del trabajo, están previstos en los Artículos 87 al 97 de la Constitución Nacional, y comprenden todo lo relacionado al derecho de trabajar, la igualdad, la protección al trabajo, el tiempo de trabajo y descanso, el derecho al salario suficiente, a las prestaciones sociales, a la estabilidad, a la sindicalización, a la negociación colectiva, y a la huelga.

Como se considerará adelante, la LOTTT (Art. 8) y la LOPT (Art. 193) reconocen competencia a los Tribunales del Trabajo, para conocer de la acción de amparo laboral, sobre derechos y garantías constitucionales.

El Reglamento de la LOT (Art. 15) contempla la posibilidad de ejercer esta acción, por parte del trabajador víctima de discriminación en el empleo.

B. *Antecedentes*

Con la vigencia de la LOADGC a partir de 1987, se terminó de definir la procedencia del Amparo Constitucional. Villasmil Briceño (1997) explica que antes de la promulgación del nombrado instrumento legal, bajo la vigencia de la Constitución de 1961, se plantearon dos tesis acerca de la procedencia del Amparo, en ausencia de una normativa específica, a saber:

a) *Tesis Negativa*: fundamentada en el carácter programático que se aducía presentaba el Artículo 49 de la Constitución de 1961;

b) *Tesis Positiva:* deriva del reconocimiento de la procedencia del Amparo, conforme a una interpretación jurisprudencial del último aparte del Artículo 50 de la Constitución Nacional de 1961 (Sentencia de la extinta CSJ en caso Andrés Velásquez, 1983).

C. *Fundamento Constitucional*

El Amparo está contemplado en el derecho venezolano, a partir de la Constitución de 1961. Esta Carta Fundamental (Arts. 49 y 50) sentó las bases para el desarrollo de la LOADGC, vigentes desde 1987.

La nueva Constitución de 1999, dispuso en ese sentido en su Artículo 27, estableciendo sobre el Amparo en el goce y ejercicio de los derechos y garantías constitucionales, aun de aquellos inherentes a la persona humana *"que no figuren expresamente en esta Constitución o en los instrumentos internacionales sobre derechos humanos"*. El procedimiento fue objeto de unas variaciones que luego serán consideradas, y se hace mención expresa que el ejercicio de ese derecho no puede ser afectado por la declaración del estado de excepción o la restricción de garantías constitucionales.

D. *Objeto y Motivo de Protección*

El Objeto de la protección son los derechos y garantías constitucionales, como se indicó, aun cuando no figuren expresamente en la Carta Magna o en los instrumentos internacionales sobre derechos humanos.

El Motivo de la protección lo es la vulneración (violación o amenaza de violación) de los derechos y garantías constitucionales (Art. 2 LOADGC).

La Acción de Amparo procede contra cualquier hecho, acto u omisión provenientes de los órganos del Poder Público, en los distintos niveles (Nacional, Estadal o Municipal), u originados por ciudadanos, personas jurídicas y grupos u organizaciones privadas.

E. *El Amparo como Derecho a un Medio Judicial de Protección.*

Este fundamento deriva de los Artículos 27 de la Constitución y 1 de la LOADGC. Tales normas reconocen a toda persona (natural o jurídica), el derecho al amparo por los Tribunales, en el goce y ejercicio de los derechos y garantías constitucionales.

F. La Acción de Amparo como Vía Judicial Autónoma

Brewer Carías señala como una de las características del Amparo como acción judicial autónoma, que *"no presupone que se hayan agotado vías judiciales previas para poder intentarse"* (1988:21), y esto permite diferenciarlo del "recurso de amparo" que se ha desarrollado en Europa, particularmente en Alemania y España.

G. *El Amparo como Medio Extraordinario.*

Conforme señala Villasmil Briceño el Amparo constituye un medio extraordinario, por cuanto aplica cuando no se disponga de un medio procesal ordinario, que de forma breve y eficaz, restablezca la situación jurídica infringida. Y así la jurisprudencia ha venido señalando, que este modo extraordinario *"en modo alguno puede sustituir los medios procesales ordinarios, si estos son también breves y eficaces para restablecer la situación jurídica infringida"* (1997:75).

En este sentido apunta el mismo autor, que sería inadmisible que un trabajador que goce de fuero sindical, y sea despedido, pretenda proponer la Acción de Amparo, obviando el procedimiento de reenganche (en sede administrativa), que igualmente es breve y eficaz para el restablecimiento de la situación jurídica infringida.

3. *Remisión de las leyes orgánicas del trabajo, los trabajadores y las trabajadoras (LOTTT) y procesal del trabajo (LOPT) a la ley orgánica de amparo sobre derechos y garantías constitucionales (LOADGC)*

El artículo 11 LOT remite a la LOADGC con relación al Amparo Constitucional en materia del trabajo, disponiendo que conforme a esa Ley Especial, los Jueces de Primera Instancia de la jurisdicción del Trabajo ampararán *"los derechos consagrados por la Constitución en materia laboral"*.

Villasmil Briceño comenta el articulo considerado, y establece que atendiendo al alcance de esta normativa "el legislador se mostró temeroso de extender en demasía el Recurso (*sic*) de Amparo en el ámbito laboral, y restringió su ejercicio a los derechos sociales de rango constitucional" (1993, 70).

Por su parte, la LOPT (Art. 193) está en la misma orientación de la LOTTT, disponiendo que los Tribunales del Trabajo, competentes para conocer de la acción de amparo laboral, deben aplicar el procedimiento establecido al efecto, que no es más que el previsto en la LOADGC que en adelante será estudiado.

A su vez, la LOPT (Art. 29, Ord. 3), contempla entre la competencia material de los Tribunales del Trabajo, *"las solicitudes de amparo por violación o amenaza de violación de los derechos u garantías constitucionales establecidos en la Constitución"*.

4. *La acción de amparo*

A. *Causales de Procedencia*

Estas causales están previstas en diferentes artículos de la LOADGC, a saber:

– Motivo de la acción (Art. 2). El Amparo procede contra hechos, actos u omisiones provenientes de los órganos del Poder Público en sus diferentes niveles, o de ciudadanos y personas jurídicas, ante la violación o amenaza de violación de los derechos o garantías amparados por la Ley.

– Amparo contra normas (Art. 3). Es el caso de violación o amenaza de violación derivada de una norma que colide con la Constitución. La acción correspondiente puede proponerse conjuntamente con la acción popular de inconstitucionalidad de las leyes y demás actos estatales normativos.

- **Amparo contra decisiones judiciales (Art. 4)**. En este caso la acción procede cuando un Tribunal de la República, actuando fuera de su competencia, *"dicte una resolución o sentencia u ordene un acto que lesione un derecho constitucional"*.

– Amparo contra Actos Administrativos, vías de hecho y conductas emisivas de la Administración (Art. 5). Esto procede cuando tales situaciones violen o amenacen de violar un derecho o garantía constitucionales, y siem-

pre cuando no exista un medio procesal breve, sumario y eficaz, acorde con la protección constitucional. En ocasiones la Acción de Amparo se puede proponer conjuntamente con el recurso contencioso administrativo.

B. *Causales de Inadmisibilidad*

Están previstas en el Artículo 6 LOADGC, comprendiendo las siguientes:

- *Cesación de la vulneración.*

- *Amenazas imposibles o irrealizables.*

- *Situaciones irreparables.*

- *Acciones consentidas.*

- *Recurso a otros medios judiciales.*

- *Decisiones del máximo Tribunal.*

- *Suspensión de garantías constitucionales (se debe observar Art. 337 CN).*

- *Acciones de Amparo pendientes.*

5. *Competencia*

A los fines de establecer la competencia de determinados órganos jurisdiccionales en materia de Amparo Constitucional, hay que considerar diferentes Artículos de la LOADGC, a saber:

- **Competencia por la materia y por el territorio, de los Tribunales de Primera Instancia (Art. 7).** En nuestro caso, los Tribunales de Primera Instancia del Trabajo del ámbito territorial que corresponda.

- **Competencia del máximo Tribunal de la República (Art. 8).** Esta fue modificada mediante reforma de la Ley en 1988, sustituyendo "...*actos u omisiones emanados... de los Ministros...*", por "...*actos u omisiones emanados... de los Ministerios*" (alcance más amplio como se observa), y agregando: "*el Consejo Supremo Electoral (hoy día Consejo Nacional Electoral) y demás organismos electorales del país*".

- **Competencia de otros Tribunales (Art. 9).** Aplicable cuando en la localidad no funcionen Tribunales de Primera Instancia.

- **Conflictos de competencia (Art. 12).** La decisión correspondiente la debe asumir el Superior respectivo.

6. Procedimiento

A. Conforme la Normativa (CN y LOADGC)

Siguiendo a Brewer Carías (1988), procederemos a esquematizar el procedimiento en materia de Amparo Constitucional, bajo los términos siguientes:

a. Principios del Procedimiento

a) Carácter breve y sumario (Art. 27 CN).

b) Carácter de orden público (Art. 14 LOADGC).

c) Carácter contencioso (bilateralidad - Art. 21 LOADGC).

d) Carácter gratuito (Arts. 27 CN y 16 LOADGC).

e) Carácter inquisitivo (Art. 17 LOADGC).

b. Solicitud de Amparo

a) Legitimación (Arts. 27 CN y 13 LOADGC).

b) Formalidades (Art. 27 Primer Aparte CN, 16 y 18 LOADGC). Despacho saneador (Art. 19 LOADGC).

c) Notificación al Ministerio Publico (Art. 42, ord. 19 LOMP).

c. Procedimiento para la Decisión

a) Inmediato restablecimiento de la situación jurídica infringida (Amparo Temporal, Cautelar o Provisional). Conforme Poder Cautelar General (Art. 588 Parágrafo Primero CPC). Anulado artículo 22 LOADGC por decisión de la extinta Corte Suprema de Justicia en Pleno (1996).

b) Decisión previa audiencia presunto agraviante o imputado.

- Solicitud de Informe al presunto agraviante o imputado, previa notificación (Arts. 23 y 24 LOADGC).

- Audiencia pública y oral, es la llamada Audiencia Constitucional (Arts. 27 CN y 26 LOADGC).

- Oportunidad de decisión (Art. 26 LOADGC).

d. La Nulidad del Artículo 22 LOADGC

Como se señaló, la extinta Corte Suprema de Justicia, en Pleno, con ponencia de Humberto La Roche de fecha 16 de abril de 1996, decidió anular por inconstitucional la nombrada norma. En ese sentido se argumentó fundamentalmente que el artículo 22 LOADGC no contempla el procedimiento conforme al cual debe emanar el mandamiento de amparo (Art. 49 anterior CN), y que de esta manera no se garantiza el derecho a la defensa (Art. 68 anterior CN).

e. *Contenido de la Sentencia*

a) Mandamiento de Amparo (Art. 32 LOADGC).

b) Inadmisibilidad de la Acción (Art. 6 LOADGC).

c) Desistimiento o Improcedencia de la Acción (Art. 37 LOADGC).

f. *Revisión de la Decisión*

Contempla la LOADGC la posibilidad de impugnar la decisión de la Primera Instancia, mediante la apelación (Art. 35), la cual debe proponerse en un lapso reducido de tres (3) días. En todo caso las decisiones en materia de Amparo son consultables con el Superior.

g. *Sanción*

El incumplimiento de un Mandamiento de Amparo Constitucional, da lugar a sanción conforme el Articulo 31 LOADGC. Esta sanción está determinada por pena corporal de prisión de seis (6) a quince (15) meses.

B. *Procedimiento Conforme Jurisprudencia de la Sala Constitucional del Tribunal Supremo de Justicia*

Con ponencia de Jesús Eduardo Cabrera, esta Sala del Máximo Tribunal en sentencia de fecha 2 de febrero del 2000, estableció interpretación vinculante de los Artículos 27 y 49 de la CN, conforme lo previsto en el Artículo 335 CN, para definir el *"Procedimiento en el Juicio de Amparo Constitucional"*, en ese sentido distinguen si se trata de Amparos contra sentencia o de los otros Amparos, excepto del cautelar, de la forma siguiente:

a. *Amparo contra Actos no Judiciales (Administrativos y Personales).*

a) Inicio del proceso por escrito o en forma oral, con indicación de las pruebas a promover.

b) El Tribunal hace pronunciamiento sobre su admisión, ordenando ampliación o corrección según sea necesario.

c) Admitida la solicitud, el Tribunal debe citar al presunto agraviante y notificar al Ministerio Público, a los efectos de la audiencia oral y pública, dentro de las noventa y seis (96) horas siguientes.

d) En la audiencia las partes expondrán sus alegatos y defensas, y se decidirá sobre las pruebas, que se evacuarían ese mismo día.

e) La falta de comparecencia de alguna de las partes a este acto, generará los efectos legales (Arts. 14 y 23 LOADGC).

f) Concluido el debate oral y las pruebas, el Tribunal decidirá inmediatamente o podrá diferir la audiencia por un lapso no mayor a cuarenta y ocho (48) horas.

g) El fallo es apelable con el efecto devolutivo solamente, dentro de los tres (3) días siguientes, caso contrario debe ser consultado con el Superior.

b. *Amparo contra Actos Judiciales (Sentencias)*

a) Se simplifican aún más las formalidades.

b) La acción debe proponerse acompañándose de copia certificada de la decisión en cuestión, salvo urgencia comprobada.

c) Las partes del juicio pueden constituirse en partes de este procedimiento.

d) La incomparecencia del Juez que emitió el fallo accionado por la vía del Amparo, no genera efecto alguno.

No se observa alguna interpretación especial, distinta al alcance de los Artículos 27 y 49 de la CN, en concordancia con lo previsto en la LOADGC. Se deja un vacío en cuanto al llamado Amparo Cautelar, que se le exceptúa mas no se regula.

7. *Breve referencia a los instrumentos internacionales para la promoción y defensa de los derechos económicos, sociales y culturales, y los medios de protección en la Convención Americana*

A. *Instrumentos*

Enumeraremos tales Instrumentos Normativos Internacionales, a saber:

a) La Declaración Universal de Derechos Humanos (adoptada y proclamada por la Asamblea General de las Naciones Unidas el 10 de diciembre de 1948).

b) El Pacto Internacional de Derechos Económicos, Sociales y Culturales (adoptado el 16 de diciembre de 1966, publicado en GO N° 2.146 del 28 de enero de 1978),

c) La Convención Americana sobre Derechos Humanos[1] (Pacto de San José) (suscrita en San José, Costa Rica el 22 de noviembre de 1969, publicada en GO N° 31.256 del 14 de junio de 1977).

d) El Protocolo Adicional a la Convención Americana sobre Derechos Humanos en Materia de Derechos Económicos, Sociales y Culturales (Protocolo de San Salvador) (suscrito en San Salvador, El Salvador, el 17 de noviembre de 1988).

e) Los Principios de Limburgo relativos a la Aplicación del Pacto Internacional sobre Derechos Económicos, Sociales y Culturales (1986).

f) Las Directrices de Maastricht sobre las Violaciones de los Derechos Económicos, Sociales y Culturales (1997).

g) La Declaración de Quito acerca de la Exigibilidad y Realización de los Derechos Económicos, Sociales y Culturales en América Latina y el Caribe (1998).

B. *Medios de Protección en la Convención Americana*

Existen dos (2) órganos con competencia para conocer de los asuntos relacionados con el cumplimiento de los compromisos contraídos por los Estados partes de la Convención, a saber: 1) la Comisión Interamericana de Derechos Humanos y 2) la Corte Interamericana de Derechos Humanos (Art. 33 CHAD).

La Comisión Interamericana de Derechos Humanos representa a todos los miembros que integran la Organización de Estados Americanos (OEA) (Art. 35 CHAD), tiene la función principal, de promover la *"observancia y la defensa de los derechos humanos..." (Art. 41 CHAD)*. Está establecido un procedimiento a seguir, cuando esta Comisión reciba una petición en la que se alegue la violación de cualquiera de los derechos que consagra la Convención (Arts. 48 al 50 CHAD).

La Corte Interamericana de Derechos Humanos tiene competencia para conocer de cualquier caso relativo a la interpretación y aplicación de las disposiciones de la Convención, y al efecto ha de seguir también un procedimiento (Arts. 66 al 69 CHAD). Es importante destacar que ante esta Corte solo los Estados y la Comisión, tienen derecho a someter un caso a decisión de esta; y para que la Corte pueda conocer de cualquier caso, *"es necesario que sean agotados los procedimientos previstos en los artículos 48 a 50" (Art. 61 CHAD)*, o sea, la actuación ante la Comisión Interamericana.

---

[1]   Como antes se indicó, este instrumento fue denunciado por el Estado Venezolano, con efectividad a partir del 10 de septiembre de 2013, según la CIDH.

CAPÍTULO 9

LOS PROCEDIMIENTOS DE ESTABILIDAD LABORAL

Sumario

1. *La Estabilidad como Derecho de los Trabajadores*: A. *Nociones doctrinal y normativa*. B. *Trabajadores Amparados*. C. *Clases de Estabilidad*. 2. *La Inamovilidad por Decreto*. 3. *El Despido como Causa de Terminación de la Relación de Trabajo*: A. *Nociones*. B. *Clases*. C. *Efectos*. 4. *Los Procedimientos de Estabilidad Laboral*: A. *Procedimiento Judicial (Estabilidad Relativa)*: a. *Introducción: la Participación*. b. *Instrucción*. c. *Decisión y* Ejecución. B. *Procedimientos Administrativos (Estabilidad Absoluta)*: a. *Procedimiento de Calificación de Faltas*: a'. *Introducción: la Solicitud*. b'. *Instrucción*. c'. *Decisión y* Ejecución. b. *Procedimiento para la Protección del Fuero Sindical*: a'. *Introducción: la Solicitud*. b'. *Instrucción*. c'. *Decisión y Ejecución*.

Punto Previo

La LOTTT estableció en su Disposición Derogatoria Primera, la supresión de los artículos 187 al 192 de la LOPT (sobre el procedimiento judicial de estabilidad), para ser regulados por aquella, en sus artículos 89 al 93. Aquí se evidencia una falla de técnica legislativa, ya que mediante un Decreto-Ley (la LOTTT) fue reformada la LOPT.

Ante la posible reforma de la LOPT, en una propuesta que extraoficialmente se conoce, consta que esta retomaría como corresponde, lo relativo a regular el procedimiento en cuestión.

1. *La estabilidad como derecho de los trabajadores:*

A. *Nociones doctrinal y normativa*

En su sentido más amplio, la estabilidad es uno de los elementos de la relación de trabajo, que se suma a la prestación de servicios, a la remuneración y a la dependencia o subordinación; al encontrarse el sujeto que labora en circunstancias que definan su permanencia en el servicio, sea en el sector público o privado.

Alfonso Guzmán define la estabilidad como una garantía de permanencia en el empleo, o más amplia y correctamente "el derecho del trabajador de mantenerse en la misma situación jurídica, económica y social que posee en la empresa por efecto del cargo que en ella desempeña".

La Estabilidad Laboral es reconocida por la Carta Fundamental, al establecer: "La Ley garantizara la estabilidad en el trabajo y dispondrá lo conducente para limitar toda forma de despido no justificado. Los despidos contrarios a esta Constitución son nulos" (Art. 93).

También la Ley del Trabajo (la LOTTT), dispone: "La estabilidad es el derecho que tienen los trabajadores y trabajadoras a permanecer en sus puestos de trabajo. Esta Ley garantiza la estabilidad en el trabajo y dispone lo conducente para limitar toda forma de despido no justificado, conforme consagra la Constitución de la República Bolivariana de Venezuela. Los despidos contrarios a la Constitución y a esta Ley son nulos" (Art. 85). A su vez la LOTTT enfatiza sobre la garantía de estabilidad (Art. 86).

Visto el contenido de las disposiciones correspondientes, tanto constitucional como legales, compartimos el criterio de Aguilar, quien afirma: "la LOTTT no se ajusta al mandato Constitucional del artículo 93" (2014: 67), y argumenta que esta última no consagra una fórmula de estabilidad absoluta, si no que distingue entre los despidos nulos y los despidos injustificados, y que deben ser limitados por el legislador.

Por su parte, la Ley del Estatuto de la Función Pública establece sobre la estabilidad, entre los derechos exclusivos de los funcionarios públicos de carrera, y por tal razón, estos solo podrán ser retirados del servicio, por las causales contempladas en la Ley (Art. 30).

B. *Trabajadores Amparados*

La LOTTT en atención a la naturaleza de la relación de trabajo (a tiempo indeterminado, tiempo determinado o para una obra determinada), enumera en su artículo 87, a los trabajadores que gozan de este derecho a la estabilidad. En este sentido, hay que considerar lo siguiente:

- Trabajadores por tiempo indeterminado, a partir del primer mes de prestación de servicios;

- Trabajadores por tiempo determinado, mientras no esté vencido el término del contrato;

- Trabajadores para una obra determinada, hasta la conclusión de las tareas correspondientes.

De manera expresa, en la última parte de la norma en consideración, queda previsto que los trabajadores de dirección, no estarán amparados por estabilidad.

C. Clases de Estabilidad

El derecho de permanencia en el empleo presenta básicamente dos modalidades, atendiendo a la condición del trabajador, a saber:

a. Estabilidad Absoluta o propiamente dicha

Esta clase de estabilidad origina a favor del sujeto que la goza, el derecho a ser reincorporado en el cargo del cual fue privado por su empleador, sin autorización del Inspector del Trabajo de la jurisdicción. La Estabilidad Absoluta está estrechamente relacionada con el llamado "fuero sindical" y la "inamovilidad", referidos en el artículo 418 LOTTT.

La LOTTT parece identificar el fuero sindical con la inamovilidad laboral (Art. 418), lo que técnicamente es impropio, aunque luego determina cuales trabajadores gozarán de fuero sindical (Art. 419) y los que están protegidos por inamovilidad (Art. 420), diferenciando así. De esta manera, queda en evidencia que el fuero sindical y la inamovilidad tienen en común una prerrogativa, definida por la necesaria calificación previa que debe hacer el Inspector del Trabajo, lo que en sustancia define aspectos comunes o similares, pero en el fondo la inamovilidad no se asocia con el fuero sindical, como se desprende al conocer sobre los trabajadores que están protegidos por aquella.

En este sentido, gozan de fuero sindical los trabajadores frente a circunstancias como: solicitud de registro de organización sindical; adhesión a alguna solicitud de esa índole; un número determinado de integrantes de la junta directiva de la organización sindical, en atención al número de trabajadores de la empresa (llamada en la LOTTT "entidad de trabajo"); los trabajadores frente a un proceso eleccionario en su sitio de trabajo; los postulados a cargos sindicales; y los trabajadores en un trámite de negociación de convención colectiva (incluyendo la negociación centralizada mediante la reunión normativa laboral –RNL-) y aquellos que ejerzan el derecho de huelga.

Por otro lado, están protegidos por inamovilidad, los trabajadores siguientes: las trabajadoras en estado de gravidez; los trabajadores "pareja" de las anteriores; los que adopten a niños menores de tres años; los que tienen hijos con alguna discapacidad o enfermedad muy limitante; los trabajadores durante la suspensión de la relación de trabajo (situaciones del Art. 72 LOTTT) y en otros casos normativos (aquí cabe la inamovilidad por Decreto, aplicada de manera continua desde 2002).

Queda establecido, que este fuero y la inamovilidad, tienen carácter temporal, con base a criterios expresamente definidos.

En la LOTTT están previstas sanciones en esta materia, a saber: 1) infracción a la inamovilidad laboral (Art. 531), que se traduce en multa para el empleador que no cumpla con el trámite previo a la calificación de despido de los trabajadores amparados por aquella; 2) arresto al empleador en las personas que identifica (Art. 538), por varias cusas: a) desacato de la orden de reenganche (administrativa o judicial, según sea el caso), b) violación del derecho a huelga y c) incumplimiento u obstrucción de la ejecución de decisiones emanadas de las autoridades administrativas del trabajo.

En cuanto a lo anterior, al estudiar los aspectos penales y procesales de la LOTTT, autores como Rosell, destacan que en este caso "se viola el principio de la reserva legal del Poder Legislativo para tipificar las conductas que se consideran delito" (2013: 79), siendo los autores de esta violación flagrante de disposiciones constitucionales, los tres órganos de mayor relevancia del Estado Venezolano, a decir del autor y confirmación de nuestra parte.

En la norma 538 de la LOTTT, son violados los principios penales siguientes: a) de tipificación estricta, b) de lesividad, c) de proporcionalidad, d) de Derecho Penal del acto y e) de responsabilidad subjetiva (Rosell).

En todo caso, ese carácter punitivo en estas normas, no ha sido obstáculo para la constante violación de este derecho, tanto de parte de empleadores públicos como privados, y por el contrario, el abarrotamiento de causas pendientes de trámite y decisión en las Inspectorías del Trabajo es cada vez mayor.

b. *Estabilidad Relativa o impropia*

Esta estabilidad tan solo engendra a favor del trabajador, el derecho a una indemnización cuando es retirado o despedido por causa imputable a su empleador, o sea cuando es privado de su empleo por causas ajenas a su voluntad.

Por otro lado, está la Estabilidad Especial o sui generis, a la que referimos con mayor detalle en la ediciones anteriores de este libro, la cual era reconocida a los trabajadores de la Industria Petrolera Nacional, con fundamento legal (Ley que Reserva al Estado la Industria y el Comercio de los Hidrocarburos –Art. 24-, derogada por la Ley Orgánica de Hidrocarburos - Art. 32-) y convencional (prevista en las distintas Convenciones Colectivas Petroleras). Además contó con interpretaciones jurisprudenciales, orientadas a garantizarla, pero a raíz del llamado "Paro Petrolero" de fines de 2002 y comienzo de 2003, surgió un nuevo criterio (sentencia de fecha 29-05-2003 de SCS-TSJ), donde se estableció que a tales trabajadores aplica el régimen de estabilidad relativa. A partir de allí, se registraron despidos masivos y arbitrarios, constatados por el Comité de Libertad Sindical de la OIT, y sin algún pronunciamiento por los órganos administrativo ni jurisdiccional de la República.

También existió en el país la Estabilidad Numérica, comprendida en la Ley Contra Despidos Injustificados (vigente hasta 1991, cuando fue derogada por la LOT). Con base a ésta todo trabajador retirado de su puesto de trabajo, debía ser sustituido por otro, a los fines de mantener la misma cantidad de personas que laboraban en el sitio de trabajo.

Hasta la entrada en vigencia de la LOTTT (mayo 2012), no había duda que la Estabilidad Relativa constituía el régimen general aplicable a los trabajadores (dependientes, no por cuenta propia). Actualmente como se observará más adelante, a primera vista, no aparece posible la indemnización sustitutiva dentro del procedimiento correspondiente, porque procede necesariamente el reenganche o pago de salarios caídos (Art. 91 LOTTT).

Aunque es importante destacar la factibilidad del pago de una indemnización, cuando el trabajador manifestare su voluntad de no interponer el procedimiento para solicitar el reenganche (Art. 92 LOTTT), situación en la cual el empleador deberá pagarle el equivalente al monto que le corresponde por las prestaciones sociales, lo que en la práctica se identifica como un pago doble. También la situación de pago de indemnización para evitar el procedimiento o dar por terminado el que se encuentre en curso (Art. 93 LOTTT).

Con base a todo lo anterior, aun cuando no se presenta con la mayor claridad en la LOTTT, la Estabilidad Absoluta pasa a ser la regla en el sistema de relaciones de trabajo en Venezuela, lo que se enfatiza, quizá con fines populistas, con la emisión de los Decretos de Inamovilidad, que al no definir un límite de salario, y considerar tan solo un (1) mes de antigüedad en el servicio, benefician la gran mayoría de los trabajadores en el país, con pequeñas excepciones.

Quizá resulte mejor apreciar que "es una estabilidad absoluta frente al empleador y relativa para el trabajador, quien tiene como opción recibir la indemnización prevista en la ley voluntariamente, cuando es objeto de un despido injustificado, o recuperar su empleo". Y en todo caso, pareciera un sistema más beneficioso para los trabajadores, pues su permanencia en el trabajo depende de su conducta correcta únicamente y no del libre albedrío de su empleador" (Bontes, 2013: 56).

2. *La Inamovilidad por Decreto:*

De inicio destacamos que con la vigencia de la LOTTT (2012), no tiene sentido decretar la inamovilidad, como se hace de manera continua desde 2002. La orientación de la LOTTT como se ha planteado, define la estabilidad absoluta como nueva regla en el sistema de relaciones de trabajo en Venezuela, lo que implica a su vez inamovilidad, en consecuencia al seguir dictando los Decretos que establecen sobre esta, lo que se hace es ratificar o enfatizar lo que está definido ya.

En este sentido, compartimos el criterio de Garay, quien afirma: "El fin que persigue (el Decreto) no se logra a cabalidad pues si el empresario carece de libertad para despedir, se frenará de tomar nuevos trabajadores, con lo cual continuará el desempleo" (2009: 249). Y es que la realidad indica, que con el conocimiento que tienen los trabajadores sobre el efecto de la inamovilidad, junto a todas las prebendas que les reconoce la LOTTT, prácticamente se promueve el ausentismo laboral, y en definitiva, queda en juego la eficiencia de la empresa y la productividad como tal.

3. *El despido como causa de terminación de la relación de trabajo:*

A. *Noción*

En doctrina es conocido el Despido, como una causa de terminación o extinción de la relación de trabajo, por razones ajenas a la voluntad del trabajador, en consecuencia, por hecho imputable al empleador.

Como referimos ya, por mandato constitucional (Art. 93) la Ley debe limitar toda forma de despido no justificado, y queda previsto que los despidos contrarios a esta Constitución son nulos. Por su parte, la LOTTT lo comprende entre las causas de terminación de la relación de trabajo (Art. 76), precisando sus clases (Art. 77) y las causas justificadas de despido (Art. 79). Como vemos, esta institución no ha sufrido cambio de denominación en la LOTTT.

El Despido es la razón más frecuente para finalizar la relación laboral, al menos en Venezuela, donde aún frente a decretos que han establecido desde hace más de doce (12) años la inamovilidad, esto no ha puesto coto a esta medida, tanto de parte de empleadores del sector privado, como de los del sector público.

B. *Clases*

Tomando en cuenta las circunstancias del Despido, pueden establecer sus clases, a saber:

- **Despido Justificado.** Esta clase de despido tiene lugar, cuando el trabajador incurre en incumplimiento de sus obligaciones, con base a lo establecido en la Ley (Art. 80 LOTTT). Es muy importante en este sentido, destacar lo relativo a la convalidación de faltas (Art. 82).

- **Despido Injustificado**. Es la clase de despido más común, que se produce cuando el trabajador es retirado sin causa o razón que lo justifique o fundamente, después de un (1) mes de antigüedad en el servicio.

Están también dentro de la tipología, el **Despido Masivo** y el **Despido Indirecto**. Donde el primero, atiende a circunstancias relacionadas con el número de trabajadores afectados en proporción a la cantidad de trabajadores de la empresa (Art. 95 LOTTT), y en el caso del Despido Indirecto, este opera cuando se registran los supuestos legales (letra j del artículo 80 LOTTT), y si bien no significa que directamente ponga término a la relación de trabajo, puede servir de fundamento para un retiro justificado de parte del trabajador afectado.

C. *Efectos*

Como el despido produce la terminación o extinción de la relación de trabajo, según la circunstancia de que se trate, podría dar lugar a indemnización a favor del trabajador (Art. 92 LOTTT), e incluso comprender reparación por el daño civil y/o moral que se ocasionare. Igualmente, de parte del empleador, podría haber lugar a solicitar un resarcimiento civil, cuando la causa justificada para despido implique una lesión a su patrimonio.

4. *Los procedimientos de estabilidad laboral:*

Antes de asumir el desarrollo correspondiente, hacemos la salvedad que no adoptamos en sentido amplio la terminología de "Calificación de Despido" para identificar todos los procedimientos, ya que de esa manera no comprendería la situación de autorización, que puede ser requerida del Inspector, ante la estabilidad absoluta o la inamovilidad del trabajador, ya que en esta circunstancia se trataría de "Calificación para Despido".

Destacamos que en atención a la clase de estabilidad, corresponde la actuación de órganos laborales determinados, correspondiendo a las Inspectorías del Trabajo, ante la Estabilidad Absoluta, y a los Tribunales del Trabajo en casos de Estabilidad Relativa. Dado a que en razón de la clase de estabilidad preponderante según la LOTTT, y ratificada por los Decretos de Inamovilidad, la gran mayoría de los trabajadores gozan de Estabilidad Absoluta, es ante las Inspectorías del Trabajo, que se proponen y cursa la mayoría de los procedimientos en la materia.

En atención al punto previo planteado en el inicio de este capítulo, actualmente la LOTTT comprende la regulación de todos los procedimientos (judicial y administrativo, son dos clases de este último) en materia de estabilidad. Desde la vigencia de la LOPT y hasta 2012 (con la LOTTT), esta tuvo aplicación al procedimiento judicial. Es la intención conforme a la propuesta que extraoficialmente se conoce, así se restablezca con la reforma de la LOPT, o sea se contemple de nuevo en esta la regulación del procedimiento judicial de estabilidad.

Visto lo anterior, haremos un recorrido por estos procedimientos especiales, atendiendo a las fases o momentos del proceso (introducción, instrucción y decisión-ejecución), incluso en los procedimientos administrativos, considerados cuasi jurisdiccionales. Esto de la manera siguiente:

A. *Procedimiento Judicial (Estabilidad Relativa) (Procedimiento de Calificación de Despido). Arts. 89 al 93 LOTTT*

La LOTTT (Art. 88) contempla como procedimiento aplicable en este sentido, el previsto en esta y en la LOPT, ha de entenderse la aplicación supletoria del procedimiento ordinario del trabajo previsto en aquella. En este sentido, tenemos:

a. *Introducción: la Participación (Art. 89 LOTTT)*

En un lapso de cinco (5) días hábiles siguientes al despido de un trabajador que goce de estabilidad laboral, el empleador deberá participar o informar al Juez de Primera Instancia (de la fase de Sustanciación, Mediación y Ejecución) de la jurisdicción, comunicando sobre la justificación de aquel.

Por su parte, el trabajador despedido, podrá acudir por ante el referido funcionario judicial, en caso de no estar conforme con lo planteado, en el lapso de diez (10) días hábiles. Ante el Juez el trabajador podrá solicitud la calificación del despido y el consecuente pago de salarios caídos.

De antemano destacamos la desigualdad procesal planteada, generada en la LOTTT, ya que el trabajador cuenta con el doble del tiempo, a los fines de esta etapa procesal. Una modificación en ese sentido, que se tradujo en la ampliación del lapso de cinco (5) días hábiles, ha debido registrarse para ambas partes.

Para unos y otros, tiene un efecto gravoso el no concurrir ante el órgano jurisdiccional en la oportunidad legal. En el caso del empleador, se traduce en un reconocimiento a que el despido no fue justificado, y en el caso del trabajador, no podría proponer su reincorporación y reenganche, con el consecuente pago de salarios caídos, tan solo el reclamo de sus derechos como trabajador no satisfechos.

Se deduce, que alguna decisión relacionada con la incomparecencia del trabajador u otra, la asumiría el Juez de Sustanciación, Mediación y Ejecución.

Para este efecto, no está prevista otra regulación, por lo que aplica la LOPT a los fines de la comparecencia.

b. *Instrucción*

En cuanto a la instrucción, de manera expresa no hay alguna regulación, por lo que aplica la LOPT para todos los fines de probatorios (medios de prueba y su sustanciación –promoción y evacuación-).

c. *Decisión y Ejecución*

Está previsto que el Juez de Juicio deberá decidir de manera oral sobre el fondo de la causa (ha de entenderse dentro de la audiencia de juicio) y pronunciarse sobre la solicitud de reenganche y el pago de salarios caídos (Art. 90).

No es recurrible en casación la decisión emanada del Juez Superior del Trabajo, en el procedimiento en cuestión (Art. 88 LOTTT). Esto a los fines de evitar mayor dilación, y garantizar una oportuna ejecución.

La ejecución está definida en la misma LOTTT (Art. 91), comprendiendo en caso de la procedencia de la solicitud, la reincorporación o reenganche y el pago de salarios caídos hasta su fecha efectiva. Queda prevista la opción de ejecución voluntaria, incluso la forzosa, comprendiendo embargo de bienes.

También aparece establecido, ante la negativa de cumplimiento de la orden de reenganche, la práctica de un delito, para el que prevé la Ley su sanción (Ultima parte del Art. 91 LOTTT). Esto evidentemente es inconstitucional, por cuanto no puede haber delito sin Ley (en este caso formal) que lo establezca. Retomamos en este sentido, las ideas consideradas con base a Rosell.

B. *Procedimientos Administrativos (Estabilidad Absoluta)*

Para este fin, la LOTTT (Art. 421) refiere sobre la igualdad de los procedimientos para solicitar la calificación de faltas o para la protección del fuero sindical, aplicables también a los trabajadores que gocen de inamovilidad. Al efecto los atenderemos así:

   a. *Procedimiento de Calificación de Faltas (Procedimiento de Calificación para Despido). Arts. 422 al 424 LOTTT*

      a'. *Introducción: la Solicitud de Autorización del Despido, Traslado o Modificación de Condiciones*

Esta solicitud podrá ser propuesta por el empleador ante la Inspectoría del Trabajo, en un plazo no mayor de treinta (30) días, contra el trabajador que goce de fuero sindical o de inamovilidad, fundamentada en una falta para justificar su despido, traslado o modificación de condiciones de trabajo (Encabezamiento Art. 422 LOTTT).

El escrito correspondiente a la solicitud, debe comprender los datos del solicitante y del trabajador contra el cual se procede (numeral 1).

El Inspector del Trabajo deberá darle curso a la solicitud, dentro de los tres (3) días hábiles siguientes, y dispondrá sobre la comparecencia del trabajador, previa notificación, para el segunda día hábil siguiente. En esa oportunidad tendrá lugar la contestación, y habrá exhorto para conciliar (numeral 2).

En cuanto a la comparecencia del trabajador, por mandato legal tendrá aplicación supletoria la LOPT (Penúltimo Aparte).

La incomparecencia del empleador a ese acto, se entenderá como desistimiento (numeral 2) y la inasistencia del trabajador se considerara como rechazo de las causales invocadas en la solicitud (numeral 3).

Medida cautelar: está prevista como una excepción a la solicitud de calificación previa (Art. 423). Es la posibilidad que el empleador sea autorizado para mantener separado al trabajador de su puesto de trabajo, ante circunstancias en las que este ponga en peligro la seguridad de personas o de las instalaciones o bienes de la empresa. Esta separación inicialmente podría asumirse por un tiempo no mayor de 48 horas, y podría mantenerse hasta tanto se resuelva la calificación de despido. El trabajador durante este tiempo tendrá derecho a recibir el salario y demás beneficios legales.

b'. *Instrucción*

Si no hay lugar a conciliación y en consecuencia a la terminación del procedimiento, será abierta una articulación probatoria de ocho (8) días hábiles, de los cuales los tres (3) primeros serán para la promoción de pruebas, y el tiempo restante (5 días hábiles), para su evacuación o desahogo (numeral 3).

En este procedimiento aplicarán todas los medios de prueba previstos en la LOPT, por remisión de la LOTTT (numeral 3)

c'. *Decisión y Ejecución*

Concluida la etapa probatoria, las partes deberán presentar sus conclusiones en dos días hábiles (numeral 4). Seguido a aquello, el Inspector del Trabajo cuenta con un lapso máximo de diez (10) días hábiles para decidir (numeral 5).

No hay lugar a apelación contra la decisión del Inspector, y queda abierta la opción del Recurso Contencioso Administrativo Laboral ante los Tribunales del Trabajo competentes (Ultimo Aparte).

La ejecución correspondiente, se entiende estará en función al alcance de la decisión. Si la solicitud es declarada sin lugar, no procederá lo requerido, pero si tiene lugar la solicitud, podría implicar el despido del trabajador, su traslado o la modificación de sus condiciones de trabajo, según sea el caso.

Dispone la LOTTT (Art. 424) que si se produce el despido durante el procedimiento, este debería suspenderse hasta tanto se verifique el reenganche.

b. *Procedimiento para la Protección del Fuero Sindical (Procedimiento de Calificación de Despido). Art. 425 LOTTT*

a'. *Introducción: la Solicitud para el Reenganche y Restitución de Derechos*

En esta circunstancia, el accionante es el trabajador que goza de fuero sindical o de inamovilidad laboral, y ha sido despedido, trasladado o desmejorado en sus condiciones de trabajo. En un plazo de treinta (30) días continuos este deberá interponer denuncia ante la Inspectoría del Trabajo, a los fines de solicitar la restitución de la situación jurídica infringida (por despido u otros), así como para el pago de los salarios caídos.

El escrito correspondiente debe cumplir las exigencias previstas en la Ley (numeral 1, Art. 425 LOTTT).

El Inspector del Trabajo debe examinar la denuncia y solicitud presentadas, resolviendo sobre su admisión, así como la verificación de la prerrogativa del fuero sindical o la inamovilidad de parte del denunciante-solicitante y la presunción de laboralidad. Cumplido aquello, la autoridad administrativa del trabajo ordenará la restitución de la situación jurídica infringida, con el pago de los salarios dejados de percibir (numeral 2). En ese sentido, mediante traslado inmediato a la empresa, hará efectivo lo anterior (numeral 3).

Si existiere deficiencia en la solicitud o sus anexos, le será requerido al trabajador subsane (numeral 2).

La ausencia o negativa del patrono a comparecer para algún acto previsto, dará como válidas las declaraciones del trabajador afectado (numeral 4)

b'. *Instrucción*

Tendrá lugar una articulación probatoria de ocho (8) días (de los cuales 3 para la promoción y 5 para evacuación), en caso que el Inspector considere sea necesaria para comprobar la existencia de la relación de trabajo (numeral 7). Para algún otro efecto, tendría aplicación supletoria la LOPT.

c'. *Decisión y Ejecución*

Concluida la etapa probatoria, en un lapso de ocho (8) días el Inspector decidirá sobre el reenganche y la restitución de la situación jurídica infringida (numeral 7). Esta decisión no será apelable, quedando a salvo el derecho de las partes de acudir a los tribunales (numeral 8).

Podría proponerse el recurso contencioso administrativo de nulidad contra aquella decisión, pero a este no se le dará curso, cuando en caso de reenganche no se le haya dado cumplimiento a la medida (numeral 9).

Como fue descrito, podría haber lugar a una ejecución en el momento inicial del procedimiento, cuando surge debidamente comprobada la existencia de la relación de trabajo y la circunstancia del hecho. De otra manera, desarrollada la etapa probatoria, y emitida la decisión, la ejecución, al igual que en el caso anterior, estará en función a la naturaleza de la decisión.

El impedimento u obstáculo de parte del empleador, a los fines de la ejecución de la decisión correspondiente, permitirá al Inspector requerir el apoyo de las fuerzas del orden público (numeral 5), y si esto persistiere, será considerado flagrancia, y el empleador podrá ser puesto a la orden del Ministerio Publico, para su presentación ante los tribunales (numeral 6).

CAPÍTULO 10

EL CONTENCIOSO DE ANULACIÓN DE LOS ACTOS ADMINISTRATIVOS LABORALES

SUMARIO

1. Los Actos Administrativos. 2. La Jurisdicción Contencioso Administrativa: Base Constitucional y Legal. 3. Procedimiento Contencioso Administrativo ante Demandas de Nulidad. 4. La Jurisprudencia sobre el Contencioso de Anulación de los Actos Administrativos Laborales. 5. Breve Referencia al Contencioso Administrativo Funcionarial.

1. *Los actos administrativos*

A. *Noción*

La Ley Orgánica de Procedimientos Administrativos, nos presenta una definición de acto administrativo, en los términos siguientes: *"Se entiende por acto administrativo, a los fines de esta ley, toda declaración de carácter general o particular, emitida de acuerdo con las formalidades y requisitos establecidos en la ley, por los órganos de la administración pública"* (Art. 7).

Lares Martínez aporta una definición en un sentido orgánico, y así indica: *"entendemos por acto administrativo, las declaraciones de voluntad, de juicio o de conocimiento, emanadas de los órganos de la administración y que tengan por objeto producir efectos de derecho, generales o individuales"* (2.002, 136).

Así estamos en presencia de una noción legal y doctrinal, que de una manera más o menos completa identifica a esta clase de acto jurídico.

B. *Los Actos Administrativos Laborales*

Constituyen declaraciones emanadas de los órganos administrativos del trabajo, dirigidas a atender los requerimientos de los sujetos laborales, en sus relaciones individuales o colectivas, o sea actuando el trabajador en forma singular, o como miembro de un sindicato o asociación profesional.

Desde el punto de vista individual, son comunes los actos administrativos laborales mediante los cuales se decide sobre la calificación para despido o de despido de un trabajador, y desde el punto de vista colectivo, los relacionados con el registro sindical.

2. La jurisdicción contencioso administrativa

A. Base Constitucional y Legal

La Constitución dispone sobre el alcance de la Jurisdicción Contencioso-Administrativa, indicando que corresponde al Tribunal Supremo de Justicia y a los demás tribunales que determine la ley, y estableciendo la competencia correspondiente, entre otros asuntos, para *"anular los actos administrativos generales o individuales contrarios a derecho, incluso por desviación de poder"* (Art. 259).

Por su parte, la Ley Orgánica de la Jurisdicción Contencioso Administrativa (LOJCA), novísima (junio de 2010), establece sobre la estructura de esta Jurisdicción Contencioso Administrativa, determinando en su artículo 11 los órganos siguientes:

a) La Sala Político-Administrativa del Tribunal Supremo de Justicia.

b) Los Juzgados Nacionales de la Jurisdicción Contencioso Administrativa.

c) Los Juzgados Superiores Estadales de la Jurisdicción Contencioso Administrativa.

d) Los Juzgados de Municipio de la Jurisdicción Contencioso Administrativa.

En la mencionada Ley, cuando establece la competencia de los Juzgados Superiores Estadales, dispone en el artículo 25, lo siguiente: *"...3. "las demandas de nulidad contra los actos administrativos de efectos generales o particulares, dictados por las autoridades estadales o municipales de su jurisdicción, con excepción de las acciones de nulidad ejercidas contra las decisiones administrativas dictadas por la Administración del trabajo en materia de inamovilidad, con ocasión de una relación laboral regulada por la Ley Orgánica del Trabajo".*

De la norma transcrita, se evidencia el propósito de no comprender en la competencia de los referidos Tribunales, la nulidad de los actos administrativos laborales sobre inamovilidad. Es importante destacar, que si bien tales actos podrían referirse a otras materias o aspectos, como la abstención de registro sindical por parte del ahora Ministro para el Proceso Social del Trabajo (Art. 387 LOTTT) o la decisión sobre oposición a negociación colectiva de la misma autoridad (Art. 439 LOTTT), con base a la LOTTT en esas situaciones corresponderá conocer a la Sala Político Administrativa del TSJ.

3. *El procedimiento contencioso administrativo ante demandas de nulidad*

La LOJCA comprende entre los procedimientos, uno común a las demandas de nulidad, interpretación y controversias administrativas, y en ese sentido el iter procesal, lo describiremos en forma breve, de la manera siguiente:

Procedimiento en Primera Instancia

- Nulidad de actos de efectos particulares y generales, entre los supuestos de aplicación (Art. 76).

- Admisión de la demanda (Art. 77).

- Notificación (Art. 78).

- Solicitud (en la norma aparece remisión) del expediente administrativo o de los antecedentes (Art. 79).

- Cartel de emplazamiento (Art. 80).

- Retiro, publicación y consignación del cartel (Art. 81).

- Audiencia de juicio (por la circunstancia, no está prevista audiencia preliminar, como en las demandas de contenido patrimonial) (Arts. 82 y 83).

- Pruebas (Art. 84).

- Informes (Art. 85).

- Oportunidad de sentencia (Art. 86).

Procedimiento en Segunda Instancia

- Apelación: sentencias definitivas (Art. 87), sentencias interlocutorias (Art. 88), admisión (Art. 89) y remisión del expediente (Art. 90).

- Pruebas (Art. 91).

- Fundamentación de la apelación y su contestación (Art. 92).

- Oportunidad de sentencia (Art. 93).

- Tramitación y decisión ante consulta de sentencia de primera instancia (Art. 94).

Recurso especial de Juridicidad: este guarda similitud con el Recurso de Control de Legalidad del proceso laboral, también previsto en la LOPNA, a partir de su reforma.

- Tramitación y decisión (Arts. 95 al 102).

Procedimiento de las Medidas Cautelares

- Solicitud, trámite y oposición (Arts. 103 al 106).

Ejecución de la Sentencia

- Ejecución voluntaria de la Republica, los estados y otros entes (Arts. 108 y 109).

- Continuidad de la ejecución (Art. 110).

- Ejecución contra particulares (Art. 111).

4. *La jurisprudencia sobre el contencioso de anulación de los actos administrativos laborales*

Siguiendo a Leal (2011) destacamos sobre el debate por tiempo prologado (cerca de treinta años) planteado en la jurisprudencia y la doctrina, en cuanto a establecer la competencia de los tribunales del trabajo o del contencioso administrativo, para conocer sobre la anulación de los actos administrativos laborales. De esta manera, implicaba considerar sobre el contencioso administrativo general o especial (laboral), según el criterio imperante.

En este sentido, hasta que se dictó en fecha 23-09-2010 una sentencia de la Sala Constitucional del Tribunal Supremo de Justicia, mantenía vigencia el criterio sostenido en sentencia de la misma Sala de fecha 02-08-2001 y seguido por la Sala de Casación Social, que con aplicación del principio del juez natural, reconocía la competencia los órganos de la jurisdicción contencioso administrativa.

Debemos destacar, previo a considerar sobre la sentencia de 2010 de la Sala Constitucional del TSJ sobre cambio de criterio en este sentido, que en el proyecto de reforma de la Ley Orgánica del Trabajo, aprobado en primera discusión (año 2003) y en lo que se conoce como propuesta para segunda discusión (del año 2009 informada por el diputado para entonces, Juan José Molina), ya se reconoce competencia sobre el contencioso de nulidad laboral, a la jurisdicción del trabajo, y por otro lado, como fue referido, de la LOJCA (Art. 25, numeral 3) se desprende una orientación hacia esto.

La referida sentencia de la Sala Constitucional, planteó lo siguiente: "... esta Sala Constitucional, actuando como máximo intérprete de la Constitución de la República Bolivariana de Venezuela, estima que el conocimiento de las acciones intentadas en ocasión de providencias administrativas dictadas por las Inspectorías del Trabajo, debe atribuirse como una excepción a la norma general contenida en el artículo 259 constitucional, a los tribunales del trabajo. Así se declara.

Con fundamento en las consideraciones que se expusieron, y en ejercicio de la facultad de máximo intérprete del Texto Constitucional, esta Sala deja asentado el siguiente criterio, con carácter vinculante para las otras Salas del Tribunal Supremo de Justicia y demás tribunales de la Republica:

1) La jurisdicción competente para el conocimiento de las distintas pretensiones que se planteen en relación con los actos administrativos dictados por los Inspectores del Trabajo, es la jurisdicción laboral.

2) *De los tribunales que conforman esta jurisdicción, el conocimiento de las pretensiones antes especificadas corresponde, en primera instancia, a los Tribunales de Primera Instancia del Trabajo y en segunda instancia, a los Tribunales Superiores del Trabajo".*

Como se observa en esta sentencia, la Sala modifica el criterio en cuanto al contencioso administrativo laboral, no constante en el tiempo, y define que la jurisdicción laboral mediante los Tribunales del Trabajo es la *"jurisdicción competente"* para conocer de las pretensiones en relación con los actos dictados por los Inspectores del Trabajo, aunque omite el señalamiento acerca del procedimiento a seguir, que se asume es el previsto en la LOCJA antes descrito.

Desde mayo de 2012, con la entrada de vigencia de la LOTTT, esta controversia doctrinal y jurisprudencial queda resuelta, al definir que el Recurso Contencioso Administrativo Laboral debe proponerse ante los Tribunales laborales competentes (Ultima Parte del Art. 422).

Por otro lado, los artículos 387 y 439 LOTTT, disponen sobre la competencia de la Sala Político Administrativa en asuntos ventilados ante el Ministro del ramo, sobre abstención de registro sindical y oposición a negociación colectiva.

5. *Breve referencia al contencioso administrativo funcionarial*

El Contencioso Administrativo Funcionarial está previsto en la Ley del Estatuto de la Función Pública (LEFP), a nivel de los artículos 92 al 111, donde se regula el procedimiento en primera instancia, iniciando con el recurso contencioso administrativo funcionarial. Esta Ley comprende las disposiciones transitorias primera, segunda y tercera, sobre aspectos de organización, competencia y procedimiento en segunda instancia (conforme la LOTSJ), hasta tanto se dictare la ley que regule la jurisdicción contencioso administrativa.

Con la vigencia de la Ley Orgánica de la Jurisdicción Contencioso Administrativa (LOJCA), a partir de junio de 2010, hay nuevas definiciones, ya que establece que los Juzgados Superiores Estadales de esta Jurisdicción Contencioso Administrativa, son competentes para conocer sobre las demandas de nulidad contra los actos administrativos de efectos particulares, relativos a la función pública (Art. 25, numeral 6).

En nuestra edición anterior, ante la novísima LOJCA, nos aventuramos a señalar acerca del Procedimiento de Nulidad de Actos Administrativos sobre Función Pública, con aplicación del indicado instrumento normativo. Pero es el caso, que la práctica forense sigue definiendo el trámite del Contencioso Administrativo Funcionarial, con base a lo previsto en los artículos 92 al 111 de la LEFP.

Este constituye un aspecto muy interesante del Contencioso Administrativo, que se estudia con mayor precisión en la asignatura Derecho de la Función Pública, de carácter obligatorio en los programas de formación de cuarto nivel en Derecho del Trabajo.

En esta materia, hay un interesante texto bajo el título: "Contencioso Administrativo Funcionarial" (Rojas, FUNEDA, Caracas, 2013), donde se comprende tres aspectos importantes, a saber: Introducción, el Proceso y la Jurisprudencia relevante. Debe destacarse, que en este el autor considera la aplicación de la Ley del Estatuto de la Función Pública, a los fines del Proceso del Contencioso Funcionarial.

CONSIDERACIONES FINALES

Este libro ha sido diseñado de forma didáctica, de manera tal que resulte útil para todo interesado: para el estudiante de derecho, cursante de Derecho del Trabajo o de Derecho Procesal del Trabajo, en aquellas Universidades como la del Zulia, que lo contemplan en el pensum de estudios como materia, y no como tema de aquella; el profesional egresado, cursante de postgrado, en actividad profesional, administrativa o judicial, en el libre ejercicio, y en fin toda persona, encontrará en este la información de su interés.

En Venezuela está comprobado que la solución de los problemas no la encontramos en el texto de las leyes, estas constituyen un conjunto de normas que sus destinatarios deben estar en la voluntad de cumplir, y las personas a las que se encomienda funciones afines, velar por su cumplimiento y castigar según el caso, a los infractores.

La normativa sobre procedimiento laboral no se encontraba acorde con nuestro tiempo, no respondía a la modernidad, particularmente al proceso por audiencias, que con la oralidad prevaleciente, garantiza que la justicia sea oportuna y eficaz.

El primer paso se cumplió, hace algo más de diez (10) años se adecuó la norma a la exigencia del tiempo, pero sigue siendo muy importante que sus destinatarios y los que imparten justicia, así como el Estado que debe ser garante de la justicia, asuman el rol que les toca, al Estado de dotar de los recursos materiales y humanos para que no resulte ilusoria la nueva Ley, y sus destinatarios como ciudadanos titulares del derecho de acción, exigir al Estado el cumplimiento de su deber de jurisdicción en forma adecuada.

Igualmente, se debe asumir la revisión y evaluación necesaria de la LOPT, a los fines de las reformas pertinentes, previa consulta de las personas más autorizadas.

Ante una buena Ley, un Estado efectivo y eficiente, y unos ciudadanos y abogados decentes, no queda más que someterse a los designios de la justicia, e implorar que con la guía de la *"...ciega Diosa de espada y balanza, ojalá en su mundo de paz, de sus símbolos caiga la espada y haya solo en su diestra equidad"* (Himno del Abogado, letra de Marco Aurelio Burelli).

ANEXOS[1]

1. Conflictos Colectivos y Protección de la Libertad Sindical en América Latina (Ponencia presentada en I Congreso Suramericano de Derecho del Trabajo y de la Seguridad Social de la Asociación Iberoamericana de Derecho del Trabajo y de la Seguridad Social -Brasil 2010- publicado en libro: *Temas de Direito do Trabalho e Seguridade Social*. Homenagen ao Prof. Cassio Mesquita Barros, Brasil 2013).

2. La Aplicación de las Normas Internacionales del Trabajo sobre Libertad Sindical en Venezuela (Trabajo publicado en *Revista Gaceta Laboral*, CIELDA-LUZ, N° 3, 2014).

3. La Carga de la Prueba y la Actividad Probatoria en el Proceso Laboral. Situación en México y en Venezuela (Ponencia Libre en 6°. Congreso Internacional de Derecho del Trabajo y de la Seguridad Social de Fundación Universitas 2012, publicado en *Revista Derecho del Trabajo*, Fundación Universitas, N° 13/2012 Extraordinaria).

4. Los Derechos Colectivos de los Trabajadores en Venezuela antes y después de la Nueva Ley del Trabajo (coautoría con Nancy Perelló Gómez, publicado en *Revista Gaceta Laboral*, CIELDA-LUZ, N° 2, 2013).

5. Comentarios a la Primera Convención Colectiva Única de los Trabajadores Universitarios 2013-2014 (Publicado en *Revista Gaceta Laboral*, CIELDA-LUZ, N° 2, 2013).

6. Breves Consideraciones a la Prestación Social ó de Antigüedad en la LOTTT (Publicado en *Revista Gaceta Laboral*, CIELDA-LUZ, N° 2, 2014).

---

[1] Corresponde a trabajos del mismo autor publicados en otros medios.

ANEXO N° 1

CONFLICTOS COLECTIVOS Y PROTECCIÓN DE LA LIBERTAD SINDICAL EN AMÉRICA LATINA[1]

SUMARIO

1. *Los Conflictos Colectivos*. 2. *La Libertad Sindical como Derecho Fundamental en el Trabajo*. 3. *La Regulación de la Libertad Sindical*. 4. *Las Garantías para la Protección de la Libertad Sindical*. 5. *Estado Actual de la Protección de la Libertad Sindical en América Latina. Consideraciones Finales.*

1. Los Conflictos Colectivos.

Para Carnelutti conflicto de trabajo es *"el contraste de intereses entre el que tiene la fuerza de trabajo y no tiene el capital, y el que tiene el capital, pero no tiene la fuerza de trabajo"*. Este desequilibrio lleva consigo el germen del conflicto como establece Iturraspe[2].

Alonso García define los conflictos colectivos como: "toda situación jurídica que se produce a consecuencia de la alteración ocasionada en el desarrollo o en la extinción de una relación jurídica laboral, y que se plantea entre los sujetos de la misma, o entre las partes de un convenio colectivo"[3].

La circunstancia generadora de la alteración de la relación de trabajo, determina una clase específica de conflicto, y así podríamos considerar causas

---

[1] Ponencia en I Congreso Suramericano de Derecho del Trabajo y de la Seguridad Social, Asociación Iberoamericana de Derecho del Trabajo y de la Seguridad Social (Aracajú, Brasil 2010). Publicada en libro: *Temas de Direito do Trabalho e Seguridade Social. Homenagen ao Prof. Cassio Mesquita Barros*, Brasil 2013.

[2] Iturraspe cita a Carnelutti, en: *El Derecho de Huelga como Fundamento de un Derecho Laboral Transformador*, 2010.

[3] Alonso García, Manuel: *Curso de Derecho del Trabajo*, Sexta Edición, Barcelona, Editorial Ariel, 1980, p. 603.

relacionadas con su naturaleza, bien de tipo individual o colectivo, y las atinentes a la pretensión, que son jurídicas o de derecho o en materia económica o de intereses.

El ultimo autor citado, al considerar la causa que genera el conflicto de trabajo, plantea la clasificación por su naturaleza en individuales y colectivos, donde los conflictos colectivos son aquellos en los que sus consecuencias o efectos se extienden a personas no sujetas al conflicto, que resultan afectadas esencialmente por el mismo.

Los conflictos colectivos están relacionados con el ejercicio de la libertad sindical, en los contenidos de esta se definen los medios de acción, que pueden estar dados por alteraciones en las relaciones laborales como se ha referido.

2. La Libertad Sindical como Derecho Fundamental en el Trabajo.

La positivación constitucional de los derechos define a los derechos fundamentales, y dentro de estos los derechos fundamentales en el trabajo, destacando la Libertad Sindical.

En las normas internacionales del trabajo figuran los Convenios de la OIT, y los ocho convenios fundamentales a que se refiere la Declaración OIT relativa a los Principios y Derechos Fundamentales en el Trabajo de 1998, los cuales están representados por las materias siguientes:

a. Libertad de asociación y libertad sindical y reconocimiento efectivo del derecho de negociación colectiva: Convenios relativos a La Libertad Sindical y a la Protección del Derecho de Sindicación[4] y a la Aplicación de los Principios del Derecho de Sindicación y de Negociación Colectiva[5]. La máxima expresión de este derecho es la negociación libre y voluntaria de las condiciones de trabajo;

b. Eliminación de todas las formas de trabajo forzoso u obligatorio: Convenio relativos al Trabajo Forzoso u Obligatorio[6] y a la Abolición del Trabajo Forzoso[7]. Se basa este derecho en el principio que nadie puede ser obligado a trabajar, o sea amenazado de sanción en caso de no hacerlo;

c. Abolición efectiva del trabajo infantil: Convenios sobre la Edad Mínima de Admisión al Empleo[8] y sobre la Prohibición de las Peores Formas de Trabajo Infantil y la Acción Inmediata para su Eliminación[9]. Es el propó-

---

4   Convenio OIT, N° 87, 1948.
5   Convenio OIT, N° 98, 1949.
6   Convenio OIT, N° 29,1930.
7   Convenio OIT, N° 105, 1957.
8   Convenio OIT, N° 138, 1973.
9   Convenio OIT, N° 182,1999.

sito garantizar el desarrollo físico, mental y moral de los niños en todo su potencial, antes de entrar a formar parte de la vida económica activa, y erradicar las peores formas de trabajo infantil;

d. Eliminación de la discriminación en materia de empleo y ocupación: Convenios relativos a la Igualdad de Remuneración entre la Mano de Obra Masculina y la Mano de Obra Femenina por un Trabajo de Igual Valor[10], y a la no Discriminación en Materia de Empleo y Ocupación[11]. Se persigue garantizar la igualdad de trato y oportunidades, y así eliminar las formas de discriminación en la práctica.

La Libertad Sindical objeto de nuestro estudio, corresponde al primero de los Derechos Fundamentales en el Trabajo considerados, y también está prevista en otras fuentes internacionales de reconocimiento, a saber en los instrumentos siguientes: Declaración Universal de los Derechos Humanos, Pacto Internacional de Derechos Económicos, Sociales y Culturales de la ONU, Pacto Internacional de Derechos Civiles y Políticos de la ONU, Convención Americana sobre Derechos Humanos de la OEA, Convención Europea de Salvaguarda de los Derechos del Hombre y la Carta Social Europea.

La Libertad Sindical de nuestro tiempo, ha sido producto de una evolución en el tiempo, de ahí que es identificada como "conquista" y "fenómeno relativamente reciente"[12], que data de la segunda mitad del siglo XIX o principios del XX, según los países.

Al efecto, se parte de una amplia restricción en ese sentido, hasta su reconocimiento por parte del Estado de Derecho. Las etapas que definen la Libertad Sindical como conquista histórica, son tres, a saber: la prohibición en el Estado liberal capitalista y liberalismo económico, la tolerancia con la despenalización: el "double standard" y el realismo político y, el reconocimiento jurídico, que implico reconocimiento del derecho de libertad sindical.

En este mismo trabajo, observaremos las limitaciones que en nuestros días tienen lugar, y que en ocasiones no tienen base normativa.

Es importante conocer sobre los contenidos esenciales de la Libertad Sindical, y en ese sentido establecemos que comprenden una esfera individual y otra colectiva, y así siguiendo a Villasmil[13], podemos definir el alcance correspondiente, a saber:

1) En su esfera individual, está referido al derecho a:

---

[10]   Convenio OIT, N° 100, 1951.

[11]   Convenio OIT, N° 111, 1958.

[12]   Sala Franco, Tomas y Abiol Montesinos, Ignacio: *Derecho Sindical*, Quinta Edición, Valencia, Ediciones Tirant lo Blanch, 1998, p. 52.

[13]   Villasmil Prieto, Humberto: *Relaciones Laborales: En Tiempo Presente*, Caracas, Publicaciones UCAB, 2007.

- Organizarse en la forma que estimaren conveniente a sus intereses.

- Afiliarse a sindicatos y demás organizaciones de representación colectiva.

- No afiliarse o separarse del sindicato, u otra organización de representación colectiva, cuando así lo estimaren conveniente y sin que ello comporte lesiones o perjuicios de cualquier naturaleza.

- Elegir y ser elegidos como representantes sindicales y

- Ejercer la actividad sindical.

2) En la esfera colectiva, corresponde al derecho de las organizaciones sindicales y demás instancias de representación colectiva, para:

- Constituir federaciones o confederaciones sindicales, incluso a nivel internacional, en la forma que estimaren conveniente.

- Afiliarse a federaciones o confederaciones sindicales, incluso a nivel internacional, sin autorización previa, y a separarse de las mismas si lo consideraren conveniente.

- Redactar sus propios estatutos, organizar su administración interna y formular su programa de acción.

- Elegir sus representantes.

- No ser suspendidas ni disueltas por las autoridades administrativas.

- Ejercer la actividad sindical que comprenderá, en particular, el derecho a la negociación colectiva, el planteamiento de conflictos colectivos de trabajo y la participación en el dialogo social y en la gestión de la empresa; para las organizaciones de trabajadores, además el ejercicio de la huelga y la participación en la gestión de la empresa, dentro de las condiciones pautadas en la ley.

De lo anterior se evidencia el alcance amplio de la Libertad Sindical, de ahí su importancia como Derecho Fundamental en el Trabajo y la necesidad de garantizarla como derecho colectivo de los trabajadores.

Romagnoli afirma que el sindicalismo "es un mal justificado por la necesidad de remover las injusticias sociales que el capitalismo tiende a crear"[14], de aquí el propósito de equilibrio que se persigue con las normas reguladoras del trabajo, frente a las circunstancias del sistema económico actual.

Precisando un poco más sobre la Libertad Sindical, en un Estudio General de la Comisión de Expertos en Aplicación de Convenios y recomenda-

---

[14] Romagnoli, Humberto: "El Renacimiento de la Palabra Sindicato, La Factoría," Enero-Abril N° 29, en la Web: http://www.lafactoriaweb.com/articulos/romagnoli29.htm, consulta de fecha 12 de febrero de 2009.

ciones de la OIT sobre Libertad Sindical y Negociación Colectiva, se hace constar que la aplicación de los convenios relativos a esta materia "no debería estar subordinada al nivel de desarrollo económico de un país, ni a las fluctuaciones periódicas de los ciclos económicos, dado que se trata de instrumentos relativos a derechos humanos fundamentales" y que esta aplicación se halla "estrechamente condicionada por el respeto de las libertades civiles y políticas"[15].

La OIT[16] informa que cerca de la mitad de los trabajadores y empleadores del mundo, no gozan de protección en virtud de los Convenios 87 y 98, ya que los países más poblados no han ratificado estos convenios fundamentales (China, Estados Unidos e India, y de América Latina Brasil y México). Esta información sigue vigente, y es de interés observar que Brasil tiene ratificado el Convenio 98 y México el Convenio 87. La principal dificultad que impide que México ratifique el Convenio 98, se debe a las diferencias entre varias disposiciones de su Constitución, en especial el Articulo 123 y de su legislación nacional (Leyes Federales del Trabajo y de los Trabajadores al Servicio del Estado), con una disposición del Convenio.

Por otra parte, debemos considerar sobre el Rol de los Sindicatos y su Cumplimiento, y en este sentido observar que los Sindicatos como asociaciones profesionales, están llamados a cumplir fines sociales. El ordenamiento jurídico laboral nacional e internacional, ha definido claramente su rol, orientado a la representación y defensa de los intereses de sus agremiados. Estos agremiados, han de ser trabajadores o empleadores. Para nuestro fin, hemos centrado la atención en los sindicatos de trabajadores.

En los últimos tiempos los Sindicatos han desvirtuado su finalidad, no cumplen cabalmente sus fines, los dirigentes o representantes no hacen de su oficio un apostolado, y aún frente a momentos de gran dificultad económica, solo viven concentrados en conquistas económicas.

Hoy día la tasa de sindicalización en el mundo ha descendido, si bien en buena parte por el menor número de trabajadores formarles, también define la falta de confianza hacia los dirigentes, a lo que se suma la transformación de las empresas, que bajo una atomización, no dan espacio a esta clase de organizaciones.

Un gran problema en nuestro tiempo, es que las organizaciones de empleadores están claras en su propósito, concentradas en obtener el mayor

---

[15]   Oficina Internacional del Trabajo: Libertad Sindical y Negociación Colectiva, Estudio General de las Memorias, Informe de la Comisión de Expertos en Aplicación de Convenios y Recomendaciones, Ginebra, Conferencia Internacional del Trabajo, 81ª. Reunión, 1994, p. 155.

[16]   Oficina Internacional del Trabajo: Organizarse en pos de la Justicia Social, Informe Global con arreglo al seguimiento a la Declaración OIT relativa a los Principios y Derechos Fundamentales en el Trabajo, Ginebra, 2004.

lucro de su actividad económica, lo que no resulta insano, ya que participan de una libertad económica; mientras que en muchos casos, si bien los trabajadores cuentan con la libertad de trabajo, los dirigentes de sindicatos pierden buena parte de su tiempo, con estrategias para perpetuarse en su mandato, sin una clara visión de sus objetivos. Los sindicatos han de asumir un rol renovado de adaptación a las circunstancias económicas, con una actitud de cooperación en el logro de una mayor competitividad y productividad en las empresas[17].

Otro aspecto muy importante que debemos considerar, es lo relacionado a la Protección contra la Discriminación Antisindical, y en este sentido destacamos que las normas de corte laboral, en los ámbitos nacional e internacional, persiguen garantizar la libertad sindical, de ahí que su propósito debe ser, el favorecer la acción de los sindicatos, con miras a relaciones colectivas de trabajo armónicas.

Esta protección comprende tanto la acción sindical de los trabajadores, como la de los empleadores, porque unos y otros han de asociarse con mira a la defensa de sus intereses.

El Convenio 98 de la OIT contempla de manera precisa en ese sentido, y establece: "1. Los trabajadores deberán gozar de adecuada protección contra todo acto de discriminación tendiente a menoscabar la libertad sindical en relación con su empleo. 2. Dicha protección deberá ejercerse especialmente contra todo acto que tenga por objeto: a) sujetar el empleo de un trabajador a la condición de que no se afilie a un sindicato o a la de dejar de ser miembro de un sindicato; b) despedir a un trabajador o perjudicarlo en cualquier otra forma a causa de su afiliación sindical o de su participación en actividades sindicales fuera de las horas de trabajo o, con el consentimiento del empleador, durante las horas de trabajo"[18].

Instituciones como el Fuero Sindical, permiten reconocer privilegios en beneficio de los trabajadores, con miras a que su rol de promotores, afiliados o dirigentes de sindicatos, no se vea interferido, por acciones de despido sin causa, que no hayan sido verificadas por la autoridad del trabajo, quien habría de autorizar para ese fin. Las organizaciones sindicales deben retomar el rol de los primeros tiempos, asumiendo un liderazgo bajo un esquema de cooperación, con miras a la mayor productividad y competitividad. No es suficiente la existencia de normas para garantizar la protección frente a la discriminación sindical, los Estados a través de sus instituciones debe velar porque eso de manera efectiva se cumpla.

---

[17] Servais, Jean-Michel: "Globalización, Competencia Económica y Solidaridad: Un Rol Renovado para los Sindicatos", en *Revista Gaceta Laboral*, Volumen 9, N° 3, Universidad del Zulia, Maracaibo, 2003.

[18] Convenio OIT, N° 98, Art. 1.

Los sindicatos en tiempo de globalización cuentan con un rol renovado, deben ser importantes actores ante nuevos esquemas productivos, y convertirse en los principales aliados de la OIT para garantizar un trabajo decente para todos, y en consecuencia, una protección eficaz de los derechos fundamentales laborales[19].

Para la construcción de una sociedad más justa y equitativa, todos los entes deben cumplir fielmente su cometido, y si bien hoy día los sindicatos no asumen con eficiencia su rol, los Estados también denotan fallas en cuanto al cumplimiento de la protección contra la discriminación antisindical, y no es suficiente con un marco normativo adecuado sobre los derechos humanos, y en particular, para la acción sindical.

3. Regulación de la Libertad Sindical.

La Libertad Sindical ha sido objeto de regulación de diversos modos, así Ermida[20] los identifica en atención a la actuación del Estado, resultando los siguientes:

a. Modelo abstencionista o de autonomía colectiva pura: en este modelo el Estado no regula la organización ni la actividad sindical. Entre estos sistemas figuran Italia, Suecia, Alemania Federal y Bélgica. Antes también Uruguay, pero con su reciente Ley de Negociación Colectiva ha cambiado este panorama.

b. Modelo intervencionista o reglamentarista: en este modelo el Estado regula unilateral y heterónomamente la libertad sindical, incluidos los derechos sindicales individuales, la organización y la actividad sindical. Este modelo se presenta en todos los países de América Latina (antes había la única excepción de Uruguay), Francia, España, Portugal y Canadá.

c. Modelo socialista: se caracteriza por ser un sistema reglamentarista, en el cual el Estado como en el modelo anterior, regula unilateral y heterónomamente la libertad, la organización y la actividad sindical. En países como Cuba se impone el sistema de unicidad sindical.

Bajo otra orientación, a partir del tratamiento constitucional a los derechos colectivos Ackerman[21] establece tres modelos diferentes, a saber:

---

[19] Servais, Jean-Michel: "Globalización, Competencia Económica y Solidaridad: Un Rol Renovado para los Sindicatos", en *Revista Gaceta Laboral*, Volumen 9, N° 3, Universidad del Zulia, Maracaibo, 2003.

[20] Ermida Uriante, Oscar: "Libertad Sindical: Normas Internacionales, Regulación Estatal y Autonomía, en Debate Laboral", *Revista Americana e Italiana de Derecho del Trabajo*, Ano III, N° 6/1990, Costa Rica.

[21] Ackerman, Mario: "El Constitucionalismo Social en Latinoamérica", en *Revista Latinoamericana de Derecho Social*, N° 1, Julio-Diciembre, Instituto de Investigaciones Jurídicas, Universidad Nacional Autónoma de México, México, 2005.

a. Garantismo constitucional directo, pero susceptible de reglamentación por la legislación ordinaria (casos de Argentina, México y Chile).

b. Garantía y regulación constitucional (caso único de Brasil).

c. Promoción general (caso de Uruguay, con marcado abstencionismo estatal, aquí cabe mencionar la observación en cuanto a la orientación actual en ese país).

A los fines de América Latina, resulta de gran interés referir los modelos uruguayo y español sobre regulación de la Libertad Sindical, el primero por caracterizarse en ser un modelo abstencionista, antes de las recientes modificaciones legislativas, y el segundo, como modelo intervencionista diseñado a partir de un sistema democrático de relaciones laborales, consagrado a partir de la Constitución de 1978.

4. Las Garantías para la Protección de la Libertad Sindical.

Ferrajoli afirma que "un derecho no garantizado no sería un verdadero derecho"[22], y de aquí la separación conceptual entre derechos y garantías, como centro en su teoría de los Derechos Fundamentales, y consecuentemente de la democracia constitucional. A su vez considera el autor sobre las garantías primarias o sustanciales (obligaciones o prohibiciones sobre derechos subjetivos) y las garantías secundarias o jurisdiccionales (obligaciones de los órganos judiciales de aplicar la sanción o declarar la nulidad)[23], unas y otras con relación directa en cuanto a la eficacia necesaria de los derechos.

Las garantías son los instrumentos para la protección de los Derechos Fundamentales, que pueden ser: normativas, jurisdiccionales e institucionales, como las aborda la Constitución Española de 1978.

Desde el punto de vista práctico, tales garantías estarían determinadas por la constitucionalización de los derechos sociales (entre estos la Libertad Sindical) y su desarrollo legislativo, mediante normas sustantivas y de procedimiento, contando con órganos jurisdiccionales bien en sede constitucional o tribunales ordinarios, y según el caso con entes administrativos como la Defensoría del Pueblo, o para la materia exclusivamente laboral, las Procuradurías para la Defensa de los Trabajadores, como se les conoce en México y en Venezuela.

En Chile cuentan desde fecha reciente con un nuevo procedimiento de tutela laboral (reforma laboral implementada por la Ley 20.087 del 3 de ene-

---

[22]   Ferrajoli, Luigi: *Derechos y Garantías. La Ley del mas débil*, Editorial Trotta, Cuarta Edición, Madrid, 2004, p. 59.

[23]   Carbonell, Miguel: "La Garantía de los Derechos Sociales en la Teoría de Luigi Ferrajoli en Garantismo". *Estudios sobre el pensamiento jurídico de Luigi Ferrajoli, Edición de Miguel Carbonell y Pedro Salazar*, Instituto de Investigaciones Jurídicas de la Universidad Nacional Autónoma de México y Editorial Trotta, Madrid, 2005.

ro de 2006), lo que ha conllevado a "los Derechos Fundamentales en serio"[24] siguiendo la noción de Dworkin, cuya filosofía jurídica está fundamentada en los derechos individuales, concibiendo que su garantía es la función más importante del sistema jurídico[25]

De la forma como regulan en Chile el nuevo procedimiento, refiere Ugarte que trata "no solo de la eficacia horizontal de los derechos fundamentales entre particulares, sino de su eficacia inmediata o directa..."[26], ya que implica la acción propuesta directamente por el trabajador, contra otro particular de la relación laboral (el empleador), que es el procedimiento más adecuado en ese sentido.

Afirmamos con Bronstein, que en los Gobiernos de la región, hay la tendencia a considerar que su responsabilidad se agota con la promulgación de la ley, "cuando en realidad correspondería decir que la responsabilidad del Gobierno recién comienza cuando la ley es promulgada, ya que de allí en más le incumbe la tarea de aplicarla"[27]. De aquí que la aplicación eficaz del Derecho del Trabajo es el mayor reto, que el de su propia formulación o reformulación, como también señala el autor.

Sánchez[28] destaca en un estudio, que la exigibilidad de los derechos fundamentales en el mundo del trabajo puede hacerse en el plano interno e internacional, tanto en los órganos jurisdiccionales como en los no jurisdiccionales.

Con respecto a actuaciones de órganos no jurisdiccionales en materia de derechos fundamentales, en el plano internacional hemos referido sobre informes de la Comisión Interamericana de Derechos Humanos y del Comité de Libertad Sindical de la OIT, entre otros.

---

[24] Ugarte Cataldo, José Luis: "La Constitucionalización del Derecho del Trabajo: La Tutela de los Derechos Fundamentales" en *Revista Latinoamericana de Derecho social*, N° 7, julio-diciembre de 2008, Universidad Nacional Autónoma de México, Instituto de Investigaciones Jurídicas, México.

[25] Dworkin, Ronald: *Los Derechos en Serio*, traducción de Marta Gustavino, 5°. Reimpresión, Editorial Ariel, Barcelona, 2002.

[26] Ugarte Cataldo, José Luis: "La Constitucionalización del Derecho del Trabajo: La Tutela de los Derechos Fundamentales" en *Revista Latinoamericana de Derecho social*, N° 7, julio-diciembre de 2008, Universidad Nacional Autónoma de México, Instituto de Investigaciones Jurídicas, México, p. 265.

[27] Bronstein, Arturo: *Cincuenta Años del Derecho del Trabajo en América Latina: Un Panorama Comparativo en Libro: Cincuenta Años de Derecho del Trabajo en América Latina*, dirigido por Arturo Bronstein, Argentina, Rubinzal-Culzoni Editores, 2007, p. 102.

[28] Sánchez Castañeda, Alfredo: Hacia una Definición de los Derechos Fundamentales en el Trabajo y su Exigibilidad, en la Web: http://www.bibliojuridica.org/libros/6/2564/33.pdf, consulta de fecha 15 de abril de 2009.

A su vez, los órganos jurisdiccionales mediante su actuación, también puede contribuir a restablecer o aumentar las garantías necesarias a los fines de la Libertad Sindical de los trabajadores. Una muestra de lo anterior, lo constituye en el plano interno, el fallo de la Corte Suprema de Justicia de la Nación en Argentina[29], de fecha 11/11/2008, sobre la Inconstitucionalidad del artículo 41, inciso a de la Ley N° 23.551 sobre Asociaciones Sindicales. Al efecto la Corte en su decisión establece que la referida disposición es contraria a la Constitución[30], ya que exige a los delegados e integrantes de comisiones, estar afiliados a asociación sindical con personería gremial y ser elegidos a comicios convocados por esta. La personería gremial esta prevista en la citada Ley[31], y la puede obtener la asociación que en su ámbito territorial y personal de actuación sea la más representativa, lo que a su vez tiene incidencia sobre la representación sindical en la empresa.

Ermida establece con mucho acierto, que para avanzar en la construcción de una política laboral progresista "es necesario revalorizar viejas prácticas, como la continuidad laboral y la seguridad social, y aplicar nuevas fórmulas, como la formación profesional permanente y la aplicación directa de las normas constitucionales e internacionales de protección a los trabajadores"[32]. Estas nuevas fórmulas que refiere el autor, podrán contribuir a la definición de un mejor panorama laboral para la América Latina.

Como observaremos hay situaciones relacionadas con la Libertad Sindical en América Latina, en las que destacan la violencia sindical reflejada en los Informes del Comité de Libertad Sindical de la OIT y de la Confederación Sindical Internacional, relacionadas con discriminación antisindical y circunstancias derivadas del nuevo panorama laboral por la incidencia económica de la crisis, lo que denota deficiencia en cuanto a las garantías necesarias.

Como queda establecido, hoy día, los sindicatos han de asumir un rol renovado de adaptación a las circunstancias económicas, con una actitud de cooperación en el logro de una mayor competitividad y productividad en las empresas.

En definitiva, es importante una eficiente acción sindical y protección contra la discriminación, lo que implica considerar que Los Derechos

---

[29]   Corte Suprema de Justicia de la Nación de Argentina: Fallo A.201.XL Asociación de Trabajadores del Estado c/Ministerio del Trabajo s/Ley de Asociaciones Sindicales, en la Web: http://www.csjn.gov.ar/documentos/verdoc.jsp, consulta de fecha 15 de febrero de 2009.

[30]   La Constitución en Argentina consagra el principio sobre Libertad Sindical en los artículos 14 y 14 bis.

[31]   Ley N° 23.551, Art. 25

[32]   Ermida Uriarte, Oscar: "La Política Laboral de los Gobiernos Progresistas", en *Revista Nueva Sociedad*, N° 211, Argentina, 2007, p. 50.

Humanos van mucho más allá de una consagración normativa y una retórica, implica que debe asegurarse la protección necesaria para que revista carácter de eficiencia.

En este sentido, es muy importante fortalecer el diálogo social y hacer más efectiva la inspección del trabajo, de manera que concertadamente y con apoyo de la administración del trabajo y de las organizaciones de trabajadores y empleadores, se defina la acción correspondiente.

5. Estado Actual de la Protección de la Libertad Sindical en América Latina.

En lo que respecta al movimiento obrero latinoamericano, Godio destaca que exponer sobre su historia plantea el objetivo de "esclarecer su comportamiento de clase, la connotación ideológica-política de sus luchas y las características concretas del marco nacional en el cual se inscribe"[33].

La OIT ha constatado que en América Latina la tasa de ratificación de los ocho convenios fundamentales, relacionados con los principios y derechos fundamentales en el trabajo es muy alta, pero la aplicación y plena observancia de estos instrumentos no está siempre garantizada. Por esto, es necesario más apoyo para velar por el cabal cumplimiento de los convenios fundamentales de la OIT[34].

Aunque de un balance sobre el progreso de las ratificaciones, el Convenio 87 es el menos ratificado de los 8 convenios fundamentales (en América Latina destaca Brasil entre los países que no lo han ratificado). Resulta de interés, la aplicación efectiva de los principios, ya que es un hecho conocido que la ratificación de los convenios, no significa la aplicación plena de los derechos y principios que en ellos se consagran.

En cuanto a la observancia y aplicación de los convenios 87 y 98, hayan sido ratificados o no por un país dado, están sujetos al control por el Comité de Libertad Sindical, como órgano del Consejo de Administración de la OIT (en este sentido actúa también la Comisión de Expertos en la Aplicación de Convenios y Recomendaciones). Este Comité de Libertad Sindical en el periodo comprendido de marzo 2004 y junio 2007, adopto 366 informes individuales sobre casos relativos a 82 países, la mayoría de los cuales correspondían a la región de las Américas: 204 a América Latina y 18 a América del

---

33 Godio, Julio: *Historia del Movimiento Obrero Latinoamericano*/1, México, Editorial Nueva Imagen, 1980, p. 12.

34 Oficina Internacional del Trabajo: La Libertad de Asociación y la Libertad Sindical en la Práctica: Lecciones Extraídas, Informe Global con arreglo al seguimiento a la Declaración OIT relativa a los Principios y Derechos Fundamentales en el Trabajo, Ginebra.

Norte[35]. Resaltamos que la OIT de manera inadecuada, considera que la América del Norte está conformada solamente por Canadá y Estados Unidos, y así cuenta con la Oficina de América del Norte en Washington.

En el periodo 1995-2000, los alegatos presentados al Comité de Libertad Sindical sobre restricciones a las libertades civiles, representaron una tercera parte de los asuntos, pero este porcentaje disminuyo progresivamente. En el periodo 2004-2007, la mayoría de los alegatos en ese sentido, está referida a actos de discriminación sindical, y se ha experimentado un leve incremento en el número de alegatos relativos a la injerencia del gobierno en las actividades sindicales.

En todo caso, a los efectos de una aplicación efectiva de estos convenios, es muy importante la capacidad de las administraciones del trabajo, siendo también esencial la voluntad política.

Una referencia importante para Iberoamérica, lo constituye en España la Ley Orgánica de Libertad Sindical de 1985, que de manera precisa aborda sobre la tutela de esta y la represión de conductas antisindicales. En América Latina la gran mayoría comprenden en la Constitución los derecho socio laborales, entre los que destacan los de índole colectiva, y los desarrollan en los Códigos o leyes del trabajo.

Con base a los Informes del Comité de Libertad Sindical destacan que en países como Guatemala y Colombia, persisten grandes dificultades en la materia, y en otros como Venezuela, la polarización política no ha favorecido en la armonía necesaria a los fines de la mayor garantía para el ejercicio de este derecho. Por su parte, los Informes Anuales las Violaciones de los Derechos Sindicales, de la Confederación Sindical Internacional (CSI), son muy precisos en este sentido.

En el Informe sobre las Violaciones de los Derechos Sindicales de 2008[36], en cuanto a los países de América Latina se hace constar lo siguiente:

1) En el continente no ha cesado la violencia antisindical, con asesinatos, secuestros, amenazas de muerte, asaltos y allanamientos.

2) Ante la creación de sindicatos, es común que los empleadores recurran a despidos o traslados de sus dirigentes.

---

[35]   Oficina Internacional del Trabajo: La Libertad de Asociación y la Libertad Sindical en la Práctica: Lecciones Extraídas, Informe Global con arreglo al seguimiento a la Declaración OIT relativa a los Principios y Derechos Fundamentales en el Trabajo, Ginebra.

[36]   Confederación Sindical Internacional (2008): Informe Anual sobre las Violaciones de los Derechos Sindicales, en la Web: http://survey08.ituc-csi.org/survey.php?IDContinent=0&Lang=ES, consulta de fecha 10 de febrero de 2009.

3) Se registraron casos de excesivo uso de fuerza de parte de la policía, en manifestaciones o marchas que se saldaron con heridos, y muertos en algunos casos, en Brasil, Chile, Honduras, México, Paraguay y Perú, entre otros.

4) Se produjeron asesinatos en Argentina y Chile, como consecuencia de la violencia policial, en Guatemala, en Brasil y en México.

5) Colombia sigue siendo el país más peligroso para los sindicalistas, con 39 asesinatos. Si bien en el 2007 los homicidios disminuyeron (78 casos en el 2006), aumentaron sin embargo otras formas de violencia. Se estima que en este sentido ha favorecido la firma del Acuerdo Tripartito por el Derecho de Asociación y la Democracia en Colombia, a partir del cual fue establecido a partir de noviembre de 2006, una representación permanente de la OIT en aquel país, y la creación de una unidad especial para la investigación de los ataques contra los sindicalistas

6) Se hace constar que en muchos países los Ministerios del Trabajo, no velan por la aplicación de la ley ni la protección de los derechos sindicales.

7) El derecho de huelga sigue muy coartado en el continente. La protección legal del derecho a la negociación colectiva es aún insuficiente, y se ha sumado la criminalización de la protesta social (casos como el de Venezuela). Destacan como estrategias para fragilizar la organización sindical: uso de las Cooperativas de Trabajo Asociado (CTA) y los pactos colectivos en Colombia, los contratos de protección en México y las Asociaciones Solidaristas en América Central y Ecuador.

8) En Haití no han existido avances en el respecto de la libertad sindical, en Costa Rica el gobierno responde con persecución sindical a la creciente oposición a su política y en países como Perú, el deterioro de los derechos sindicales se ha ido agudizando sistemáticamente.

9) En el sector de las maquilas o zonas francas, también persiste el deterioro de los derechos sindicales (casos de Honduras y Nicaragua).

10) En el Caribe, la situación no es mejor que en el resto de América Latina: los derechos de libertad sindical y negociación colectiva son muy débiles, existen restricciones a la huelga y hay injerencias de los gobiernos y de los empleadores (casos de Trinidad & Tobago, Belice y Barbados). Por su parte, en Cuba persiste el sistema de monopolio sindical, y la persecución de los sindicalistas independientes.

11) Sobre la situación particular de Venezuela, se indica que hay un debilitamiento progresivo del derecho a la negociación colectiva y el derecho a la huelga, evidenciándose entre otros indicadores con la denegación arbitraria por parte del Ministerio del Trabajo, en base a criterios políticos. Además la criminalización de las huelgas y manifestaciones, así como la injerencia en la autonomía sindical, por la intervención del Consejo Nacional Electoral en las elecciones sindicales, contribuyen a su debilitamiento.

Para 2010, en el mismo Informe se hace constar sobre el clima de extrema violencia, que costó la vida a 89 sindicalistas y activistas pro derechos laborales, lo que convierte a las Américas en el continente más mortífero del mundo. Solamente en Colombia perdieron la vida 48 activistas sindicales durante el 2009.

A su vez, de la Información derivada del Panorama Laboral que presenta la OIT con relación al resto del mundo, América encabeza el número de quejas presentadas a la OIT por violación a la libertad sindical. El Comité de Libertad Sindical ha registrado 597 quejas de los países de las Américas, desde enero 1990 a junio de 2007. Así el continente concentra el 57.1% del total de las quejas presentadas por violación a la libertad sindical, muy por delante de los otros continentes, y atendiendo a los sectores de la economía, la incidencia de estas se concentra en la administración y servicios públicos[37].

La anterior información del Comité de Libertad Sindical, y demás detalles que constan en sus informes, permiten corroborar los datos aportados por la Confederación Sindical Internacional, que reflejan la situación del movimiento sindical en América Latina.

Por su parte, la Comisión de Expertos en la Aplicación de Convenios y Recomendaciones de la OIT, ha formulado observaciones entre 1990 y 2006 a 27 de los 33 países americanos que han ratificado el Convenio 87 de la OIT (sobre la libertad sindical y la protección del derecho de sindicación) y a 22 de los 32 países que han ratificado el Convenio 98 de la OIT (sobre el derecho de sindicación y negociación colectiva), en el mismo periodo.

Los principales problemas normativos y prácticos observados por esta Comisión, están referidos en el caso del Convenio 87 a los "obstáculos existentes para que las organizaciones desarrollen libremente la redacción de su normativa interna, elijan sus representantes y organicen y administren su gestión"[38] y en el caso del Convenio 98 "los problemas radican en las restricciones existentes a la negociación colectiva y la falta de estímulo de la misma"[39].

Consideraciones Finales

Todo lo anterior revela deficiencias sobre la protección de la Libertad Sindical en América Latina, en cuanto a la aplicación de la normativa laboral. Tal circunstancia está relacionada con los derechos colectivos de los trabajadores, y la ausencia de garantías para el cumplimiento efectivo del derecho fundamental sobre Libertad Sindical. Corresponde la implementación de mecanismos más eficaces orientados en el sentido de garantizar tal cum-

---

[37] Oficina Internacional del Trabajo: Panorama Laboral 2007 América Latina y el Caribe, Oficina Regional para América Latina y el Caribe, Lima.

[38] Oficina Internacional del Trabajo: Panorama Laboral 2007 América Latina y el Caribe, Oficina Regional para América Latina y el Caribe, Lima, *Ibídem*, p. 20.

[39] Oficina Internacional del Trabajo: Panorama Laboral 2007 América Latina y el Caribe, Oficina Regional para América Latina y el Caribe, Lima.

plimiento, es muy importante fortalecer el diálogo social y hacer más efectiva la inspección del trabajo, de manera que concertadamente y con apoyo de la administración del trabajo y de las organizaciones de trabajadores y empleadores, se defina la acción correspondiente para mayor protección de la Libertad Sindical y disminuir la conflictividad laboral.

ANEXO N° 2

LA APLICACIÓN DE NORMAS INTERNACIONALES DEL TRABAJO SOBRE LIBERTAD SINDICAL EN VENEZUELA[1]

Resumen

Este trabajo tiene como propósito conocer la aplicación de normas internacionales del trabajo sobre Libertad Sindical en el país, en concreto emanadas de la OIT, considerando su relación con la Constitución y la Ley Orgánica del Trabajo, los Trabajadores y las Trabajadoras (LOTTT) y los informes de los órganos de control de ese organismo internacional. En este sentido, mediante una investigación de tipo documental, sustentada en análisis, se aborda lo siguiente: el sistema de fuentes en el ordenamiento jurídico venezolano y las normas internacionales del trabajo sobre Libertad Sindical, particularidades de la Libertad Sindical en el país, y una reseña de los Informes de la OIT en cuanto a la aplicación de tales normas internacionales. Al efecto, se constata existen serias dificultades en cuanto a su cumplimiento, dada la alta conflictividad, lo que afecta la garantía de los derechos colectivos de los trabajadores. En Venezuela es muy importante asegurar el equilibrio necesario, adecuar las normas internas a los preceptos internacionales y dar un efectivo cumplimiento de estos. También promover el dialogo social como instrumento fundamental para la justicia social, en un marco de convivencia democrática y paz.

Palabras clave

Normas Internacionales del Trabajo Aplicación Libertad Sindical Venezuela

---

[1]   Trabajo relacionado con Proyecto de Investigación CONDES-LUZ, publicado en la *Revista Gaceta Laboral*, CIELDA-LUZ, N° 3-2014.

Introducción

La Organización Internacional del Trabajo (OIT), como órgano especializado en el sistema de Naciones Unidas, en su propósito de velar por la justicia social en el trabajo, desde su creación en 1919, ha dictado normas internacionales (convenios y recomendaciones), orientadas al cumplimiento de tal fin. Los países miembros de esta organización, entre los que destaca Venezuela en su condición de miembro fundador[2], están obligados al cumplimiento de los convenios y a seguir las orientaciones que se desprenden de las recomendaciones.

Si bien las normas de la OIT "no contienen sanciones en su mismo seno y las condiciones de los órganos que les supervisan no tienen carácter obligatorio...aun en estas condiciones, la Organización ha obtenido, en muchos casos, éxitos en sus esfuerzos por la implementación de las normas internacionales" (Servais, 2008: 1117).

Otros instrumentos internacionales como la Declaración Universal de Derechos Humanos, la Convención Americana sobre Derechos Humanos y los Pactos Internacionales sobre Derechos Civiles y Políticos y sobre Derechos Económicos, Sociales y Culturales, también contienen normas en materia de trabajo, que igualmente tienen carácter vinculante.

Es de mucho interés destacar con base a Barreto[3], que "el proceso de desregulación laboral parece haberse detenido en América Latina, y uno de los frenos ha sido la jurisprudencia que viene disponiendo la aplicación directa de las normas internacionales (y constitucionales) sobre derechos humanos laborales" (Barreto, 2007).

Venezuela ha ratificado los instrumentos antes nombrados, y todos los convenios OIT en materia de Derechos Fundamentales en el Trabajo, a saber sobre: libertad sindical, no discriminación, abolición del trabajo forzoso y eliminación del trabajo infantil.

A los fines de este trabajo, consideraremos las normas relacionadas a la Libertad Sindical, a saber: el Convenio sobre la libertad sindical y la protección del derecho de sindicación, 1948 (N° 87) y el Convenio sobre el derecho de sindicación y de negociación colectiva, 1949 (N° 98), dada su importancia a los fines de la convivencia democrática y paz social.

La situación de derechos humanos el país ha presentado grandes dificultades, en cuanto a violación grave de los elementos fundamentales y las instituciones de la democracia representativa previstas en la Carta Democrática

---

2   Miembro de 1919 a 1957 y desde 16-03-1958 (NORMLEX, OIT). La interrupción tuvo lugar en el momento final de la dictadura de Pérez Jiménez.

3   El autor hace selección de pronunciamientos judiciales en algunos países (Argentina, Colombia, Costa Rica, Chile, Paraguay y Perú) estableciendo que parece consolidar una tendencia a acordar mayores márgenes de libertad sindical, siguiendo el modelo del Convenio Internacional N° 87.

Interamericana, ya que evaluado esto la Comisión Interamericana de Derechos Humanos (CIDH) lo incorporo en su Informe 2013.

También es de interés identificar, que según las conclusiones del foro "Perspectivas Económicas 2014" organizado por el IESA, el desempeño macroeconómico de Venezuela es "el peor de América Latina, a pesar del auge petrolero" (Culshaw, 2014: 72)[4]. Esto define un escenario económico con importantes repercusiones sociales, donde la violencia imperante tiene grandes efectos en el ámbito laboral y sindical.

Así Venezuela es ubicada en la escala 3 en el Índice Global de Derechos de la Confederación Sindical Internacional (CSI)[5], lo que implica una posición intermedia, donde la puntuación 5+ distingue a los peores lugares en el mundo para los trabajadores.

Aunque estudios han definido que las razones para no adherir a las normas son principalmente de orden político, ya que no hay razones de peso que justifiquen el incumplimiento por argumentos económicos (Sengenberger, 2005).

Marín Quijada señala que el aspecto más dramático de la situación sindical venezolana, en la perspectiva de los órganos de control de aplicación de normas de la OIT, son "las violaciones a los derechos humanos. Esta situación, originada en una política de Estado, no tiene antecedentes en la Venezuela de la segunda mitad del siglo XX, desde la caída de la dictadura, y sin duda pesa mucho en la vida nacional e incide negativamente en la imagen internacional del país" (Marín Q., 2010: 397).

A los fines de este trabajo es de suma importancia no limitarnos al análisis de los textos normativos, ya que como establece Bensusan[6], es necesario identificar la distancia real entre estos y la realidad laboral de nuestros países.

---

4   Las cifras de entes oficiales como el BCV y el INE, además de inoportunas lucen no acordes con esta realidad.

5   Conforme la CSI (2014) esta escala para Venezuela significa: Violaciones regulares de los derechos, Puntuación: 18-26, El Gobierno y/o las empresas interfieren con regularidad en los derechos laborales colectivos, o no garantizan plenamente aspectos importantes de estos derechos. Existen deficiencias en la legislación y/o determinadas prácticas que posibilitan las violaciones frecuentes".

6   En una investigación coordinada por Bensusan, sobre Diseño Legal y Desempeño Real: Instituciones Laborales en América Latina, con objeto de estudio a Argentina, Brasil, Chile y México, figura entre las conclusiones:"...se pudo comprobar que más que el costo formal de cumplimiento de las normas, lo que cuenta es la presencia de un sindicalismo real y lo suficientemente fuerte como para exigir su cumplimiento y la capacidad estatal de hacerlas cumplir, aumentando el costo del incumplimiento, además del grado de legitimidad de las normas frente a quienes tengan que cumplirlas aun cuando afecten sus intereses" (Bensusan, 2006:474).

El objetivo general es analizar la aplicación de las normas internacionales del trabajo sobre Libertad Sindical en Venezuela según informes de la OIT y determinar su efecto sobre la garantía de los derechos de los trabajadores. En este sentido, abordaremos los aspectos siguientes:

1. El Sistema de Fuentes en el Ordenamiento Jurídico Laboral Venezolano y las Normas Internacionales del Trabajo sobre Libertad Sindical.

La Constitución (1999) contempla la preeminencia de los derechos humanos, al establecer que "los tratados, pactos y convenios relativos a derechos humanos, suscritos y ratificados por Venezuela, tienen jerarquía constitucional y prevalecen en el orden interno, en la medida en que contengan normas para su goce y ejercicio más favorables a las establecidas en esta Constitución y en las Leyes de la Republica, y son de aplicación inmediata y directa por los tribunales y demás órganos del Poder Público" (Art. 23)[7], y también aparece previsto que toda persona debe promover y defender los derechos humanos como fundamento de la "convivencia democrática y de la paz social" (Art. 132).

Por su parte, la LOTTT establece sobre los tratados, pactos y convenciones internacionales (Art. 15) y a su vez, sobre éstos entre las fuentes del Derecho del Trabajo (Art. 16). Ambas disposiciones están orientadas a reconocer el carácter obligatorio de tales instrumentos, conforme la Constitución, siempre que sean más favorables a los trabajadores venezolanos.

Venezuela ha ratificado todos los Convenios relacionados con los derechos fundamentales en el trabajo emanados de la OIT. También ratificó el Pacto Internacional de Derechos Económicos, Sociales y Culturales, la Convención Americana sobre Derechos Humanos (Pacto de San José)[8] y el Protocolo Adicional a la Convención Americana sobre Derechos Humanos en Materia de Derechos Económicos, Sociales y Culturales "Protocolo de San Salvador" (Marín B., 2008).

Los derechos fundamentales en el trabajo tienen base en la Declaración OIT sobre Principios y Derechos Fundamentales en el Trabajo (1998), y en este sentido son: a) la libertad de asociación y la libertad sindical y el recono-

---

[7]   En sentencia N° 1942 de fecha 15-07-2003, la Sala Constitucional del TSJ con ponencia de Cabrera Romero, en una Acción de Nulidad por Inconstitucionalidad de algunos artículos del Código Penal, interpuesta por Rafael Chavero Gazdik, declaró que en el Derecho Venezolano, el "único capaz de interpretar" estas normas sobre derechos humanos, es el juez constitucional, conforme el Art. 355 CN, el "interprete nato de la Constitución de 1999, que es la Sala Constitucional..." (TSJ, 2003).

[8]   Este instrumento fue denunciado por el Estado Venezolano, con efectividad a partir del 10 de septiembre de 2013, según la CIDH, lo que constituyó un "acto violatorio a todas luces de normas basilares de la Constitución Venezolana, de su bloque de constitucionalidad y de principios rectores del derecho internacional de los derechos humanos" (Ávila, 2013: 216)

cimiento efectivo del derecho de negociación colectiva; b) la eliminación de todas las formas de trabajo forzoso u obligatorio; c) la abolición del trabajo infantil; y d) la eliminación de la discriminación en materia de empleo y ocupación.

Las normas OIT sobre derechos fundamentales en materia de Libertad Sindical, son los siguientes: a) el Convenio relativo a la Libertad Sindical y a la Protección del Derecho de Sindicación, 1948 (No. 87) y b) el Convenio relativo a la Aplicación de los Principios del Derecho de Sindicación y de Negociación Colectiva, 1949 (No. 98).

Visto lo anterior, todos los Convenios OIT sobre Derechos Fundamentales en el Trabajo están ratificados por Venezuela, por lo que forman parte de su derecho interno, y el país está obligado a su cumplimiento.

De esta manera, en Venezuela existen instrumentos normativos generales y específicos, orientados a garantizar tales derechos fundamentales de los trabajadores, a partir de la Constitución Nacional (1999).

2. Particularidades de la Libertad Sindical en Venezuela.

El Observatorio Venezolano sobre Conflictividad Social (OVCS) y el Programa Venezolano Educación Acción en Derechos Humanos (PROVEA) coinciden en afirmar sobre la alta conflictividad en el país, con mayor escalada en este 2014.

En este sentido, destaca un Informe del OVCS, sobre Violencia en el entorno laboral-sindical e Impunidad (Primer Semestre 2014), donde distinguen las claves de esta violencia, a saber:

1. 86% de los asesinados pertenecían al sector construcción.

2. Son asesinados un promedio de 5 sindicalistas o trabajadores por mes.

3. Aragua fue el estado más violento con 5 asesinatos.

4. Febrero fue el mes con mayor número de asesinatos: 8

5. El sicariato es la práctica más recurrente en los asesinatos de trabajadores o dirigentes sindicales.

6. En el primer semestre de 2014 se registraron 9 asesinatos menos que en el mismo periodo de 2013, cuando fueron 37.

7. La impunidad es una característica clave de la situación de la violencia laboral sindical venezolana.

8. Reiteramos que no se observan avances en las investigaciones de los crímenes ocurridos en este período.

9. No se observan reportes oficiales sobre la violencia en el contexto laboral sindical durante este período.

10. El paralelismo sindical y la venta de cupos de empleo se consolidan como las principales causas de la violencia en el sector construcción.

11. En muchos casos las muertes de sindicalistas o trabajadores son consecuencia de acciones de grupos delictivos y no guardan relación con las luchas sindicales y reivindicativas

Como se observa, destacan hechos muy graves como asesinatos por medio de sicariato e impunidad, y en esto último tiene mucha responsabilidad el sistema de administración de justicia.

Por su parte, PROVEA en su Informe 2013 sobre Derechos Humanos en el país, en atención a nuestro tema, hace constar lo siguiente:

1. Los derechos de los trabajadores se caracterizaron por una situación desfavorable en cuanto a su garantía y disfrute.

2. Aun cuando se adoptaron algunas medidas positivas, éstas quedan desdibujadas ante el conjunto de violaciones reiteradas al derecho a la convención colectiva, a la huelga, al ejercicio de libertad sindical y a un salario justo.

3. Desde el Ejecutivo Nacional se mantuvo un discurso orientado a descalificar a sectores del movimiento sindical que asumen posiciones críticas y autónomas, incluso del propio partido de gobierno. Continuó el enjuiciamiento de sindicalistas por adelantar procesos de exigibilidad de derechos, así como los despidos injustificados violando el fuero sindical.

4. Apareció la militarización de las fábricas estatales como una manera de responder a los conflictos laborales, y la ubicación de oficiales activos de la Fuerza Armada en cargos de dirección de empresas básicas.

5. El derecho de los y las trabajadoras de negociar convenciones colectivas continuó siendo un factor de conflicto y movilización de calle en 2013.

6. El derecho a la libertad sindical continuó siendo afectado por una serie de políticas, normas y prácticas del Estado que obstaculizaron el disfrute del mismo[9].

7. Existe una creciente criminalización del ejercicio de un sindicalismo que asume posiciones críticas a la gestión de gobierno y ante patronos públicos y privados. Tal criminalización incluye la apertura de juicios penales, las calificaciones de despido y la descalificación pública.

---

[9]   Destaca PROVEA como contraste que según el MINPPTRASS, de 2000 a 2013 se han registrado 6.086 nuevas organizaciones sindicales, comparado con las 4.198 que se registraron entre 1986-199878. Sin embargo, la mayor cantidad de sindicatos paradójicamente contrasta con la disminución de trabajadores sindicalizados.

8. Nuevos procesos judiciales penales fueron iniciados contra sindicalistas. La militarización de fábricas ante la paralización de actividades surgió como un elemento nuevo.

9. Dos huelgas fueron emblemáticas por la manera como fueron tratadas por el gobierno. La primera, la desarrollada en Ferrominera del Orinoco. Otra huelga representativa fue la protagonizada por los trabajadores de la Siderúrgica del Orinoco "Alfredo Maneiro" (SIDOR).

10. Por un año más el asesinato de dirigentes sindicales y trabajadores afiliados a sindicatos constituye uno de los fenómenos sociales que afectan la vida del sector laboral del país[10].

Bajo la orientación de lo anterior, se encuentran Máspero, Coordinadora de Unión Nacional de Trabajadores (UNETE) quien aseguró que "Maduro criminaliza la huelga y la lucha por la contratación colectiva" (El Nacional, 2014), esto refiriéndose en concreto al tratamiento del Gobierno a conflictos laborales en Guayana, y en particular el de SIDOR y en función a lo que acota que 500 sindicalistas objeto de juicios y acoso policial.

También De Freitas afirma: " Mientras el régimen recrea en los trabajadores de Clorox, Venoco y Sudamericana de Soplados la corta ilusión de continuidad cuya realidad económica se encargará de hacerlos despertar, nadie pierde de vista que el manejo de las relaciones laborales en el sector público sigue siendo deficiente...y, cómo no, la permanente tensión del conflicto en SIDOR y *el renovado empeño judicial por convertir el ejercicio de un derecho humano fundamental como lo es la libertad sindical en un delito*" (destacado nuestro) (El Nacional, 2014).

En este sentido es importante destacar las implicaciones de la LOTTT en la materia, en lo que si bien se acataron recomendaciones de organismos internacionales "la influencia de una ideología y modelo político, han definido mayor control del Estado, en detrimento de la libertad y autonomía sindical" (Marín y Perelló, 2013: 151). Al efecto, un conjunto de organizaciones entre las que destaca PROVEA, interpusieron acción de inconstitucionalidad parcial contra algunos de sus artículos, particularmente sobre derecho colectivos de los trabajadores[11].

---

10   Según el Observatorio Venezolano de Conflictividad Social (OVCS) un total de 59 sindicalistas y trabajadores fueron asesinados en diversas circunstancias, la mayoría en presuntos conflictos intersindicales, lo que equivale a un promedio de cinco asesinatos por mes.

11   Demanda presentada en fecha 12-12-2013 ante la Sala Constitucional del TSJ por PROVEA y miembros de las organizaciones sindicales y coaliciones de organizaciones y movimientos sindicales siguientes: ALIANZA SINDICAL INDEPENDIENTE (ASI), UNIÓN NACIONAL DE TRABAJADORES (UNETE), CONFEDERACIÓN DE TRABAJADORES DE VENEZUELA (CTV), CENTRAL GENERAL DE TRABAJADORES (CGT), CONFEDERACIÓN DE SINDICATOS AUTÓNOMOS DE VENEZUELA (CODESA), FRENTE AUTÓNOMO POR LA DEFENSA DEL EMPLEO, EL SALARIO Y EL SINDICATO (FADESS), CO-

Y es que en todo caso, hay que considerar la Libertad Sindical como presupuesto y tendencia de un modelo democrático de relaciones laborales (Villasmil, 2007), y esta como derecho fundamental en el trabajo se encuentra incorporada en el bloque de constitucionalidad, como todos los derechos humanos en Venezuela (Carballo, 2012).

3. Reseña de la Aplicación de Normas Internacionales del Trabajo sobre Libertad Sindical en Venezuela conforme la OIT.

En relación a Venezuela, ante la OIT se ha llevado la cantidad de 70 casos en el Comité de Libertad Sindical, de los cuales 7 están activos, 4 en seguimiento y 59 cerrados (esto a partir de 1950)[12]. A primera vista, si comparamos con Colombia y Guatemala, no luce esto tan complejo, de inicio no revela una situación grave, de ahí que la CSI ubica al país en la escala 3 en el Índice Global de Derechos (valor intermedio frente a un 5+ como valor máximo), como antes fue definido. Posteriormente estableceremos la circunstancia sobre la Libertad Sindical en Venezuela, en atención a situaciones conocidas por la OIT.

En cuanto a los mecanismos y órganos de control de este organismo especializado en materia del trabajo (OIT), podemos enumerarlos así[13]:

1.   Control regular de la aplicación de las NIT:

1.1.   La Comisión de Expertos en la Aplicación de Convenios y Recomendaciones (CEACR).

1.2. La Comisión de Aplicación de Normas de la Conferencia.

2. Los mecanismos de control especiales:

2.1. Quejas ante el Comité de Libertad Sindical (CLS)

2.2. Reclamaciones en virtud del Art. 24 Constitución OIT.

2.3. Quejas en virtud Art. 26 Constitución OIT

RRIENTE CLASISTA UNITARIA REVOLUCIONARIA AUTÓNOMA (C-CURA) y MOVIMIENTO DE SINDICATOS DE BASE (MOSBASE). Acción popular de inconstitucionalidad parcial de la LOTTT para que sea declarada la nulidad absoluta de los artículos 365 último párrafo, artículo 367, artículo 374, artículo 375; artículo 384, artículo 387, artículo 388, artículo 389; artículo 402, artículo 403, artículo 407, artículo 415 y artículo 426 ; y de la Disposición Transitoria Cuarta.

[12]   En América Latina estos dos países presentan la situación más problemática de la región, en cuanto a violación de derechos sindicales, con el siguiente balance: Colombia un total de 177 casos, de los cuales 12 activos, 13 en seguimiento y 152 cerrados; Guatemala un total de 97 casos, de los cuales 16 activos y 6 en seguimiento. (Fuente: NORMLEX, OIT).

[13]   Conforme el Manual OIT de Formación para Jueces, Juristas y Docentes, sobre Derecho Internacional del Trabajo y Derecho Interno, dirigido por Beaudonnet (2009).

Con relación a los mecanismos de control especiales, fijaremos nuestra atención solamente a la situación de quejas ante el Comité de Libertad Sindical, lo que en la práctica resulta más frecuente.

En este sentido consideraremos observaciones formuladas al país, por parte de la Comisión de Expertos en la Aplicación de Convenios y Recomendaciones (CEACR) y por la Comisión de Aplicación de Normas de la Conferencia (CAS). También informes emitidos por el Comité de Libertad Sindical (CLS), con relación a hechos relevantes que involucran a nuestro país.

Observaciones del Comité de Expertos en la Aplicación de Convenios y Recomendaciones (CEAR).

a.   Observación sobre el Convenio 87 (2000), en relación a la Constitución de 1999.

La Comisión observó con preocupación, que la Constitución de 1999, contiene algunas disposiciones que no están en conformidad con las disposiciones del Convenio, a saber los artículos 95 y 293.

El artículo 95 dispone sobre la alternabilidad de los integrantes de las directivas de las organizaciones sindicales, mediante voto universal, directo y secreto, a partir de la previsión en sus estatutos y reglamentos. En cuanto a esta norma, la Comisión observó que tal imposición de la alternabilidad por vía legislativa, constituye un importante obstáculo a las garantías consagradas en el Convenio.

El artículo 293 establece como función del Poder Electoral, organizar las elecciones de sindicatos, gremios profesionales y organizaciones con fines políticos en los términos que señala la ley; y en la Disposición Transitoria Octava Constitucional se dispuso que mientras se promulgaran las nuevas leyes electorales, los procesos electorales serían convocados, organizados, dirigidos y supervisados por el Consejo Nacional Electoral. En este sentido, por medio de un decreto sobre medidas para garantizar la libertad sindical, se nombraron los miembros de la Junta Electoral y se detallaron sus funciones, entre ellas la de procurar la unificación sindical o resolver acerca de la afiliación a las organizaciones de trabajadores.

En relación a esto último, la Comisión consideró que la reglamentación de los procedimientos y modalidades de la elección de dirigentes sindicales debe corresponder a los estatutos sindicales y no a un órgano ajeno a las organizaciones de trabajadores. Asimismo, que la cuestión de la unicidad sindical o la calidad de los miembros de los sindicatos deben ser objeto de decisión de las organizaciones sindicales y de ninguna manera impuestos por la ley ya que dicha imposición constituye una de las violaciones más graves de la libertad sindical que se pueden concebir.

Frente a esto, la Comisión solicitó al Gobierno que tomara medidas para modificar las disposiciones constitucionales comentadas, así como para derogar el indicado decreto[14].

b. Observación sobre el Convenio 87 (2012), en relación a la LOTTT.

La Comisión apreció que la nueva ley recoge cierto número de observaciones formuladas con motivo de la asistencia técnica de la OIT y solicitadas por la Comisión[15].

Aunque la Comisión observó que no se ha reducido el número de patronos mínimo (10) para constituir un sindicado de patronos (artículo 380), que la enumeración de finalidades de las organizaciones sindicales y de patronos sigue siendo demasiado extensa (artículos 367 y 368), incluyendo por ejemplo como objetivos de las organizaciones de patronos garantizar la producción y distribución de bienes y servicios a precios justos conforme a la ley.

La Comisión observó que la nueva ley establece que el apoyo logístico del CNE para organizar elecciones, se hace sólo a petición de las juntas directivas sindicales; no obstante la Comisión constata que el CNE (órgano no judicial) sigue conociendo de los recursos que puedan presentar los afiliados.

Por otra parte, en infracción del principio de autonomía sindical el texto de la ley mantiene además el principio de que la mora electoral (incluso en el marco de recursos ante el CNE) que inhabilita a las organizaciones sindicales en mora para la negociación colectiva.

Asimismo la ley se injiere también en numerosos asuntos que corresponde regular a los estatutos.

La Comisión también observó que corresponde en caso de huelga al Ministro del Poder Popular en materia de trabajo (y no a la autoridad judicial o a un órgano independiente, en particular en los casos de huelga en empresas o instituciones públicas) determinar las áreas o actividades que durante el ejercicio de huelga no pueden ser paralizadas por afectar la producción de bienes y servicios esenciales cuya paralización cause daños a la población (artículo 484).Además, apreció que la ley recoge la figura de los consejos de trabajadores y de trabajadoras cuyas funciones no se concretan claramente, aunque se afirma en la ley que no pueden colisionar con las de las organizaciones sindicales.

---

14   A este efecto en la LOTTT elaborada por el Ejecutivo Nacional, quedo previsto que las organizaciones sindicales deben notificar al Poder Electoral de la convocatoria del proceso de elecciones, y "si lo requieren solicitaran asesoría técnica y apoyo logístico para la organización del proceso electoral…" (Art. 405 LOTTT).

15   Por ejemplo ya no se exige a los extranjeros un plazo de residencia de 10 años para ser dirigente sindical; se limitan las funciones del Consejo Nacional Electoral con respecto a la situación anterior y se reduce el número de trabajadores para constituir sindicatos

Por otra parte, la Comisión recordó en relación al derecho de huelga y otros derechos sindicales que se había referido a ciertas leyes que según las organizaciones sindicales criminalizan el derecho de manifestación y el derecho de huelga y conculcan en la práctica los derechos sindicales.

Las organizaciones sindicales alegaron una utilización muy amplia con fines antisindicales de medidas cautelares, judiciales como la presentación periódica ante la autoridad judicial.

La Comisión pidió al Gobierno que someta las cuestiones planteadas al diálogo tripartito y observo que aún no existen en el país órganos estructurados de diálogo social tripartito

También pidió La Comisión al Gobierno que toda legislación que se adopte en temas laborales, sociales y económicos que afecten a los trabajadores, los empleadores y sus organizaciones, sea objeto previamente de verdaderas consultas en profundidad con las organizaciones independientes de empleadores y de trabajadores más representativas.

Observaciones de la Comisión de Aplicación de Normas (CAS)

Observación al Convenio 87 (2010)[16]

La Comisión tomó nota de casos en instancia ante el Comité de Libertad Sindical, presentados por organizaciones de trabajadores y de empleadores que han sido considerados dentro de la categoría de extremadamente graves y urgentes.

La Comisión observó que la Comisión de Expertos ha tomado nota de alegatos sobre graves violaciones de las libertades públicas, incluidos actos de violencia contra numerosos dirigentes empleadores y sindicalistas, así como la criminalización de acciones sindicales legítimas y una preocupante situación de impunidad.

La Comisión recordó que los derechos de las organizaciones de trabajadores y de empleadores sólo pueden desarrollarse en un clima de respeto escrupuloso de los derechos humanos sin excepción. Recordando que la libertad sindical y la libertad de asociación no pueden existir en ausencia del conjunto de garantías de las libertades públicas, en particular la libertad de expresión, de reunión y de movimiento.

En lo que respecta al diálogo social en las cuestiones que afectan los derechos de los trabajadores y de los empleadores y sus organizaciones, la Comisión, observando que todavía no existen órganos estructurados de diálogo social tripartito, pidió nuevamente al Gobierno que intensifique el diálogo social con las organizaciones representativas de trabajadores y de em-

---

16   Corresponde este el último informe rendido por esta Comisión en cuanto al Convenio 87, con base a la fuente NORMLEX-OIT.

pleadores, incluida FEDECAMARAS y que garantice que esta organización no sea marginalizada en relación con todos los asuntos que le conciernen.

La Comisión lamentó tomar nota de que año tras año el Gobierno no ha tomado medidas para aplicar las recomendaciones de la Comisión de Expertos, del Comité de Libertad Sindical y de las conclusiones de esta Comisión.

La Comisión solicitó al Gobierno que se beneficie y acepte la asistencia técnica de alto nivel del Departamento de Normas Internacionales del Trabajo de la Oficina Internacional del Trabajo.

Informe de la Misión Tripartita de Alto Nivel a Venezuela (2014).

El mandato que le otorgó el Consejo de Administración de la OIT a la Misión consistió en examinar todos los asuntos pendientes en relación con el caso núm. 2254 –Queja de FEDECAMARAS- ante el Comité de Libertad Sindical del Consejo de Administración[17], así como todas las cuestiones relativas a la cooperación técnica.

La Misión subrayó la gravedad sobre hechos de violencia en el país y que resulta imprescindible para el ejercicio de los derechos sindicales y de libre asociación que exista un clima exento de intimidación o amenazas o excesos de lenguaje. Sólo así, se podrá avanzar hacia la normalidad en el ejercicio de las actividades de las organizaciones y de relaciones profesionales estables y sólidas[18].

En cuanto al dialogo social, la Misión observó que FEDECAMARAS sigue afirmando que existen deficiencias graves en el diálogo social y que no se le consulta, salvo en contadas ocasiones y en relación con la determinación del salario mínimo y con plazos insuficientes.

La Misión constató que el Gobierno sigue señalando que en el marco de la Constitución de la República Bolivariana de Venezuela de 1999 practica un "diálogo inclusivo" masivo.

La Misión destacó que las organizaciones sindicales expresaron también su compromiso hacia el diálogo social tripartito y su voluntad de ser consultadas con respecto de los temas relacionados con la legislación laboral y las cuestiones socioeconómicas.

En este sentido, la Misión recordó la importancia de generar las condiciones necesarias para entablar un diálogo social tripartito con las organizaciones de empleadores y de trabajadores más representativas en relación con aquellas cuestiones vinculadas con las relaciones profesionales, lo cual im-

---

[17]   Sobre esta Queja se formulara mayor detalle posteriormente.

[18]   Debemos destacar que esta Misión visito el país del 27 al 31 de enero de 2014, y pocos días después se agudizo la situación de violencia, con los efectos conocidos sobre la garantía de los derechos humanos de la población.

plica un espíritu constructivo, buena fe, respeto mutuo y respeto de la libertad sindical e independencia de las partes, discusiones en profundidad durante un período razonable y esfuerzos para llegar en la medida de lo posible a soluciones compartidas, que permitirán atenuar en cierta medida la polarización que aqueja a la sociedad venezolana.

La Misión destacó que el diálogo inclusivo que preconiza la Constitución de la República Bolivariana de Venezuela es plenamente compatible con la existencia de órganos tripartitos de diálogo social

La Misión siguiendo las conclusiones del Comité de Libertad Sindical, recordó al Gobierno que puede recurrir a la asistencia técnica de la Oficina Internacional del Trabajo, no sólo en materia de diálogo social y de órganos estructurados, sino también en lo que respecta a la adopción de criterios y procedimientos para medir la representatividad de las organizaciones de trabajadores y de empleadores.

En función de lo anterior, la Misión invitó firmemente al Gobierno a que considere las siguientes recomendaciones:

Sobre cooperación técnica, recordó como plantea el Comité de Libertad Sindical, la necesidad e importancia de que se constituyan órganos estructurados de diálogo social tripartito en el país y observando que no han habido progresos tangibles al respecto, la Misión considera esencial que se emprendan de inmediato acciones parar generar un clima de confianza basado en el respeto de las organizaciones empresariales y sindicales con miras a promover relaciones profesionales estables y sólidas.

La Misión estimó necesario que el Gobierno elabore un plan de acción, con el establecimiento de etapas y plazos concretos para la ejecución del mismo que prevea:

1) la constitución de una mesa de diálogo entre el Gobierno y FEDE-CAMARAS, con la presencia de la OIT.

2) la constitución de una mesa de diálogo tripartita, con participación de la OIT

3) discutir leyes, proyectos de ley, otras normas así como la política socioeconómica en el seno de la mencionada mesa de diálogo tripartita a efectos de poner la legislación nacional en conformidad con los convenios ratificados en materia de libertad sindical y negociación colectiva, y

4) identificar las causas de los problemas relacionados con los procedimientos administrativos y judiciales que afectan a las organizaciones de trabajadores y de empleadores y a sus representantes, a efectos de encontrar soluciones para solventar todos los asuntos pendientes en el caso núm. 2254.

Informes del Comité de Libertad Sindical

De los asuntos en curso ante este órgano de control de la OIT, destacaremos dos situaciones muy relevantes que involucran a trabajadores y empleadores separadamente, aun cuando comprendan algunos aspectos comunes. En este sentido, tenemos lo siguiente:

a. Informe Provisional (informe N° 368) ante la Queja formulada en contra de la República Bolivariana de Venezuela por la Confederación de Trabajadores de Venezuela (CTV) y la Asociación de Profesores de la Universidad Central de Venezuela (APUCV)[19]

b. Alegatos: promulgación de la Ley Orgánica del Trabajo, los Trabajadores y las Trabajadoras (LOTTT) sin consulta con las organizaciones representativas y con contenidos que violan los convenios en materia de libertad sindical y negociación colectiva

Recomendaciones del Comité:

Lamentó que en la Comisión encargada de redactar la nueva Ley Orgánica del Trabajo, los Trabajadores y las Trabajadoras (LOTTT) se haya excluido a las organizaciones de trabajadores y de empleadores más representativas, el Comité pide al Gobierno que someta a un diálogo tripartito con las organizaciones más representativas de trabajadores y de empleadores, las disposiciones de la LOTTT en materia de libertad sindical y de negociación colectiva criticadas por la Comisión de Expertos a efectos de poner tales disposiciones en plena conformidad con los Convenios Nos. 87 y 98 de la OIT y que le mantenga informado al respecto. El Comité pide al Gobierno que en el futuro respete los principios señalados en las conclusiones en materia de consulta y de diálogo social, y

El Comité destaca la gravedad de los alegatos relativos a la penalización de la actividad sindical a cargo de tribunales militares y más concretamente la detención y sometimiento a la justicia militar y luego el sometimiento al régimen de presentación periódica cada ocho días ante la autoridad judicial militar de cinco sindicalistas

a. Informe Provisional (Informe N° 372) ante la Queja formulada en contra de la República Bolivariana de Venezuela por la Federación de Cámaras y Asociaciones de Comercio y de Producción de Venezuela (FEDECAMARAS)[20].

---

[19] La queja correspondiente al caso núm. 2917 fue presentada por la Confederación de Trabajadores de Venezuela (CTV) por comunicación de fecha 9 de enero de 2011 y la correspondiente al caso núm. 2968 de la Asociación de Profesores de la Universidad Central de Venezuela (APUCV) esta última organización envió informaciones adicionales y nuevos alegatos por comunicación de fecha 16 de noviembre de 2012.

[20] Fecha de presentación de la Queja: 17 de marzo de 2003.

Alegatos: la marginación y exclusión de los gremios empresariales en el proceso de toma de decisiones, excluyendo así el diálogo social, el tripartismo y de manera general la realización de consultas (especialmente en relación con leyes muy importantes que afectan directamente a los empleadores), incumpliendo así recomendaciones del propio Comité de Libertad Sindical; actos de violencia y de discriminación y de intimidación contra dirigentes empleadores y sus organizaciones; leyes contrarias a las libertades públicas y a los derechos de las organizaciones de empleadores y sus afiliados; acoso violento a la sede de FEDECAMARAS que causó daños y amenazó a los empleadores; atentado de bomba contra la sede de FEDECAMARAS; actos de favoritismo de las autoridades a organizaciones de empleadores no independientes.

Nuevos alegatos e informaciones adicionales de las organizaciones querellantes: agresiones y amenazas contra las organizaciones y sus dirigentes. Falta de dialogo social y normativas dictadas por el Ejecutivo Nacional en materia laboral, violatorias de los Convenios Nos. 87 y 144 de la OIT[21].

Recomendaciones del Comité:

Al tiempo que expresó su profunda preocupación ante las graves y diferentes formas de estigmatización e intimidación por parte de las autoridades o grupos u organizaciones bolivarianas contra FEDECAMARAS, contra sus organizaciones afiliadas, contra sus dirigentes y contra empresas afiliadas, el Comité señaló al Gobierno la importancia de que se tomen medidas firmes para evitar este tipo de actos y de declaraciones contra personas y organizaciones que defienden legítimamente intereses en el marco de los Convenios N° 87 y 98, ratificados por la República Bolivariana de Venezuela.

El Comité lamentó observar que los procesos penales que involucran a FEDECAMARAS y algunos de sus dirigentes no han concluido todavía, y expreso la firme esperanza de que terminarán sin mayor demora y pide al Gobierno que le mantenga informado al respecto. El Comité reitera la importancia de que los culpables de estos delitos sean condenados con penas proporcionales a la gravedad de los mismos a fin de que no se repitan los delitos cometidos y se compense a FEDECAMARAS y los dirigentes concernidos por los daños causados por esos actos ilegales;

---

[21]   Resolución núm. 8248, de fecha 12 de abril de 2013, emitida por el Ministerio del Poder Popular para el Trabajo y Seguridad Social, publicada en la Gaceta Oficial de la República Bolivariana de Venezuela núm. 40146 de fecha 12 de abril de 2013 que regula el Registro Nacional de Organizaciones Sindicales; y Reglamento parcial del decreto con rango, valor y fuerza de Ley Orgánica del Trabajo, los Trabajadores y las Trabajadoras sobre el Tiempo de Trabajo, publicado en la Gaceta Oficial de la República Bolivariana de Venezuela núm. 41157 de 30 de abril de 2013.

En lo que respecta a los alegatos de tomas de fincas, rescates, ocupaciones y expropiaciones en perjuicio de dirigentes o ex dirigentes empleadores, el Comité reitera otras recomendaciones pidiendo que se indemnizara de manera justa a estos dirigentes o ex dirigentes de FEDECAMARAS.

Al mismo tiempo, el Comité se remitió a la decisión del Consejo de Administración de marzo de 2014 en la que "instó al Gobierno de la República Bolivariana de Venezuela a que en consulta con los interlocutores nacionales, desarrollase e implantase el Plan de acción como fue recomendado por la Misión Tripartita de Alto Nivel".

El Comité recordó que las conclusiones de la misión se refieren a una mesa de diálogo entre el Gobierno y FEDECAMARAS, con presencia de la OIT y una mesa de diálogo tripartito con participación de la OIT y con un presidente independiente. Lamentando observar que el Gobierno no ha presentado todavía el plan de acción, el Comité instó al Gobierno a que dé cumplimiento sin demora a las conclusiones de la Misión Tripartita de Alto Nivel ratificadas por el Consejo de Administración, expresa la firme esperanza de que en un futuro muy próximo tome todas las medidas necesarias para ello y que le informe al respecto.

Por último, el Comité, siguiendo las conclusiones de la Misión Tripartita de Alto Nivel destaco la importancia de que se emprendan de inmediato acciones para generar un clima de confianza basado en el respeto de las organizaciones empresariales y sindicales con miras a promover relaciones profesionales estables y sólidas. El Comité pidió al Gobierno que como una primera medida en la buena dirección que no debería plantear problemas se designe a un representante de FEDECAMARAS en el Consejo Superior del Trabajo.

Consideradas todas las informaciones sobre Libertad Sindical en Venezuela, derivadas de los órganos de control de la OIT, a saber: el Comité de Expertos en la Aplicación de Convenios y Recomendaciones, el Comité de Aplicación de Normas de la Conferencia y el Comité de Libertad Sindical, nos queda manifestar el deseo que todos los actores involucrados, y en especial el Estado Venezolano, logren dentro de un marco de mayor armonía el mejor desenvolvimiento de sus relaciones laborales, partiendo de un dialogo eficaz.

Hacemos nuestras la siguiente reflexión "...el problema, hacia el futuro, es que Venezuela seguirá en la mira de los órganos de control, con la obligación de dar explicaciones a la comunidad internacional sobre la forma como aplica los convenios ratificados y, en particular, los relativos a la libertad sindical. Y no será fácil seguir manteniendo un doble lenguaje, de confrontación en el plano interno y de ofertas de diálogo social puertas afuera. Al propio tiempo, los hechos de violencia sindical y la criminalización de la protesta seguirán tocando a la conciencia de los venezolanos y de la comunidad internacional, y el Gobierno tendrá que hacerles frente tarde o temprano, con una actitud distinta a la de hoy" (Marín Quijada, 2001: 401)

Conclusiones

En Venezuela observamos que el ordenamiento jurídico comprende dentro del sistema de fuentes a las normas internacionales del trabajo, concretamente las contenidas en tratados, pactos y convenciones internacionales, debidamente ratificados por el país.

Instrumentos fundamentales como la Constitución Nacional y la LOTTT contienen normas que contrarían principios sobre Libertad Sindical, básicamente al Convenios 87 de la OIT.

Se constató que en el país, a partir de la revisión de informes de los órganos de control de la OIT, existen serias dificultades en cuanto al cumplimiento de las normas internacionales del trabajo sobre Libertad Sindical, lo que afecta la garantía de los derechos colectivos de los trabajadores, definiendo alta conflictividad.

En Venezuela es muy importante asegurar el equilibrio necesario desde el punto de vista social y económico, la estabilidad política, adecuar las normas internas a los preceptos internacionales y promover el diálogo social como instrumento fundamental para la justicia social, para lo que se debe aceptar la cooperación técnica ofrecida por la OIT. De otra manera, no se está asegurando la convivencia democrática ni la paz social.

Bibliografía

Doctrina

Alfonzo Guzmán, Rafael. *Nueva Didáctica del Derecho del Trabajo*, Tipografía Melvin, Caracas, 2001

Ávila Hernández, Flor. "Algunas Consideraciones Jurídicas sobre la Denuncia de la Convención Americana de Derechos Humanos por Venezuela", en *Revista Frónesis*, Vol. 20. N° 2, Mayo-Agosto, Instituto de Filosofía del Derecho "Dr. José Manuel Delgado Ocando" de la Universidad del Zulia, 2013

Barreto Ghione, Hugo (2007): Aplicación de las Normas Internacionales sobre Derechos Humanos Laborales en América Latina: Reseña de diez casos jurisprudenciales, en la Web: http://www.vistadecausa.com.ar/index.php?option=com_content&task=view&id=589&Itemid=85, consulta de fecha 26 de enero de 2012.

Bensusan, Graciela y Otros. *Diseño Legal y Desempeño Real: Instituciones Laborales en América Latina*, publicación conjunta Cámara de Diputados, Universidad Autónoma Metropolitana y Miguel Ángel Porrúa. México, 2006

Carballo Mena, Cesar Augusto. *Libertad Sindical La Perspectiva de los Derechos Fundamentales*, s/e, Caracas 2012

CENTRO INTERNACIONAL DE FORMACIÓN DE LA OIT (2009): Derecho Internacional del Trabajo y Derecho Interno. Manual de Formación para Jueces, Juristas y Docentes de Derecho, dirigido por Xavier Beaudonnet, en la Web: http://ejrlb.net/oit/Manual_de_jueces_de_Turin.pdf, consulta de fecha 15 de septiembre de 2014.

CENTRO INTERNACIONAL DE FORMACIÓN DE LA OIT (2014): Guía sobre las Normas Internacionales del Trabajo, en la Web: http://ilo.org/wcmsp5/groups/public/---ed_norm/---normes/documents/publi cation/wcms_246945.pdf, consulta de fecha 10 de agosto de 2014.

COMISIÓN INTERAMERICANA DE DERECHOS HUMANOS (CIDH) (2014): Informe Anual 2013, Capítulo IV Venezuela, en la Web: http://www.oas.org/es/cidh/docs/anual/2013/docs-es/InformeAnual-Cap4-Venezuela.pdf, consulta de fecha 15 de julio de 2014.

CONFEDERACIÓN SINDICAL INTERNACIONAL (2014): Índice Global de los Derechos de la CSI Los Peores Lugares del Mundo para los Trabajadores y Trabajadoras, consulta en la Web: http://www.ituc-csi.org /IMG/pdf/survey_ra_2014_esp_v2.pdf, consulta de fecha 15 de septiembre de 2014.

Culshaw, Fabiana. "Venezuela: crecimiento cero en 2014", en *Debates IE-SA*, Volumen XIX, Numero 2, Abril-Junio, Caracas 2014

De Freitas, Jair. Prontuario Laboral en El Nacional, en la Web: http://www.el-nacional.com/jair_de_freitas/ASESINATO-COMUNISMO-JAIR_DE_FREITAS_DE_JESUS-OIT-PUBLICO-SECTOR-TRABAJADORES _0_494350698.html, consulta de fecha 5 de octubre de 2014.

Gravel, Eric y Delpech, Quentin. "Normas del Trabajo y Complementariedad de los Ordenamientos Nacionales con el Derecho Internacional", en *Revista Internacional del Trabajo*, Vol. 127, N° 4, Oficina Internacional del Trabajo. Ginebra, 2008

Marín Boscán, Francisco Javier. "Consideraciones sobre los Derechos Fundamentales en el Trabajo y su Implicación en Venezuela", publicado en *Revista Gaceta Laboral*, Vol. 14, N° 3, Universidad del Zulia, Maracaibo, 2008

Marín, Francisco y Perelló, Nancy. "Los Derechos Colectivos de los Trabajadores en Venezuela antes y después de la nueva Ley del Trabajo", publicado en *Revista Gaceta Laboral*, Vol. 19, N° 2, Universidad del Zulia, Maracaibo, 2013

Marín Quijada, Enrique (2010) Violaciones a la Libertad Sindical en Venezuela, en la Web http://gumilla.org/biblioteca/bases/biblo/texto/SIC2010729_396-401.pdf, consulta de fecha 15 de marzo de 2014.

Máspero, Marcela (2014): 500 sindicalistas objeto de juicios y acoso policial en El Nacional, en la Web: http://www.el-nacional.com/politica/sindi calistas-objeto-juicios-acoso-policial_0_493750781.html, consulta de fecha 5 de octubre de 2014.

OBSERVATORIO VENEZOLANO SOBRE CONFLICTIVIDAD SOCIAL (OVCS) (2014): Tendencias de la conflictividad social en Venezuela. Análisis de las principales tendencias de la conflictividad social venezolana en 2013, en la Web: http://www.observatoriodeconflictos.org.ve/oc/wp-content/uploads/2014/01/Conflictividad-Social-en-Venezuela-en-2013.pdf, consulta de fecha 5 de octubre de 2014.

OBSERVATORIO VENEZOLANO SOBRE CONFLICTIVIDAD SOCIAL (OVCS) (2014): Venezuela: violencia en el entorno laboral-sindical e impunidad Primer semestre de 2014, en la Web:http://www.observatoriodecon flictos.org.ve/violencia-sindical-2/venezuela-violencia-en-el-entorno-laboral -sindical-e-impunidad-primer-semestre-de-2014, consulta de fecha 8 de octubre de 2014.

OFICINA INTERNACIONAL DEL TRABAJO (2000): Observación del Comité de Expertos en la Aplicación de Convenios y Recomendaciones (CEACR) a la República Bolivariana de Venezuela sobre Convenio 87, en la Web: http://www.ilo.org/dyn/normlex/es/f?p=1000:13100:0::NO:13100:P1 3100_COMMENT_ID:2198093, consulta de fecha 15 de septiembre de 2014.

OFICINA INTERNACIONAL DEL TRABAJO (2010): Observación de la Comisión de Aplicación de Normas de la Conferencia (CAS) a la República Bolivariana de Venezuela sobre Convenio 87, en la Web:http://www. ilo.org/dyn/normlex/es/f?p=1000:13100:0::NO:13100:P13100_COMMENT_ ID:2556475, consulta de fecha 8 de octubre de 2014.

OFICINA INTERNACIONAL DEL TRABAJO (2012): Observación del Comité de Expertos en la Aplicación de Convenios y Recomendaciones (CEACR) a la República Bolivariana de Venezuela sobre Convenio 87, en la Web: http://www.ilo.org/dyn/normlex/es/f?p=1000:13100:0::NO:13100: P13100_COMMENT_ID:3085291, consulta de fecha 15 de septiembre de 2014.

OFICINA INTERNACIONAL DEL TRABAJO (2013): Informe Provisional (informe N° 368) del Comité de Libertad Sindical ante la Queja formulada en contra de la República Bolivariana de Venezuela por la Confederación de Trabajadores de Venezuela (CTV) y la Asociación de Profesores de la Universidad Central de Venezuela (APUCV), en la Web: http://www. ilo.org/dyn/normlex/es/f?p=1000:50002:0::NO:50002:P50002_COMPLAIN T_TEXT_ID:3128187, consulta de fecha 29 septiembre 2014

OFICINA INTERNACIONAL DEL TRABAJO (2014): Informe Provisional (Informe N° 372) del Comité de Libertad Sindical ante la Queja formulada en contra de la República Bolivariana de Venezuela por la Federación de Cámaras y Asociaciones de Comercio y de Producción de Venezuela (FEDECAMARAS), en la Web: http://www.ilo.org/dyn/normlex/es/f?p= 1000:50002:0::NO:50002:P50002_COMPLAINT_TEXT_ID:3173611, consulta de fecha 29 septiembre 2014

OFICINA INTERNACIONAL DEL TRABAJO (2013): Informe de la Misión Tripartita de Alto Nivel realizada en la República Bolivariana de Venezuela, en la Web: http://www.ilo.org/wcmsp5/groups/public/---ed_norm

/---relconf/documents/meetingdocument/wcms_237812.pdf, consulta de fecha 29 septiembre 2014

PROGRAMA VENEZOLANO DE EDUCACIÓN-ACCIÓN EN DERECHOS HUMANOS (PROVEA) y Otros (2013): Demanda popular de inconstitucionalidad parcial en contra del Decreto con rango, valor y fuerza de Ley Orgánica del Trabajo, los Trabajadores y las Trabajadoras (LOTTT), en la Web: http://www.derechos.org.ve/2013/12/12/organizaciones-sindicales-junto-a-provea-demandaron-ante-el-tsj-la-nulidad-de-articulos-de-la-lottt-que-violan-la-libertad-sindical/, consulta de fecha 25 de septiembre de 2014.

PROGRAMA VENEZOLANO EDUCACIÓN-ACCIÓN EN DERECHOS HUMANOS (PROVEA) (2014): Situación de los Derechos Humanos en Venezuela, Informe Anual Enero-Diciembre de 2013, en la Web: http://www.derechos.org.ve/informe-anual-2013/, consulta de fecha 25 de septiembre de 2014.

RED IBEROAMERICANA DE ESCUELAS JUDICIALES (RIAEJ) (2012): Guía Didáctica de Curso Virtual Normas Internacionales del Trabajo para Jueces Latinoamericanos, 1ª. Edición, en la Web: http://www.ej.org.py/web/wp-content/uploads/2014/07/Guia-Didactica-Curso-Jueces-lationamaericanos.pdf, consulta de fecha 15 de junio de 2014.

Sengenberger, Werner. Globalización y Progreso Social: La Función y el Impacto de las Normas Internacionales del Trabajo, Bonn, Informe preparado para Friedrich-Ebert-Stifung, Impreso por Medien GmbH. 2005

Servais, Jean-Michel (2008): Reflexiones Sobre La Dificultad De Aplicar Las Normas Internacionales Del Trabajo, Boletín Mexicano De Derecho Comparado, En La Web: Http://Biblio.Juridicas.Unam.Mx/Revista/Pdf/Derechocomparado/123.5/Cnt/Cnt36.Pdf, Consulta De Fecha 15 De Septiembre De 2014.

Válticos, Nicolás. *Derecho Internacional del Trabajo*, Editorial Tecnos, Madrid 1977

Villasmil Prieto, Humberto. Fundamentos de Derecho Sindical Venezolano, Publicaciones UCAB, Universidad Católica Andrés Bello. Caracas 2007

Von Potobsky, Geraldo (2004): Eficacia Jurídica de los Convenios de la OIT en el Plano Nacional en Libro: Les normes internationales du travail:un patrimoine pour l'avenir *Mélanges en l'honneur de Nicolas Valticos*, Bureau International du Travail, *en la Web*: http://www.ilo.org/wcmsp5/ groups /public/ed_norm/normes/documents/publication /wcms_ 087423. pdf, consulta de fecha 15 de julio de 2014.

Normativa

COMISIÓN LEGISLATIVA NACIONAL: Constitución, *Gaceta Oficial* N° 36.860 de fecha 30 de diciembre de 1999.

CONGRESO NACIONAL DE LA REPUBLICA DE VENEZUELA: Ley Aprobatoria del Convenio 98 de la OIT sobre Aplicación de los Principios del Derecho de Sindicación y de Negociación Colectiva, *Gaceta Oficial* N° 28.709 de fecha 22 de agosto de 1968.

CONGRESO NACIONAL DE LA REPUBLICA DE VENEZUELA: Ley Aprobatoria del Convenio 87 de la OIT sobre Libertad Sindical y Protección del Derecho de Sindicación, *Gaceta Oficial* N° 3.011 de fecha 3 de septiembre de 1982.

PRESIDENCIA DE LA REPUBLICA: Decreto Ley Orgánica del Trabajo, los Trabajadores y las Trabajadoras, *Gaceta Oficial* N° 6.076 Extraordinario de fecha 07 de mayo de 2012.

PRESIDENCIA DE LA REPUBLICA: Reglamento de la Ley Orgánica del Trabajo, *Gaceta Oficial* N° 38426 Extraordinario de fecha 28 de abril de 2006.

Jurisprudencia

TRIBUNAL SUPREMO DE JUSTICIA (2003): Sentencia N° 1942 de la Sala Constitucional en Acción de Nulidad por Inconstitucionalidad interpuesta por Rafael Chavero Gazdik, en contra de algunos artículos del Código Penal, en la Web: http://www.tsj.gov.ve/decisiones/scon/julio/1942-150703-01-0415.htm, consulta de fecha 15 de julio de 2014.

ANEXO N° 3

LA CARGA DE LA PRUEBA Y
LA ACTIVIDAD PROBATORIA EN EL PROCESO LABORAL.
SITUACIÓN EN MÉXICO Y EN VENEZUELA[1-2]

SUMARIO

Introducción. 1. *La Carga de la Prueba en el Proceso Laboral*: A. *Noción de Carga de la Prueba*. B. *La Carga de la Prueba en el Proceso Laboral en México y en Venezuela*. C. *La Presunción de Laboralidad y el Principio de Inversión de la Carga de la Prueba*. 2. *La Actividad Probatoria en el Proceso Laboral en México y Venezuela*: A. *Medios de Prueba*. B. *Oportunidad Probatoria*. C. *Sistema de Valoración de la Prueba*. 3. *Consideraciones sobre la Carga de la Prueba y la Actividad Probatoria en el Proceso Laboral en México y en Venezuela. Consideraciones Finales*.

INTRODUCCIÓN

En el proceso laboral la carga de la prueba y la actividad probatoria tienen connotación especial. Lo anterior, en consideración a la circunstancia del trabajador, quien por su circunstancia social y económica, en ocasiones no estaría ante la posibilidad de triunfar ante controversias frente a su empleador o patrono. De aquí la importancia de alcanzar el equilibrio procesal necesario entre las partes.

---

[1]   Ponencia Libre en 6°. Congreso Internacional de Derecho del Trabajo y de la Seguridad Social, Fundación Universitas (Margarita 2012). Publicada en *Revista Derecho del Trabajo*, Fundación Universitas, N° 13/2012 Extraordinario.

[2]   En la oportunidad que fue presentado este trabajo, aún estaba en vigencia la LOT. A los fines de su actualización, se colocará en cada caso una nota al pie, indicando la correspondencia con la LOTTT. Por otro lado, a los fines de este trabajo, cuando se indica "Ministerio del Trabajo y de la Seguridad Social", debe considerarse la nueva denominación "Ministerio para el Proceso Social del Trabajo".

En México y en Venezuela, tanto la Constitución como norma superior, así como otras normas derivadas, disponen sobre los derechos laborales y los medios para hacerlos valer. Ambos países cuentan con normas del trabajo consolidadas (no codificadas) en leyes básicas (la Ley Federal del Trabajo en México y la Ley Orgánica del Trabajo[3] y la Ley Orgánica Procesal del Trabajo en Venezuela). Bronstein (2007) señala varios países de América Latina en los que la legislación del trabajo ha sido codificada, entre otros Brasil, Colombia, Chile y Republica Dominicana, aunque indica por error a México entre estos.

En México la Constitución Política (CPM) desarrolla ampliamente sobre el Trabajo y la Previsión Social (Título Sexto, Art. 123), contemplando dos apartados, aplicables: el Apartado A para obreros, jornales, empleados domésticos, artesanos y de una manera general, a todo contrato de trabajo; y el Apartado B a trabajadores de los Poderes de la Unión y el Gobierno del Distrito Federal.

En este sentido, aparece establecido que en el caso de los trabajadores sometidos al Apartado A, los conflictos se sujetarán a la decisión de una Junta de Conciliación y Arbitraje (Art. 123, Apdo. A, fracción XX, CPM), y en la situación de los trabajadores del Apartado B, tales conflictos serán sometidos al Tribunal Federal de Conciliación y Arbitraje (Art. 123, Apdo. B, fracción XII, CPM), aplicando a éstos la Ley Federal de los Trabajadores al Servicio del Estado.

La Ley Federal del Trabajo (LFT) establece sobre la competencia laboral, en sus respectivas jurisdicciones, de los siguientes entes: Juntas Federales y Locales de Conciliación y Junta Federal y Juntas Locales de Conciliación y Arbitraje. Corresponde a las Juntas (Federal y Locales) de Conciliación y Arbitraje, el conocimiento y resolución de los conflictos del trabajo, en circunstancias determinadas (Art. 604 LFT) y en cada una de las Entidades Federativas (Art. 621 LFT), respectivamente.

Las Juntas de Conciliación y Arbitraje, son los entes por ante los cuales se lleva el procedimiento relacionado con nuestro objeto de estudio, están formadas por igual número de representantes de los trabajadores, de los patronos y del gobierno, conforme la clasificación y convocatoria de la Secretaría del Trabajo y Previsión Social (Art. 123, fracción XX CPM y Art. 605 LFT).

En Venezuela la Constitución Nacional establece que la legislación en materia de procedimientos y la del trabajo (Art. 156, Numeral 32), son de la competencia del Poder Público Nacional. Así la Ley Orgánica del Trabajo (LOT)[4] abre la posibilidad que la organización de los tribunales y el proce-

---

3   Ley Orgánica del Trabajo, las Trabajadoras y los Trabajadores.

4   Ley Orgánica del Trabajo, las Trabajadoras y los Trabajadores (LOTT).

dimiento especial del trabajo, se rijan por una ley especial (Art. 4)[5], esta es la Ley Orgánica Procesal del Trabajo (LOPT).

Los Tribunales del Trabajo (actúan como Tribunales de Sustanciación, Mediación y Ejecución y como Tribunales de Juicio) son dependientes del Poder Judicial, y tienen entre su competencia fundamental sustanciar y decidir los asuntos contenciosos del trabajo, que no correspondan a la conciliación y al arbitraje (Art. 29 LOPT), ya que estos últimos están atribuidos al conocimiento de las Inspectorías del Trabajo, órganos del Ministerio del Trabajo y de la Seguridad Social (Art. 580, literal c LOT)[6].

Por otro lado, los funcionarios públicos son regidos por la Ley del Estatuto de la Función Pública, de lo relativo al contencioso administrativo funcionarial conocen los Juzgados Superiores Estadales de la jurisdicción contencioso administrativa (esto no aplica a los obreros al servicio de entes públicos, quienes están amparados por la legislación laboral ordinaria),

Cabe destacar, que en la reforma laboral sustantiva venezolana de 1990 fueron suprimidas las antiguas Comisiones Tripartitas, con estructura similar a las de las Juntas de Conciliación y de Arbitraje en México, las cuales tenían competencia sobre los asuntos de estabilidad, en aplicación de la derogada Ley Contra Despidos Injustificados. En adelante, esa competencia fue asignada a los Tribunales del Trabajo.

Identificada la circunstancia anterior, en cuanto al marco normativo laboral general, y la estructura de la administración de justicia, corresponde asumir la consideración sobre la carga de la prueba y la actividad probatoria en México y en Venezuela.

Antes del desarrollo previsto, hacemos constar que en nuestro estudio no abarcamos la circunstancia de los trabajadores del sector público (en México conocidos como trabajadores de los Poderes de la Unión y el Gobierno del Distrito Federal, y en Venezuela, los funcionarios públicos en los niveles nacional, estadal y municipal).

1. LA CARGA DE LA PRUEBA EN EL PROCESO LABORAL

1.1. Noción de la Carga de la Prueba

Previo a la consideración específica del punto, es importante establecer por qué se dice carga y no obligación de probar. Carnelutti tiene entre sus grandes méritos el haber establecido la distinción entre estos conceptos. Se habla de carga cuando "el ejercicio de una facultad es puesto como condición para obtener cierta ventaja. Por eso carga es una facultad cuyo ejerci-

---

5   En la LOTTT no hay norma con correspondencia directa a aquella, lo que se justifica por el hecho que para su entrada en vigencia, ya se contaba con una ley especial en esa materia.

6   Artículos 506 y 507 de la LOTTT.

cio es necesario para la consecución de un interés" (Buzaid, 1989: 29). De ahí viene la relación entre los dos conceptos.

En este sentido, obligación y carga tienen de común el elemento formal, que consiste en el vínculo de la voluntad, pero difieren entre sí "en cuanto al elemento substancial, porque el vínculo es impuesto cuando hay obligación para la tutela de un interés propio". Por tanto, refiere el mismo autor, "a la idea de carga es correlativa la idea de riesgo, no la idea de subordinación o de sujeción" (Buzaid, 1989: 29).

Planteado lo anterior, a los fines de una noción, carga de la prueba en su sentido procesal, es según Couture "conducta impuesta a uno o a ambos litigantes, para que acrediten la verdad de los hechos enunciados por ellos" (1981:241). No supone en consecuencia, según expresa el autor "ningún derecho del adversario, sino un imperativo del propio interés de cada litigante" (Couture, 1982: 242). Se trata de una circunstancia de riesgo, que consiste en que "quien no prueba los hechos que ha de probar, pierde el pleito" (Couture, 1982: 242).

Nuestro ordenamiento jurídico contempla en ese sentido, en los artículos 1.354 del Código Civil (CC) y 506 del Código de Procedimiento Civil (CPC).

En doctrina se distingue entre carga subjetiva y carga objetiva de la prueba, de la manera siguiente:

Carga subjetiva: según Rengel-Romberg se llama así, a la distribución de la carga entre las partes, que se deduce lógicamente de la estructura dialéctica del proceso, y tiene su apoyo en el principio contradictorio, independientemente de que esté expresamente distribuida por una norma o Ley, o implícita en la estructura misma del proceso.

Tanto en el Derecho Romano como en el medieval y en el moderno, ambas partes pueden probar lo siguiente:

a.   el actor, aquellos hechos que fundamentan su pretensión;

b.   el demandado, los hechos que fundamentan su excepción o defensa.

Lo anterior equivale a señalar, que las partes tienen la carga de probar sus respectivas afirmaciones de hecho.

Por otra parte, la inversión de la carga de la prueba tiene lugar, con base a la conducta asumida por el sujeto pasivo al momento de contestar la demanda.

Carga objetiva: para este efecto no interesa la actividad de las partes en hacer la prueba, ni cuál de ellas la hizo, solo interesa saber cuáles son los hechos que deben constar para que se consiga la finalidad del proceso.

Rengel-Romberg asume una posición contraria a la doctrina de la carga objetiva de la prueba, considerando entre otras cosas, que en el proceso dispositivo, la prueba es prueba de parte y no del Juez (Arts. 12 y 506 CPC).

1.2. La Carga de la Prueba en el Proceso Laboral en México y en Venezuela.

MÉXICO

El artículo 784 LFT es muy descriptivo, en los términos siguientes: "La Junta eximirá de la carga de la prueba al trabajador, cuando por otros medios este en posibilidad de llegar al conocimiento de los hechos, y que para tal efecto requerirá al patrón para que exhiba los documentos que, de acuerdo con las leyes, tiene la obligación legal de conservar en la empresa, bajo el apercibimiento que de no presentarlos, se presumirán ciertos los hechos alegados por el trabajador. En todo caso, corresponderá al patrón probar su dicho cuando exista controversia sobre: 1. Fecha de ingreso del trabajador, 2. Antigüedad del trabajador, 3. Faltas de asistencia del trabajador, 4. Causa de rescisión de la relación de trabajo, 5. Terminación de la relación o contrato de trabajo para obra o tiempo determinado, en los términos del artículo 37 fracción I y 53 fracción III de esta Ley, 6. Constancia de haber dado aviso por escrito al trabajador de la fecha y causa de su despido, 7. El contrato de trabajo, 8. Duración de la jornada de trabajo, 9. Pagos de días de descanso y obligatorios, 10. Disfrute y pago de las vacaciones, 11. Pago de las primas dominical, vacacional y de antigüedad, 12. Monto y pago del salario, 13 Pago de la Participación de los trabajadores en las utilidades de las empresas; y 14 Incorporación y aportación al Fondo Nacional de la Vivienda".

En la doctrina mexicana la disposición considerada contiene la llamada "carga genérica" (primera parte del articulo) y las "cargas específicas" (segunda parte), como señala De Buen (1988, 424-425 y 427-432), ambas relacionadas con el patrono o empleador.

En relación al precepto normativo anterior, De la Cueva expone que tanto las Juntas de Conciliación y Arbitraje, como la Suprema Corte de Justicia de la Nación, "rechazaron uniformemente la doctrina que pretendía obligar a los trabajadores a la prueba de la existencia de la relación de trabajo, del hecho del despido y de la inexistencia de la causa justificativa..." (Citado por De Buen, 1988: 417-418).

Más allá Russomano califico esa disposición y en general, las nuevas reglas procesales producto de la reforma procesal de 1980, de "revolucionarias" (Citado por De Buen, 1988:422), reconociendo el giro de la norma frente a lo que establecía el "viejo sistema" del Código Napoleón (Articulo 1781. Al patrón se le cree sobre su dicho: Por el importe de los salarios de los domésticos; por el pago de los salarios del año vencido; y por los anticipos entregados en el año en curso. De Buen, 1988: 421).

El alcance de la citada norma vigente (Art. 784 LFT) lleva a Cavazos a considerar: "generalmente la carga de la prueba competerá siempre al patrón por lo que este debe llevar un expediente muy completo que contenga todos los datos de sus trabajadores…, y en general todos los documentos que eventualmente puedan requerir las Juntas de Conciliación y Arbitraje" (2007: 346).

VENEZUELA

En el artículo 72 de la LOPT, aparece previsto así: "Salvo disposición legal en contrario, la carga de la prueba corresponde a quien afirme hechos que configuren su pretensión o a quien los contradiga, alegando nuevos hechos. El empleador, cualquiera que fuera su presencia subjetiva en la relación procesal, tendrá siempre la carga de la prueba de las causas del despido y del pago liberatorio de las obligaciones inherentes a la relación de trabajo. Cuando corresponda al trabajador probar la relación de trabajo gozara de la presunción de su existencia, cualquiera que fuere su posición en la relación procesal".

De la disposición antes transcrita, pareciera evidenciarse que en Venezuela la carga de la prueba tiene un alcance distinto al previsto en México, pero en el fondo llega a ser similar, con la diferencia que en Venezuela la misma disposición contempla sobre la presunción de laboralidad, y las llamadas "cargas específicas" aparecen con mayor detalle en la normativa mexicana.

1.3. La Presunción de Laboralidad y el Principio de Inversión de la Carga de la Prueba.

La Presunción de Laboralidad

MÉXICO.

Aparece prevista esta presunción en el artículo 21 LFT, en los términos siguientes: "Se presumen la existencia del contrato y de la relación de trabajo, entre el que presta un trabajo personal y el que lo recibe".

VENEZUELA

En el mismo sentido, el artículo 65 LOT[7] dispone: "Se presumirán la existencia de una relación de trabajo entre quien preste un servicio personal y quien lo reciba. Se exceptuarán aquellos casos en los cuales, por razones de orden ético o de interés social, se presten servicios a instituciones sin fines de lucro con propósitos distintos de los de la relación laboral".

De esta manera, en la legislación laboral de los países en consideración (México y Venezuela), está regulada la presunción de laboralidad, aunque

---

[7]   En términos similares está el artículo 53 de la LOTTT, agregando dentro de la excepción a que refiere la segunda parte, la prestación de servicios a la sociedad.

luce más amplia en México, al nombrar sobre la existencia tanto el contrato de trabajo, como la relación de trabajo, sin desconocer, como se asume en Venezuela, que la relación de trabajo puede ser contractual o extracontractual.

Aparece así reflejada la orientación de la Recomendación OIT 198 sobre la relación de Trabajo, aunque esta es de fecha posterior. Tal instrumento internacional a los fines de contribuir a la determinación de la existencia de una relación de trabajo, insta en el marco de una política nacional a "consagrar una presunción legal de la existencia de una relación de trabajo cuando se dan uno o varios indicios..." (OIT, 2006).

El Principio de Inversión de la Carga de la Prueba.

En materia del trabajo el principio procesal civil sobre la carga de la prueba se resquebraja (Rodríguez, 1995). En base a aquel, el sujeto actor debe probar los hechos constitutivos de la acción, y el demandado los de sus excepciones.

Mille Mille lo nombra como "Principio de la Contestación Determinativa", y otros como "Principio de la Reversión de la Carga de la Prueba". Rodríguez precisa que ante la desigualdad procesal de las partes, el procedimiento laboral ha creado la tesis de la inversión de la carga de la prueba, para compensar la desigualdad económica del trabajador frente al patrono.

Esta inversión cumple en el proceso una función tutelar, que como dice Trueba Urbina "sin perjuicio de garantizar los derechos de los factores activos de la producción en el proceso, mira con especial atención cuando se refiere al elemento obrero y a su protección" (Rodríguez, 1995: 37).

MÉXICO

De Buen destaca que la Ley Laboral Mexicana consagra entre los principios generales del derecho procesal, el de "tutela en beneficio del trabajador y a cargo del propio tribunal del trabajo", que entre otros aspectos, se refleja en: "exención al trabajador de la carga de la prueba y su desplazamiento al patrón (carga genérica, primera parte Art. 784) e imputación general al patrón de la carga de la prueba (cargas específicas, segunda parte Art. 784). (De Buen, 1988: 74-75).

El artículo 878 LFT establece sobre la contestación de la demanda, de la manera siguiente: "...III. Expuesta la demanda por el actor, el demandado procederá en su caso, a dar contestación a la demanda oralmente o por escrito...IV. En su contestación opondrá el demandado sus excepciones y defensas, debiendo de referirse a todos y cada uno de los hechos aducidos en la demanda, afirmándolos o negándolos, y expresando lo que ignore cuando no sean propios; pudiendo agregar las explicaciones que estime convenientes. El silencio y las evasivas harán que se tengan por admitidos aquellos sobre los que no se suscite controversia, y no podrá admitirse prueba en contrario. La negación pura y simple del derecho, importa la confesión de los hechos. La confesión de estos no entraña la aceptación del derecho".

VENEZUELA

Una expresión concreta de este principio la encontramos en el artículo 135 LOPT, donde se establece sobre la forma de contestar la demanda laboral, con respecto a lo cual la jurisprudencia no fue uniforme en el tiempo. Igualmente otra forma de invertir la carga probatoria, es la presunción establecida en el artículo 65 LOT (presunción *iuris tantum* de relación de trabajo).

En todo caso, en Venezuela se asume que al no contestar la demanda en la forma pormenorizada, circunstanciada o determinativa que expresa la Ley, puede generarse desplazamiento de carga en la persona del empleador demandado, quien tendría que asumir su actividad probatoria en relación a aquello.

2. LA ACTIVIDAD PROBATORIA EN EL PROCESO LABORAL EN MÉXICO Y VENEZUELA

A los fines de una noción sobre medios de prueba, Devis Echandía sostiene que pueden considerarse desde dos puntos de vista. Conforme el primero, se entiende por medio de prueba la actividad del Juez o de las partes, que "suministra al primero el conocimiento de los hechos del proceso y, por lo tanto, las fuentes de donde se extraen los motivos o argumentos para lograr su convicción sobre los hechos del proceso" (1981, T. II, 550-551), o sea, la confesión de la parte, la declaración del testigo, el dictamen del perito, la inspección, etc.

Con base al segundo punto de vista, se entiende por medio de prueba "los instrumentos y los órganos que suministran al Juez ese conocimiento y esas fuentes de prueba" (Devis Echandía, 1981, T. II, 551), a saber: el testigo, el perito, la parte confesante, etc.

El autor considera y así lo compartimos, que ambos conceptos son correctos, ya que como señala Devis Echandía el segundo punto de vista "comprende la manera como se verifica la adquisición procesal de la prueba y se lleva al Juez el conocimiento de los hechos que prueban, de modo que es la misma noción contemplada desde otro aspecto" (Devis Echandía, 1981, T. II, 551).

Por otro lado, Couture expone que el tema de la valoración de la prueba, **busca** una respuesta para la pregunta: ¿qué eficacia tienen los diversos medios de prueba establecidos en el derecho positivo?

Se trata de señalar, con la mayor exactitud posible, cómo gravitan y qué influencia ejercen los diversos medios de prueba, sobre la decisión que el magistrado debe emitir.

En este sentido, Rengel-Romberg precisa que el tema de la valoración de la prueba, responde a la pregunta: ¿qué valor tiene la prueba?, esto es ¿cuál es su eficacia en el proceso?

MÉXICO

2.1. Medios de Prueba

Con base al artículo 776 LFT, son admisibles en el proceso "todos los medios de prueba que no sean contrarios a la moral y al derecho, y en especial los siguientes: I. Confesional, II. Documental, III. Testimonial, IV. Pericial, V. Inspección, VI. Presuncional, VII. Instrumental de actuaciones y VIII. Fotografías, y en general aquellos medios aportados por los descubrimientos de la ciencia".

Baltasar Cavazos afirma en cuanto a esta última fracción (VIII), lo siguiente: "…recoge una realidad de nuestros tiempos, pero puede prestarse a muchos abusos, ya que existen grabaciones telefónicas subterráneas o con instrumentos ocultos, fotografías compuestas, etc." (2007: 346).

Por su parte De Buen expone que en la Ley Federal del Trabajo de 1931 y en la de 1970, el capítulo de pruebas "presentaba serias anomalías que obligaban al manejo de las reglas supletorias del Código Federal de Procedimientos Civiles –CFPC-"(1988:402), sobre todo en el tratamiento de la prueba de inspección, que considera "prueba fundamental en el proceso laboral", a lo que la reforma procesal de 1980 puso remedio.

2.2. Oportunidad Probatoria

De Buen destaca "no hay que olvidar la pretensión de sencillez del proceso laboral" (1988: 403), a lo que se refiere la parte final del primer párrafo del artículo 685 LFT, que obligaría a "dejar a un lado las formulas sacramentales y a perseguir solo las verdaderas intenciones" (1988: 403).

El desarrollo de las pruebas en México, comprende el ofrecimiento y el desahogo, de la manera siguiente:

Ofrecimiento de pruebas

Son aplicables las siguientes disposiciones de la LFT:

Artículo 777 "Las pruebas deben referirse a los hechos controvertidos cuando no hayan sido confesados por las partes".

Artículo 778 "Las pruebas deberán ofrecerse en la misma audiencia, salvo que se refieran a hechos supervenientes o que tengan por fin probar las tachas que se hagan valer en contra de los testigos".

Artículo 779 "La Junta desechara aquellas pruebas que no tengan relación con la litis planteada o resulten inútiles o intrascendentes, expresando el motivo de ello".

Artículo 780 "Las pruebas se ofrecerán acompañadas de todos los elementos necesarios para su desahogo".

Artículo 782. "La Junta podrá ordenar con citación de las partes, el examen de documentos, **objetos** y lugares, su reconocimiento por actuarios o peritos y, en general practicar las diligencias que juzgue conveniente para el esclarecimiento de la verdad y requerirá a las partes para que exhiban los documentos y objetos de que se trate" (auto para mejor proveer).

Artículo 880 "Normas a observar para el desarrollo de la etapa de ofrecimiento y admisión de pruebas. La etapa de ofrecimiento y de admisión de pruebas se desarrollará conforme a las normas siguientes:

El actor ofrecerá sus pruebas en relación con los hechos controvertidos. Inmediatamente después el demandado ofrecerá sus pruebas y podrá objetar las de su contraparte y aquel a su vez podrá objetar las del demandado;

1. Las partes podrán ofrecer nuevas, pruebas siempre que se relacionen con las ofrecidas por la contraparte y que no se haya cerrado la etapa de ofrecimiento de pruebas (También plantea sobre pruebas que el actor necesite ofrecer, relacionadas con hechos desconocidos que se desprendan de la contestación de la demanda).

2. Las partes deberán ofrecer sus pruebas, observando las disposiciones del Capítulo XII de este Título; y

3. **Concluido** el ofrecimiento, la Junta resolverá inmediatamente sobre las pruebas que admita y las que deseche".

Artículo 881. Pruebas que se admitirán una vez concluida la etapa de ofrecimiento y admisión de pruebas (las que se refieren a hechos supervenientes o de tachas).

Bermúdez señala que este acto procesal de ofrecimiento de pruebas, corresponde a lo que Carnelutti llamaba "la disponibilidad de la prueba" (Bermúdez, 2002: 141), mediante el cual las partes ponen a disposición del juzgador los elementos de prueba con los que pretenden comprobar su situación o acción (actor), y sus excepciones o defensas (demandado).

Desahogo de pruebas

Aplican las disposiciones de la LFT siguientes:

Artículo 883. Señalamiento de día y hora para la celebración de la audiencia de desahogo de pruebas (dentro de los diez días hábiles siguientes, salvo necesidad de tiempo mayor, que no excederá de treinta días).

Artículo 884 "Normas a observar para llevar a cabo la audiencia de desahogo de pruebas.

1. Abierta la audiencia, se procederá a desahogar todas las pruebas que estén debidamente preparadas...

2. Si faltare por desahogar alguna prueba, por no estar debidamente preparada, se suspenderá la audiencia para continuarla dentro de los diez días siguientes...

3. En caso de que las únicas pruebas que falten por desahogar sean copias o documentos que hayan solicitado las partes, no se suspenderá la audiencia....

4. Desahogadas las pruebas, las partes en la misma audiencia, podrán formular sus alegatos".

Artículo 885. Proyecto de Resolución en forma de Laudo una vez concluido el desahogo de pruebas (será declarada cerrada la instrucción y dentro de los diez días siguientes se formulara por escrito el Proyecto de Resolución

Bermúdez expone que esta recepción o desahogo de pruebas, corresponde a la segunda audiencia dentro del proceso laboral, siendo "la audiencia más característica del juicio" (2002, 144), lo que permite conocer con más firmeza la versión de los hechos de las partes. El autor hace constar sobre deficiencia normativa en ese sentido, lo que señala comparte con Trueba Urbina, quien plantea "nuestra Ley establece un procedimiento probatorio muy deficiente que debe perfeccionarse mediante reformas adecuadas, con sentido científico y práctico" (Citado por Bermúdez, 2002: 144).

2.3. Sistema de Valoración de la Prueba

Para este efecto es importante observar el alcance del artículo 841 LFT, que establece: "Los laudos se dictaran, a verdad sabida y buena fe guardada, y apreciando los hechos en conciencia, sin necesidad de sujetarse a reglas o formulismos sobre estimación de las pruebas, pero expresarán los motivos y fundamentos legales en que se apoyen".

De Buen hace consideraciones sobre el alcance de esta disposición, y en ese sentido señala en cuanto a la primera parte: "verdad sabida y buena fe guardada", se trata de una formula antigua que "expresa un facultamiento para resolver, sin sujetarse a reglas estrictas, pero sobre la base de la buena fe, que de esa manera actúa como garantía en contra de la arbitrariedad" (1988: 491-492).

El mismo autor, en relación a la segunda parte de la norma: "...y apreciando los hechos en conciencia, sin necesidad de sujetarse a reglas o formulismos sobre estimación de las pruebas", expone que en materia laboral "predomina el llamado sistema mixto, quiere decir, una solución intermedia entre la libre apreciación de las pruebas y la prueba tasada...(que) limita su libertad de apreciación (de las Juntas), condicionándola a que estimen realmente los hechos y las pruebas y no actúen de manera arbitraria" (De Buen, 1988: 493). Esta apreciación la comparte Bermúdez (2002: 85).

Y en relación a la última parte de la norma en consideración (Art. 841 LFT): "...pero expresaran los motivos y fundamentos legales en que se apoyen", De Buen refiere que la reforma de 1980 de la LFT al contemplar esta directriz, alteró de manera sustancial la apreciación de la Corte y "obliga a reconocer a las Juntas como verdaderos tribunales de derecho" (1988: 493).

VENEZUELA

Es importante destacar que la LOPT destina todo un Título (T. VI Arts. 69 a 122) a las pruebas, y así considera los medios de prueba, su promoción y evacuación. Atendiendo a esta normativa, estudiaremos este importantísimo aspecto, de la forma siguiente:

2.1. Medios de Prueba

Refiere Rodríguez que a partir de la última reforma del CPC, la normativa procesal en el país, faculta a los jueces para utilizar cuatro grupos de pruebas, las cuales se hallan en el mismo plano, a saber:

I) Los Medios de Pruebas Tradicionales: a) Documentos o Instrumentos, b) La Confesión (Posiciones Juradas), c) El Juramento Decisorio (en desuso), d) La Prueba Testimonial, e) La Experticia, f) La Inspección: Ocular y Judicial y g) Las Presunciones Hominis.

II) Nuevos Medios Probatorios conforme el CPC: a) El Interrogatorio Libre, b) La Prueba de Informes, c) La Reconstrucción de los Hechos, d) Las Reproducciones y e) La Pericia Experimental.

III) Los medios de prueba diseminados en otras Leyes: a) El Juramento Supletorio, b) Los Peritajes Agrarios (Ley de Tierras) y c) Los Informes del Equipo Multidisciplinario (Ley Orgánica de Protección de Niños. Niñas y Adolescentes).

IV) Los medios de prueba agrupados en todos aquellos instrumentos capaces de trasladar hechos al proceso, y que no estén contemplados ni prohibidos en ninguna Ley.

Cabrera y Rodríguez coinciden en afirmar que los medios probatorios tradicionales y los nuevos medios (segundo grupo), a pesar del principio de libertad de prueba, no pueden ser objeto de variaciones, es decir no admiten mixturas, salvo cuando una norma expresamente lo permita.

Es importante destacar que la LOPT excluye de los medios de prueba admisibles en el juicio laboral, las pruebas de posiciones juradas y de juramento decisorio (Encabezamiento Art. 70 LOPT). Esta Ley establece sobre un nuevo medio de prueba, la declaración de parte (Arts. 103 al 106), con base a las respuestas formuladas por las partes a requerimiento del Juez de Juicio.

En cuanto a la declaración de parte como medio de prueba, en México está previsto en la LFT (Art. 781: Las partes podrán...hacerse mutuamente las preguntas que juzguen convenientes...), aunque el criterio judicial preponderante niega su aceptación, basándose en que no está incluida en la relación del Artículo 776 y no esta adecuadamente reglamentado en la misma Ley. En esa disposición si aparece el medio de prueba confesional, lo que se considera podría dar a duplicidad de pruebas sobre los mismos hechos, atentando al principio de economía procesal. En este sentido De Buen afirma que "más allá de cualquier consideración, lo único real es que se trata de una prueba expresamente considerada en la Ley independientemente de que debería ser aceptada, inclusive, en base a la regla general de que son admisibles todos los medios de prueba (Art. 776) (1988: 409).

2.2. Oportunidad Probatoria

En el procedimiento civil la oportunidad probatoria tiene lugar, una vez que se verifica la contestación al fondo de la demanda, así se orientaba el anterior procedimiento del trabajo. En el procedimiento laboral, dentro de la fase inicial de la audiencia preliminar, deben ser promovidas las pruebas (Art. 73 LOPT) ante el Juez de Sustanciación. Mediación y Ejecución, y su evacuación, ante el Juez de Juicio en la audiencia de juicio (Art. 152 LOPT).

El artículo 135 LOTPT define una situación distinta en la prueba venezolana:

a. la necesidad de determinar los hechos que se niegan o se admiten al contestar la demanda (consecuencia de la contestación determinativa o circunstanciada), así como la exposición de los motivos de rechazo;

b. una atemperación del sistema de la carga de la prueba previsto en el juicio civil (inversión de la carga con base al artículo 65 LOT[8]).

Por otra parte, se contempla la libertad probatoria del Juez laboral, cuando en el artículo 156 LOPT, dispone la facultad judicial de ordenar pruebas, fuera del lapso probatorio establecido.

Promoción de Pruebas

Es importante hacer constar que la LOPT define como oportunidad para promover pruebas, la audiencia preliminar, y no refiriere sobre lapso ó término al efecto.

Algunos interpretan que las pruebas deber ser promovidas en la primera actuación dentro de la audiencia preliminar, particularmente cuanto esta no se limita a un solo acto (conforme la LOPT puede prolongarse hasta por 4 meses, Art. 136). Otros, siguiendo el principio de interpretación que señala: "donde no distingue el legislador, no está autorizado a hacerlo el intérprete", consideramos que las pruebas pueden promoverse en cualquier momento dentro de la audiencia preliminar, y que esto no tiene por qué generar obstáculo en la gestión conciliadora que debe desarrollar el Juez, y por el contrario reafirma el derecho a probar de las partes.

Evacuación de Pruebas

Corresponde dentro de la audiencia de juicio, una vez oídos los alegatos de las partes, comenzando "...con las del demandante, en la forma y oportunidad que determine el Tribunal..." (Art. 152 LOPT). Se establece de manera precisa, que no se permitirá a las partes la presentación ni lectura de escritos, salvo excepción legal.

---

8   Artículo 53 LOTT.

También hay disposiciones precisas sobre la evacuación de testigos (Art. 153 LOPT) y la comparecencia de los expertos requeridos (Art. 154 LOPT).

Observaciones

Como no está prevista la posibilidad de ejercer oposición sobre las pruebas de la contraparte, se establece la opción de la parte contraria, de formular oralmente y de manera breve, observaciones sobre la prueba evacuada por la otra parte (Art. 155 LOPT).

2.3. Sistema de Valoración de la Prueba

La regla general de la apreciación de la prueba en nuestro país, está prevista en el artículo 507 CPC, en los términos: "A menos que exista una regla general expresa para valorar el mérito de la prueba, el Juez deberá apreciarla según las reglas de la sana crítica".

Couture refiere la sana crítica como categoría intermedia entre la prueba legal y la libre convicción. Sin la excesiva rigidez del primer sistema, y sin la incertidumbre del segundo, configura una fórmula calificada de feliz, para regular la actividad intelectual del Juez frente a la prueba.

El Juez que debe decidir con arreglo a la sana crítica, no es libre de razonar, esta manera de actuar sería libre convicción. La sana crítica es la unión de la lógica y de la experiencia, como se ha expuesto.

En lo que corresponde a la valoración de la prueba laboral, la LOPT dispone que al efecto se proceda con base a las reglas de la sana crítica, pero "en caso de duda, preferirán (los Jueces del Trabajo) la valoración más favorable al trabajador" (Art. 10).

En este sentido, es importante destacar que el principio proteccionista, rige no sólo para la interpretación y aplicación de las normas sustantivas laborales, sino también con respecto a las normas adjetivas.

3. CONSIDERACIONES SOBRE LA CARGA DE LA PRUEBA Y LA ACTIVIDAD PROBATORIA EN EL PROCESO LABORAL EN MÉXICO Y EN VENEZUELA

Hemos conocido que en México la legislación laboral se ha quedado en el tiempo (tanto en su marco normativo como en la estructura judicial), lo que lleva a afirmar que en ese país el marco jurídico laboral "hoy en día se presenta frágil, obsoleto y en ocasiones alejado de una realidad que lo ha rebasado..." (Reynoso, 2007: 266).

En atención a lo anterior, hay que considerar que en la efectividad de las normas laborales incide directamente el sistema de justicia laboral, como lo afirma la misma Bensusan "en tanto si no funciona adecuadamente, genera un fuerte incentivo para que los empleadores dejen de reconocer a sus trabajadores en forma espontánea sus derechos, con la expectativa de burlarlos o al menos de reducir su costo al ser tamizados por la justicia" (2006: 461).

A lo planteado se suma que en México "la percepción sobre el desempeño de la justicia laboral es negativa" (Bensusan, 2006: 364), demostrando a través de una investigación "la brecha existente entre las normas y los hechos...Los altos niveles de corrupción institucional, profesional y en el mundo sindical, con la abierta complicidad empresarial..." (Bensusan, 2006: 395).

Si bien es cierto que Venezuela también registra niveles de corrupción, aunado a situaciones de falta de independencia de los órganos del Poder Judicial (lo revela el Informe de la Comisión Interamericana de Derechos Humanos sobre Democracia y Derechos Humanos en Venezuela, 2009), en el país se cuenta con normas sustantivas y de procedimiento de más reciente data, y novedosas las de corte procesal.

Particularmente la oralidad como principio fundamental en el procedimiento laboral venezolano, define el proceso por audiencias, con la celeridad, inmediación y concertación, características de aquel. De esta manera la oralidad influye sobre la forma para formular la demanda (es una opción) (Art. 123 Parágrafo Único LOPT) y la actuación en la audiencia de juicio, donde se realiza la evacuación de las pruebas (Arts. 151 y 155 LOPT). Aunque con base a la misma LOPT, la contestación de la demanda debe hacerse por escrito (Art. 135).

Si bien en México aparece definido que "el proceso del derecho del trabajo" será "predominantemente oral" (Art. 685 LFT), este principio no aparece reflejado en la forma de formular la demanda (Art. 872 LFT), aunque sí como una de las opciones para contestarla (Art. 878, fracción III LFT), y para presentar alegatos en el desahogo de las pruebas (no lo dice expresamente, pero puede ser deducido) (Art. 884 fracción IV LFT).

Por otro lado, hay una diferencia terminológica para identificar los momentos en el desarrollo de la actividad probatoria, a saber: "ofrecimiento", "desahogo" y "alegatos", en México, que equivale a "promoción", "evacuación" y "oposición", en Venezuela, respectivamente, pero en todo caso el desarrollo es en el marco de la celeridad necesaria y se pretende garantizar el derecho de ambas partes.

CONSIDERACIONES FINALES

Tanto en México como en Venezuela, la carga de la prueba y la actividad probatoria en el proceso laboral adquieren connotación especial. Las semejanzas parten de considerar al trabajador como sujeto que amerita un trato específico, con miras de lograr el equilibrio necesario dentro del proceso.

La comparación entre las disposiciones mexicana (Art. 784 LFT) y venezolana (Art. 72 LOPT), pareciera evidenciar que en Venezuela la carga de la prueba tiene un alcance distinto, pero en el fondo llega a ser similar al previsto en México, la diferencia está que en Venezuela una misma disposición adjetiva contempla sobre la carga de la prueba y la presunción de laboralidad, y en México las llamadas "cargas específicas" aparecen con mayor detalle.

En la legislación laboral de los países en estudio, está regulada la presunción de laboralidad, aunque luce más amplia en México. Aparece así reflejada la orientación de la Recomendación OIT 198 sobre la relación de Trabajo, aunque esta es de fecha posterior.

En cuanto al principio de inversión de la carga de la prueba, ambos países reconocen su existencia, con efectos similares.

Por otro lado, existe una diferencia terminológica entre las legislaciones de México y Venezuela, para identificar los momentos en el desarrollo de la actividad probatoria, pero en todo caso, en ambos países se pretende garantizar el derecho de ambas partes, imperando la celeridad necesaria.

Finalmente, la legislación procesal en Venezuela comprende normas más novedosas, contando con la oralidad como principio fundamental del proceso y una estructura judicial, que si bien no funciona a la perfección, está más acorde con los nuevos tiempos, y de esta manera luce garantizar mejores resultados para todos.

FUENTES BIBLIOGRÁFICAS

Doctrina

BENSUSAN, GRACIELA. "Diseño Legal y desempeño Real: México", en Libro: *Diseño Legal y desempeño Real: Instituciones Laborales en América Latina*, coordinado por Graciela Bensusan, editado por Cámara de Diputados del Congreso de la Unión, Universidad Autónoma Metropolitana y Miguel Ángel Porrúa. México, 2006

BERMÚDEZ CISNEROS, MIGUEL. *Derecho Procesal del Trabajo*, Segunda Reimpresión, Editorial Trillas. México 2002

BRONSTEIN, ARTURO. "Cincuenta Años de Derecho del Trabajo en América Latina: Un Panorama Comparativo", en *Libro Cincuenta Años de Derecho del Trabajo en América Latina* dirigido por Arturo Bronstein, Rubinzal-Culzoni Editores. Buenos Aires, 2007

BUZAID, ALFREDO. *La Carga de la Prueba, Colección Monografías Jurídicas* N° 1, Corsi & Govea Editores. Caracas,1989

CAVAZOS FLORES, BALTASAR. *40 Lecciones de Derecho del Trabajo*, Reimpresión, Editorial Trillas. México, 2007

COMISIÓN INTERAMERICANA DE DERECHOS HUMANOS: Informe sobre Democracia y Derechos Humanos en Venezuela. 2009

COUTURE, EDUARDO J. *Fundamentos de Derecho Procesal Civil*, Editorial Depalma. Buenos Aires, 1981

COUTURE, EDUARDO J. *Estudios de Derecho Procesal Civil*, Tercera Edición, Tomo II, Ediciones Depalma. Buenos Aires, 1979

DE BUEN, NÉSTOR. *Derecho Procesal del Trabajo*, Editorial Porrúa. México, 2003

DE LA CUEVA, MARIO. *Derecho Mexicano del Trabajo*, Tomo II, Editorial Porrúa, SA. México, 1949.

DEVIS ECHANDIA, HERNANDO. *Teoría General de la Prueba Judicial*, Víctor P. de Zavalía Editor. Buenos Aires,1981

HENRÍQUEZ LA ROCHE, RICARDO. *Nuevo Proceso Laboral Venezolano*, Ediciones Liber, Caracas 2003

MARÍN BOSCÁN, FRANCISCO JAVIER. *Curso de Procedimiento Laboral Venezolano*, 4ª Edición, Vadell Hermanos Editores. Caracas, 2011

MILLE MILLE, GERARDO: *Comentarios sobre Doctrina, Legislación y Jurisprudencia Laboral*, Volúmenes Varios, Paredes Editores. Caracas

RENGEL-ROMBERG, ARISTIDES. *Tratado de Derecho Procesal Civil Venezolano*, Editorial Arte. Caracas, 1995

REYNOSO CASTILLO, CARLOS. "Cincuenta Años de Derecho del Trabajo en México", en *Libro Cincuenta Años de Derecho del Trabajo en América Latina*, coordinado por Arturo Bronstein, Rubinzal-Culzoni Editores. Buenos Aires, 2007

RODRÍGUEZ DÍAZ, ISAIAS. *El Nuevo Procedimiento Laboral*, Editorial Jurídica Alva. Caracas, 1995.

Normativa

OIT: Recomendación 198 sobre La Relación de Trabajo.

MÉXICO

Constitución Política de los Estados Unidos Mexicanos

Ley Federal del Trabajo

Ley Federal de los Trabajadores al Servicio del Estado

VENEZUELA

Constitución Nacional

Código de Procedimiento Civil.

Ley Orgánica del Trabajo[9]

Ley Orgánica Procesal del Trabajo

Ley del Estatuto de la Función Publica

---

[9]   Decreto-Ley Orgánica del Trabajo, los Trabajadores y las Trabajadoras.

ANEXO N° 4

LOS DERECHOS COLECTIVOS DE LOS TRABAJADORES EN VENEZUELA: ANTES Y DESPUÉS DE LA NUEVA LEY DEL TRABAJO[1]

Resumen

En el presente trabajo se realiza un análisis comparativo sobre los derechos colectivos de los trabajadores en Venezuela, observando disposiciones de la anterior Ley (LOT) y de la nueva (LOTT), a los fines de establecer las modificaciones en cuanto a su regulación. Se hacen consideraciones sobre lo siguiente: los principales derechos colectivos en el Derecho Positivo Venezolano, la reforma de estos derechos en la LOTT, el régimen venezolano sobre éstos correlacionado con los principales instrumentos internacionales, la criminalización de la protesta y la orientación de la jurisprudencia nacional. Al efecto se establece que si bien se acataron recomendaciones de organismos internacionales, la influencia de una ideología y modelo político, ha definido mayor control del Estado, en detrimento de la libertad y autonomía sindical. No es suficiente pregonar que Venezuela es un Estado Democrático y Social de Derecho y de Justicia, las carencias en cuanto al Estado de Derecho y la falta de un modelo democrático de relaciones laborales, tienen incidencia importante sobre el ejercicio efectivo de la libertad sindical. Se trata de una investigación documental, basada en el método analítico.

Palabras Clave

Derechos Colectivos Trabajadores, Sindicatos, Consejos Trabajadores, Criminalización Protesta

---

[1]   Trabajo relacionado con Proyecto CONDES-LUZ, publicado en coautoría con Nancy Perelló Gómez, en *Revista Gaceta Laboral*, CIELDA-LUZ, N° 2-2013.

Introducción

Este trabajo recoge información sobre una investigación iniciada, bajo la vigencia de la Ley Orgánica del Trabajo (LOT), donde el propósito era formular consideraciones en cuanto a la reforma de los derechos colectivos de los trabajadores en Venezuela. En vista que a partir de mayo de 2012, comenzó a regir la Ley Orgánica del Trabajo, de los Trabajadores y las Trabajadoras (LOTTT), hemos considerado pertinente asumir un estudio comparativo sobre la regulación en uno y otro instrumento, acerca del tema en cuestión, y así definir los posibles avances al efecto.

Tal como señala Arrieta, la descapitalización y desinversión privada, las políticas de expropiación, la falta de gerencia económica así como la ausencia en la rendición de cuentas, más el éxodo del llamado capital humano, impiden cada vez más que el trabajador se sienta comprometido con el trabajo y que, por el contrario, crezca la protesta ciudadana y estudiantil así como la conflictividad en las áreas laborales y ciudadana.

El año 2000 sorprendió al movimiento obrero de Venezuela en el "vértice del huracán, es decir, en el ojo de una de las más profundas crisis de sus siete décadas de historia" (Urquijo, 2000: 105). Es el caso, que los resultados electorales de 1998, ampliamente favorables para el Polo Patriótico, "pusieron en entredicho la tradicional hegemonía de AD en la máxima central obrera del país" (2000:105).

El Gobierno ha "congelado" los procesos de negociación colectiva del sector público, mientras se dedica a otorgar aumentos salariales por decreto, una forma de menoscabar el derecho a la negociación colectiva y de lesionar la libertad sindical, como destaca Padilla. Según el mismo autor, es fácil prever que se presentarán en Venezuela conflictos sindicales más radicalizados, porque a las razones económicas y sociales de siempre, hay que sumar ahora la bandera política de la defensa del socialismo.

Bernardoni identificó el contexto socio-económico y político de la reforma de la LOT, y en ese sentido, en cuanto a aspectos relacionados con derechos colectivos de los trabajadores, menciona desconocimiento del estado de derecho y de la Libertad Sindical (realización de referéndum sindical, cese de funciones de Directores Laborales en Empresas del Estado, campaña de descalificación pública de dirigentes y sindicatos, atribución constitucional para que el Poder Electoral organice elecciones sindicales, prohibición de acción sindical a directivos con periodos vencidos, despido masivo en la industria petrolera, listas negras con estos trabajadores despedidos, órdenes de detención contra líderes de la huelga petrolera, promoción de sindicatos dóciles y paralización del diálogo social).

La misma autora destacó en primer orden, entre los principales aspectos de la reforma de la LOT, la carencia de un Proyecto de reforma.

Villasmil expone sobre la Libertad Sindical como presupuesto y tendencia de un modelo democrático de relaciones laborales, toca entonces definir las circunstancias en las que nos encontramos en el país, para establecer en ese sentido.

Resulta muy importante observar, que mientras que en el mundo la tendencia es a la descolectivización del Derecho del trabajo, como observan Baylos y Pérez al hacer consideraciones sobre el Libro Verde elaborado por la Comisión Europea, en nuestro país la tendencia con la LOTTT es por una parte reconocer un rol protagónico a los trabajadores y sus organizaciones, pero por la otra, la intervención y control por parte del Estado, pareciera ser mayor.

La conflictividad laboral en nuestro país es una constante, como lo reflejan informes de organismos internacionales como la Confederación Sindical Internacional (CSI) y la Organización Internacional del Trabajo (OIT) mediante su Comité de Libertad Sindical, y de organismos nacionales como el Programa Venezolano Educación – Acción en Derechos Humanos (PROVEA) y el Observatorio Venezolano sobre Conflictividad Social (OVCS), en relación a lo cual tendremos oportunidad de hacer consideraciones en el desarrollo de nuestro trabajo.

Punto Previo: La Nueva Ley del Trabajo en Venezuela: la LOTTT

Prácticamente dando cumplimiento a una promesa electoral, el presidente de Venezuela Hugo Chávez, decreto la Ley Orgánica del Trabajo, de los Trabajadores y Trabajadoras (LOTTT), en mayo de 2012, en apoyo a una Ley Habilitante para dictar medidas orientadas a solventar problemas relacionados con inundaciones por lluvias en el país. Así el Presidente de la Republica relevó de su tarea, a la Asamblea Nacional que ya se encontraba en moratoria desde el 2000, en cuanto a reformar la Ley Orgánica del Trabajo (LOT), comprendiendo aspectos sobre prestaciones sociales, prescripción y jornada laboral, conforme mandato constitucional (Disposición Transitoria Cuarta, Numeral 3º).

En este sentido, fue constituida una Comisión Presidencial para la "Creación y Redacción de la Nueva Ley Orgánica del Trabajo" (según Decreto N° 8.661 en GO N° 39.818 de fecha 12-12-2011), conformada por personas vinculadas con el gobierno. Una vez decretada la Ley mencionada, la Asamblea Nacional dictó un Acuerdo de respaldo a la LOTTT (GO N° 39.918 de fecha 09-05-2012), y ya antes de esto la Sala Constitucional del Tribunal Supremo de Justicia, con una celeridad inusitada, se había pronunciado acerca de la constitucionalidad del carácter orgánico del instrumento referido.

Queda definido de esta manera lo siguiente: 1) la LOTTT no fue dictada por el órgano legislador, si no por el Presidente de la Republica invocando facultades previstas en una Ley que le habilitaba para efectos especiales descritos, 2) la LOTTT en su contenido comprende una reforma que va mas allá del precepto constitucional, 3) esa Ley no fue producto de una consulta nacional, con participación de todos los sectores involucrados, tampoco fue evaluado el impacto en cuando a la ampliación de los beneficios para los trabajadores y 4) la LOTTT desconoce en su Título, que persigue regular el trabajo y los sujetos o actores sociales involucrados, por el contrario se parcializa con uno de ellos, que si bien es asumido como el débil jurídico de la relación, lo importante es alcanzar el equilibrio necesario, en aras de la producción, el empleo y el progreso.

En todo caso, y como orientación de interés para este trabajo, se afirma que la LOTTT "refuerza derechos de los trabajadores y amplía la capacidad punitiva del Estado y su intervención en la relación entre trabajadores y patronos" (Padilla y otros, 2012: 31).

1. Principales Derechos Colectivos de los Trabajadores en el Derecho Positivo Venezolano

El Derecho Positivo Venezolano básico sobre Derechos Colectivos de los Trabajadores, está determinado por los siguientes instrumentos: la Constitución Nacional, la Ley Orgánica del Trabajo, los Trabajadores y las Trabajadoras (LOTTT) y el Reglamento de la Ley Orgánica del Trabajo (RLOT). Este último Reglamento se encuentra en vigencia parcial, hasta tanto se dicte el nuevo Reglamento de la LOTTT, y en la medida que no corresponda a normas modificadas

A lo anterior se suman las leyes aprobatorias de instrumentos internacionales afines a la materia, tales como: Pactos Internacionales sobre Derechos Civiles y Políticos, y sobre Derechos Económicos, Sociales y Culturales, Convención Americana sobre Derechos Humanos (Pacto de San José), el Protocolo Adicional a la Convención Americana sobre Derechos Humanos en materia de Derechos Económicos, Sociales y Culturales (Protocolo de San Salvador), y los Convenios 87 y 98 de la OIT, que serán considerados en un aspecto posterior dentro de este mismo trabajo.

Conforme los instrumentos nacionales antes mencionados, los principales Derechos Colectivos de los Trabajadores en Venezuela, son los siguientes:

1. Derecho de Sindicación o de Asociación Sindical.

2. Derecho a la solución pacífica de conflictos colectivos y a la huelga.

3. Derecho a la Convención Colectiva.

La Constitución Nacional en este sentido dispone lo siguiente:

a.   El derecho de constituir y afiliarse o no a los sindicatos, la protección de los trabajadores contra todo acto de discriminación o de injerencia, la alternabilidad de los integrantes de las directivas como ejercicio de la democracia sindical, la sanción a los integrantes de las directivas y representantes que abusen de beneficios derivados de la libertad sindical y la obligación de los integrantes de las directivas de hacer declaración jurada de bienes (Art. 95).

b. El derecho de todos los trabajadores a la negociación colectiva voluntaria y a celebrar convenciones colectivas de trabajo, la garantía del Estado para favorecer relaciones colectivas y la solución de los conflictos laborales, y los efectos de la convención colectiva (trabajadores amparados) (Art. 96).

c. El derecho de huelga de todos los trabajadores (Art. 97).

La Ley Orgánica del Trabajo, los Trabajadores y las Trabajadoras (LOTTT) establece sobre los derechos colectivos de los trabajadores, como "derecho a la participación protagónica de los trabajadores, trabajadoras y sus organizaciones sociales" (Título VII), en los términos siguientes:

a. La Libertad Sindical: disposiciones fundamentales, protección, organizaciones sindicales, registro de estas organizaciones, funcionamiento, derechos de los afiliados, elecciones sindicales, fondos sindicales, fuero sindical o inamovilidad laboral y disolución y liquidación de las organizaciones sindicales (Art. 353 al 430).

b. La Convención Colectiva: disposiciones generales, convenciones colectivas de trabajo en el sector público y en el sector privado, la reunión normativa laboral y la extensión obligatoria de la convención colectiva de trabajo (Art. 431 a 471)

c. El Conflicto Colectivo de Trabajo: los pliegos conflictivos, los servicios mínimos indispensables y servicios públicos esenciales, la huelga y el arbitraje (Art. 472 a 496).

d. La Participación y el Protagonismo Colectivo de los Trabajadores en la Gestión: los Consejos de Trabajadores y la "complementación" a las organizaciones sindicales (Art. 497 y 498).

Por otra parte, también debe destacarse que cuando la LOTTT regula sobre las instituciones para la protección y garantía de derechos (Título VIII), refiere sobre los Organismos Administrativos del Trabajo (Capítulo I) y las Inspectoras del Trabajo (Capítulo II), a lo que agrega dos registros nacionales: el de Organizaciones Sindicales (Art. 517 y 518, en funcionamiento a partir del primero de enero de 2013 – Art. 558, Numeral 1°.) y el de Entidades de Trabajo.

En la forma como está previsto, pareciera que las Inspectoras del Trabajo son entes distintos a los Organismos del Trabajo, estando representados estos por el Ministerio del Trabajo y de la Seguridad Social (Art. 499), del cual las Inspectoras son parte, conforme el Reglamento Orgánico correspondiente.

Desde ya, destacamos que la LOTTT suprime idea de favorecer relaciones colectivas armónicas (Art. 396 LOT), queda entonces esto limitado a que se favorecerán relaciones colectivas y la solución de los conflictos, como está previsto en la Constitución Nacional (Art. 96).

Bajo la orientación del Reglamento de la LOT (tomando en cuenta la salvedad en relaciona a su vigencia), el punto de partida lo constituye la Libertad Sindical, que en sus contenidos esenciales comprende una esfera individual y una esfera colectiva. Este Reglamento dispone lo siguiente:

a. Disposiciones Fundamentales (Art. 112 al 116).

b. Régimen Jurídico de las organizaciones sindicales (Aras. 117 al 128).

c. La Acción Sindical: negociación colectiva de nivel centralizado, nivel descentralizado y en el sector público, conflictos colectivos, referéndum sindical y representación institucional y en la gestión de la empresa (Aras. 129 al 215).

d. La Tutela de la Libertad Sindical (Aras. 216 al 224).

Como se observa, en la doctrina patria Alfonzo-Guzmán destaca que la Ley Orgánica del Trabajo (considerando a la Ley anterior) dedica su Título VII, a la "tríada de instituciones" (2000: 373) que bajo el nombre de Derecho Colectivo del Trabajo, se estudia, a saber: Organizaciones Sindicales, Convenciones Colectivas y Conflictos Colectivos. Por otro lado, afirma el mismo autor, que el Reglamento General de la LOT de 1999 (con reforma en 2006), modificó varias de las disposiciones de los llamados "institutos de Derecho Colectivo (sindicatos, convenciones y conflictos colectivos)" (2000: 373).

González destaca aspectos positivos del Reglamento de la LOT, en materia de derechos colectivos de los trabajadores, y señala: "a) establecimiento de los contenidos de la libertad sindical, b) determinación de los sujetos colectivos de la representación sindical, c) representación de los trabajadores en las asambleas, d) derecho de los miembros del sindicato a la defensa y al debido proceso, e) celebración de acuerdos colectivos donde no existan sindicatos o trabajadores sindicalizados, f) especificación de los modos de solución de los conflictos colectivos, g) establecimiento del servicio nacional de arbitraje y mediación, h) limitaciones del derecho de huelga en los servicios públicos esenciales, i) medidas y procedimientos para la tutela de la libertad sindical y j) referéndum sindical" (1999: 193 y 194).

El mismo autor especifica también sobre aspectos susceptibles de observaciones críticas, entre las que destaca: "a) obstáculos a la negociación en el sector público y b) exclusiones automáticas en la aplicación de la convención colectiva en el sector público a integrantes de entes de dirección colegiada" (González, 1999: 195).

El Reglamento de la LOT comprende los contenidos esenciales de la Libertad Sindical, en su esfera individual y colectiva, lo cual contribuye "a precisar de modo general las diversas manifestaciones de la actividad sindical..." (González, 1999: 203).

Por otro lado, este Reglamento de la LOT recogió la tendencia hacia la ampliación de los sujetos colectivos (González), y así define como tales, los siguientes: "...las organizaciones sindicales de primer, segundo y tercer grado; las coaliciones o grupos de trabajadores y trabajadoras; y las cámaras patronales, en los términos y condiciones de la Ley Orgánica del Trabajo; y las demás organizaciones de representación colectiva de los intereses bien sea de trabajadores y trabajadoras, por una parte, o de patronos y patronas, por la otra" (Art. 114). Particularmente las coaliciones o grupos de trabajadores y las demás organizaciones de representación colectiva de los intereses de unos y otros (trabajadores y empleadores) no aparecían reconocidos como tales, en el ordenamiento jurídico nacional.

Villasmil expone sobre la Libertad Sindical como presupuesto y tendencia de un modelo democrático de relaciones laborales, en lo cual tenemos serias limitaciones en el país en los últimos tiempos. Para esto no basta que con base al ordenamiento jurídico exista un Estado de Derecho como soporte de un sistema democrático de gobierno, sino que de manera efectiva se garantice un régimen de libertades, dentro de las cuales la sindical cumple un papel estelar.

2. Los Derechos Colectivos reformados en la LOTTT

En este punto, es oportuno indicar que las observaciones precedentes sobre los aspectos que el ordenamiento jurídico venezolano derogado afectaba al ejercicio del derecho a la libertad sindical, no fueron corregidas en el novísimo instrumento normativo. En una primera valoración, podría decirse que fue reforzado el control administrativo, fundamentalmente, en aras de sostener el control sindical aún más atado a los órganos de la administración del trabajo que dependen del ministerio del ramo. En este orden de ideas consideramos oportuno resaltar el tratamiento que se ha hecho de:

2.1. Elecciones Sindicales

Han sido reiteradas las observaciones que se le han realizado a la organización de las elecciones de las juntas directivas sindicales desde el control férreo atribuido al Poder Electoral introducido en la CRBV.

Art. 293: El Poder Electoral tiene por funciones:

.... 6) Organizar las elecciones de sindicatos, gremios profesionales y organizaciones con fines políticos en los términos que señale la ley. Así mismo, podrán organizar procesos electorales de otras organizaciones de la sociedad civil a solicitud de éstas, o por orden de la Sala Electoral del Tribunal Supremo de Justicia. Las corporaciones, entidades y organizaciones aquí referidas cubrirán los costos de sus procesos eleccionarios.

7) Mantener, organizar, dirigir y supervisar el Registro Civil y Electoral.

La conflictividad ha estado presente en las principales empresas del Estado al momento de renovar sus Juntas Directivas. Suspensión de las elecciones en innumerables ocasiones por el órgano electoral, impugnación de procesos con la necesidad de ser repetidos, depuración de la base de datos de los trabajadores, sanciones, muchas veces intempestivas, impuestas a los trabajadores para imposibilitar su postulación a cargos sindicales, son titulares comunes dentro del panorama laboral venezolano en los últimos años.

En este sentido, la LOTT no ha introducido mecanismos de protección que, enmarcados dentro de los derechos de los trabajadores, amparen el ejercicio del derecho a la libertad sindical contra posibles actos del propio poder electoral.

Es así, como el art. 402 LOTT ratifica lo establecido en la CRBV en cuanto al ejercicio de la democracia sindical. Además, enfatiza las sanciones en cuanto a la limitación de las funciones de las juntas directivas que tengan el periodo vencido y la imposibilidad de prorrogar el mandato por mecanismos distintos al proceso de elecciones.

Igualmente el art. 403 LOTT ratifica la alternabilidad democrática en los cargos de la Junta Directiva, consolidando el criterio cuestionado por la OIT y organismos internacionales como atentatorio en sí mismo contra la propia democracia sindical. Queda en manos del Poder Electoral la publicación de la convocatoria a elecciones presentada por la organización sindical (art. 405 LOTT), de tal forma, que este organismo en la práctica ha venido dilatando procesos de elección al no conceder la idoneidad de los recaudos consignados para autorizar la realización de los procesos de elección. Finalmente, el Poder Electoral queda facultado para tratar todos los recursos de naturaleza electoral referidos a las juntas directivas de los sindicatos, conociendo en última instancia la Sala Electoral de la resolución de los mismos, abstrayéndose de cualquier intervención en este sentido los tribunales laborales.

2.2. Registro Nacional de Sindicatos

Se crea el Registro Nacional de Sindicatos cuya competencia y jurisdicción queda establecida en los arts. 374 y 375 LOTT. Entre sus competencias destacan el registro las organizaciones sindicales; las modificaciones estatutarias, la rendición de cuenta sobre los fondos sindicales; registro de la nómina de afiliados y de los cambios en las juntas directivas producto de las elecciones sindicales o de reestructuraciones conforme a la ley; cierre del registro de un sindicato por disolución acordada por sus afiliados conforme a la ley, los estatutos o por decisión de tribunales del trabajo; recopilación de los datos para elaborar estadísticas para el informe anual del ministerio competente, entre otras funciones que les asigne las leyes y la Constitución (art. 518 LOTT). Es obligatorio que dichas organizaciones hayan cumplido con el imperativo legal de registrarse a partir de enero del año 2013 (Disposición Transitoria Cuarta LOTT), lo que conllevará presentación actualizada de todos los recaudos de las organizaciones sindicales para ser consignados oportunamente esperando la conformidad de su registro. Es éste uno de los aspectos que generará mayor discusión el año venidero, ya que el Ministerio del Poder Popular del Trabajo y Desarrollo Social ejercerá un rol decisivo en permitir se concrete la aspiración de los sindicatos de organizarse local, regional o nacionalmente. Sin este registro, no podrán ejercer el derecho a la libertad sindical en todos sus contenidos esenciales, viendo limitando su accionar en la defensa de los derechos de los trabajadores.

Es de resaltar que un país polarizado como Venezuela, con problemas graves de sicariato sindical, bajo índice de afiliación sindical, mermados procesos de negociación colectiva para suscribir o renegociar convenios colectivos o ejercer el derecho a huelga y con una clara tendencia gubernamental a la consolidación de un sindicato único de trabajadores (H. Lucena); la creación de un organismo no sólo con competencia en el archivo, conservación de documentos y elaboración de estadísticas sindicales sino también que en la práctica podrá determinar (según nuestro criterio) la *"personalidad jurídica"* de la organización sindical para actuar en representación de los trabajadores, ha generado gran suspicacia y desconfianza en los actores sociales. Partiendo del propio sentido de la LOTTT, que presenta un marcado propósito intervencionista y regresivo en cuanto a la autonomía de los sindicatos, no es irracional pensar en una lista significativa de organizaciones sindicales claramente críticas con el régimen chavista que podrían tener dificultades en registrarse frente al ente administrativo, dependiente directamente del Ministerio del Poder Popular del Trabajo y Desarrollo Social.

2.3. Negociación colectiva

En lo relativo al proceso de negociación colectiva introduce modificaciones destacadas. En primer lugar, se modifica el criterio de la ley derogada que otorgaba al sindicato que representaba a la mayoría de los trabajadores la potestad de obligar al patrono a negociar y celebrar una convención colectiva (art. 514 LOT derogada). Con la ley vigente, el art. 438 LOTTT, establece que será la nómina que conste en el Registro Nacional de Organizaciones Sindicales, la que debe considerarse para la legitimación negocial de la organización que pueda obligar al patrono la negociación de una convención colectiva de acuerdo a los parámetros establecidos en el art. 437 LOTTT. En este sentido, ratifica el mecanismo de referéndum electoral, con intervención protagónica del Consejo Nacional Electoral, como instrumento para determinar la representatividad sindical para negociar colectivamente, no habiendo sido consideradas las observaciones, ya referidas, que la OIT ha realizado al respecto.

En segundo lugar, y más delicado parece la inclusión, no ajena en el derecho comparado, sobre la representatividad del sindicato único aun teniendo baja implantación de trabajadores. Si aunamos a este aspecto, las observaciones previas sobre el notorio control administrativo al que serán sometidos las organizaciones sindicales de trabajadores a partir de enero del 2013 a través del Registro Nacional de Organizaciones Sindicales, no será extraño el caso donde sindicatos con muy poca afiliación de la masa de trabajadores, pero único y debidamente registrado y legitimado por el órgano administrativo, podrán suscribir convenciones colectivas en desmedro de los intereses colectivos de otra organización que no ha logrado la inscripción correspondiente, aun cuando haya aglutinado y presentado en su nómina la mayoría de los trabajadores.

No es un temor aislado. Barrios señala que la realidad es que el sistema de relaciones de trabajo laborales en Venezuela ha colapsado, siendo el gobierno el sector que lidera el mayor índice de conflictividad laboral. Sus políticas de actuación para con las organizaciones sindicales de trabajadores críticas con el empleador (Estado) han sido constantes en el periodo presidencial que culmina en tres meses (enero 2013). Ello ha ocasionado el no reconocimiento ni la renegociación de los convenios colectivos suscritos por el mismo. Son más de 400 contratos colectivos que están paralizados en el sector público, pues a través de decretos unilaterales impuestos por el empleador (Estado) se han regido las relaciones laborales en los últimos años (Barrios, F).

Finalmente, para el patrono se mantienen inconsistencias dentro del proceso de negociación que afectan la fluidez del mismo. Así, por ejemplo, se desaprovechó la oportunidad de precisar cuáles alegatos y defensas puede argumentar éste en la única oportunidad que la ley precisa (la primera reunión convocatoria para la negociación) sobre la improcedencia de la negociación promovida (art. 439 LOTTT), manteniéndose en los órganos administrativos la determinación de los mismos.

2.4. Fines de las Organizaciones Sindicales

No se oculta en el preámbulo de la ley que su intención es adentrar la dinámica de las relaciones de trabajo en Venezuela en el proceso de construcción del socialismo del siglo XXI, aun cuando ello implique alejarse del régimen económico establecido en la CRBV y engrosar el control del Estado en la mayoría de las actividades productivas. Siendo éste el planteamiento central del nuevo instrumento legal, los márgenes de actuación de las organizaciones sindicales podrán ser férreamente controlados.

Quedan plasmados en el art. 367 LOTTT las atribuciones y fines de los sindicatos de trabajadores y trabajadoras, los cuales se dirigen en primer lugar a afianzar el modelo socialista de relaciones laborales, sustentado en la valoración ética del trabajo, el control de la producción y distribución de bienes y servicios para satisfacer las necesidades del pueblo, promover la responsabilidad social con la comunidad y el medio ambiente y posteriormente se le atribuyen la defensa de los intereses de sus afiliados, su representación en la negociación y conflictos colectivos, la defensa de los derechos colectivos e individuales de los mismos. Similares especificaciones se realizan para las asociaciones de patronos (art. 368 LOTTT) y otras organizaciones sociales, tales como cámaras de comercio, industria, agricultura o colegios profesionales (art. 369 LOTTT).

En consonancia con lo previamente expuesto, la LOTTT subordina las organizaciones sindicales al modelo político que sustenta el régimen del gobierno del presidente Chávez y no a la reivindicación de los intereses de las clases que representan.

2.5. Los Consejos de Trabajadores como Nueva Organización Social.

Como "Consejos de Obreros" estaban previstos en el rechazado Proyecto de Reforma Constitucional de 2007 (formando parte de los Consejos del

Poder Popular). Era parte de la propuesta: Artículo 70 Son medios de participación y protagonismo del pueblo, en ejercicio directo de su soberanía y para la construcción del socialismo: la elección de cargos públicos...los Consejos del Poder Popular (consejos comunales, consejos obreros, consejos estudiantiles...)...Artículo 136 El pueblo es el depositario de la soberanía y la ejerce directamente a través del Poder Popular (se proponía sumar al Poder Público el Poder Popular).

La construcción del socialismo del Siglo XXI exige un nuevo modelo de relaciones laborales, en que los actores y las instituciones vigentes no resultan útiles. El Gobierno tendrá dos opciones: "disciplinar" el sindicalismo díscolo, hasta desnaturalizarlo, o tratar de crear organizaciones alternativas como los Consejos de Trabajadores. A nadie se le había ocurrido crear algo diferente a los sindicatos, para neutralizarlos. El Gobierno ha congelado los procesos de negociación del sector público (Debates IESA, 2009).

Están previstos en dos (2) Proyectos de Leyes, uno propuesto por el Partido Comunista de Venezuela (PCV) a la Asamblea Nacional (AN) (Ley Especial de los Consejos Socialistas de Trabajadores y Trabajadoras) y otro en el marco de la Ley Habilitante.

Los Consejos de Trabajadores aparecen reconocidos como parte de la comunidad organizada en las leyes orgánicas del Poder Popular y de las Comunas (21-12-2010).

Aún cuando no se les menciona, están acordes con el Plan de Desarrollo Económico y Social de la Nación 2007-2013 (Proyecto Nacional Simón Bolívar-Primer Plan Socialista: entre las líneas generales comprende el Modelo de producción socialista, conformado básicamente por las Empresas de producción social –en las cuales el trabajo tiene significado propio, no alienado y autentico, no existe discriminación social en el trabajo y de ningún tipo de trabajo...-).

En el Proyecto del PCV se define a los Consejos Socialistas de Trabajadores como una de las organizaciones fundamentales del poder popular, concebida específicamente para la participación protagónica de los trabajadores en el ejercicio real y efectivo del control sobre los procesos productivos y administrativos y para ejercer la dirección de los procesos sociopolíticos en los centros de trabajo y áreas de actividad laboral en general... No son organizaciones sindicales ni sustituyen las funciones propias de estas.

El concepto tiene origen en las insurgencias obreras surgidas de las ruinas de la 1era Guerra Mundial y en la oleada revolucionaria que sacudió a Europa de 1917 a 1921. Los Consejos de Obreros terminaron siendo utilizados por el Estado Soviético, los desnaturalizaron y los convirtieron en un instrumento más del entramado represivo del aparato policial del Kremlin. Ante la evolución de la sociedad y otras relaciones económicas, copiar el concepto de Consejos Obreros es la excusa del régimen para liquidar los sindicatos y controlar y extinguir la propiedad privada, principal fuente de empleo en Venezuela (F. Barrios).

Los Consejos de Trabajadores constituyen una nueva forma de participación y organización de los trabajadores, figura no muy bien vista por un importante sector del movimiento sindical de diferentes tendencias, ya que lo ven como un ente que pudiera minimizar a las organizaciones sindicales y hasta a los delegados de prevención (N. Goizueta).

Estos Consejos de Trabajadores competirán con los sindicatos en el seno de la empresa, por el manejo de las reivindicaciones sociales de los trabajadores, y esta competencia será desigual, ya que los consejos de trabajadores son de constitución obligatoria en la empresa (M. Bernardoni).

Una de las características de la política laboral en los últimos años, ha sido la puesta en práctica de mecanismos que fragmentan los colectivos laborales. Han surgido nuevas propuestas de representación, que hacen vida en los mismos espacios productivos en donde desde décadas existen los sindicatos (H. Lucena).

Por otro lado, se afirma que los Consejos de Trabajadores pueden y den revertir la tradicional cultura de inarmonía entre el salario y la productividad y son una herramienta para conciliar la tirantez que ha existido entre el rendimiento, producción y productividad, por una parte, y la dignificación del trabajo por la otra, transformando la explotación del hombre en trabajo eficiente, eficaz y productivo. Además estos no existirán para sustituir las relaciones entre el sindicato y la empresa o parta obstaculizar las funciones sindicales reivindicativas y de mejoramiento de las condiciones de trabajo, sino para fortalecer... (R. Hands).

Los Consejos de Trabajadores son contemplados en los arts. 497 y 498 LOTTT como expresiones del Poder Popular para la participación protagónica en el proceso social de trabajo, quedando su funcionamiento y organización pendientes de establecerse en leyes especiales. Asimismo, se desligan las atribuciones que estos puedan tener de las atribuidas a los sindicatos, pues como ya se indicó no se pretende obstaculizar las funciones sindicales reivindicativas y de mejoramiento de las condiciones de trabajo propias del sindicato, sino fortalecer la acción de los trabajadores bajo otras formas de participación (R. Hands). Sin embargo, en la práctica, parece muy difícil la coexistencia de ambas organizaciones sin socavar las relaciones de algún grupo con el patrono. Hay que esperar la ley especial que los regule, pero si ésta, como parece lógico, se enmarca dentro del proceso de ajuste legislativo para transitar del modelo capitalista al socialista, los enfrentamientos entre ambas formas de representación de trabajadores podrían ser muy frecuentes.

Experiencias recientes (PEQUIVEN) indican una situación de enfrentamiento entre el Consejo y el Sindicato, con marcada influencia y apoyo patronal hacia el Consejo en detrimento del Sindicato (R. Hands). Sin embargo, de parte del Chavismo afirman que en el proceso de transición al socialismo, coexistirán las relaciones de producción capitalista y socialista, al igual que los Sindicatos y los Consejos Socialistas de Trabajadores (P. Eusse del Parlatino, reseñado por Ayala).

3. El Régimen Venezolano sobre Derechos Colectivos y su correlación con los Instrumentos Internacionales en la materia.

Los instrumentos internacionales sobre la materia, son: Declaración Universal de Derechos Humanos, los Pactos Internacionales sobre Derechos Civiles y Políticos, y sobre Derechos Económicos, Sociales y Culturales, Convención Americana sobre Derechos Humanos (Pacto de San José), el Protocolo Adicional a la Convención Americana sobre Derechos Humanos en materia de Derechos Económicos, Sociales y Culturales (Protocolo de San Salvador), y los Convenios 87 y 98 de la OIT.

La Declaración Universal de Derechos Humanos establece sobre el derecho de toda persona "a fundar sindicatos y a sindicarse para la defensa de sus intereses" (Art. 23, numeral 4).

El Pacto Internacional de Derechos Civiles y Políticos dispone sobre el derecho de toda persona "a asociarse libremente con otras, incluso el derecho a fundar sindicatos y a afiliarse a ellos para la protección de sus intereses" (Art. 22, numeral 1), "el ejercicio de tal derecho sólo podrá estar sujeto a las restricciones previstas por la ley que sean necesarias en una sociedad democrática..." (Art. 22, numeral 2).

El Pacto Internacional de Derechos Económicos, Sociales y Culturales en forma más amplia establece en su artículo 8: "a) El derecho de toda persona a fundar sindicatos y a afiliarse al de su elección... b) El derecho de los sindicatos a formar federaciones o confederaciones nacionales y el de éstas a fundar organizaciones sindicales internacionales o a afiliarse a las mismas, c) El derecho de los sindicatos a funcionar sin obstáculos y sin otras limitaciones que las que prescriba la ley y que sean necesarias en una sociedad democrática... d) El derecho de huelga...".

La Convención Americana sobre Derechos Humanos dispone sobre el desarrollo progresivo de los Derechos Económicos, Sociales y Culturales para lograr la plena vigencia de tales derechos "en la medida de los recursos disponibles, por vía legislativa u otros medios apropiados" (Art. 26).

El Protocolo Adicional a la Convención Americana sobre Derechos Humanos en materia de Derechos Económicos, Sociales y Culturales establece sobre los derechos sindicales en su artículo 8, disponiendo: el derecho de los trabajadores a organizar sindicatos y a afiliarse al de su elección, formar federaciones y confederaciones nacionales y asociarse a las ya existentes, así como formar organizaciones sindicales internacionales; y el derecho de huelga, el ejercicio de estos derechos sólo puede estar sujeto a las limitaciones y restricciones previstas por la ley, siempre que "estos sean propios a una sociedad democrática...". En cuanto a limitaciones y restricciones refiere a los miembros de las fuerzas armadas y de policía, y a los de otros servicios esenciales. Además se contempla que nadie puede ser obligado a pertenecer a un sindicato.

El Convenio 87 OIT establece sobre la Libertad Sindical y la protección del Derecho de Sindicación, y precisa que los trabajadores y los empleadores "sin ninguna distinción y sin autorización previa, tienen el derecho de constituir las organizaciones que estimen convenientes, así como el de afiliarse a estas organizaciones, con la sola condición de observar los estatutos de las mismas" (Art. 2).

El Convenio 98 OIT dispone sobre el Derecho de Sindicación y de Negociación Colectiva, determinando que los trabajadores "deberán gozar de adecuada protección contra todo acto de discriminación tendiente a menoscabar la libertad sindical en relación con su empleo" (Art. 1, numeral 1).

Se plantea la necesidad de adecuación de la Constitución Nacional (CN) a los Convenios OIT 87 y 98, atendiendo a circunstancias específicas que se determinan a continuación:

a.   La Comisión de Expertos en la Aplicación de Convenios y Recomendaciones (CEACR-OIT) (2000) ha observado sobre disposiciones que no están conforme el C. 87, y deben ser modificados, a saber: los artículos 95 (la imposición de la alternabilidad constituye un importante obstáculo a las garantías consagradas en el Convenio) y 293 (reglamentación de los procedimientos y modalidades de la elección de los dirigentes sindicales, debe corresponder a los estatutos sindicales y no a un órgano ajeno a la organización de los trabajadores).

b.   La CEACR-OIT (2003) pidió al Gobierno derogue Resolución de la Contraloría General de la República por medio de la cual se obliga a los dirigentes sindicales, a presentar declaración jurada de bienes al inicio y al fin del mandato. Comisión toma nota de una Resolución (según información del Gobierno), en la que dispone que esto se asuma voluntariamente.

Debe destacarse que la LOTTT atiende la observación formulada por la CEACR-OIT, en cuanto a los derechos sindicales de los adolescentes y migrantes, al permitir su ejercicio sin restricción.

4. La Criminalización de la Protesta: el Estado frente la Acción Sindical.

Mención especial, por su afectación directa al ejercicio de un derecho humano fundamental inseparable de cualquier sistema democrático, es necesario realiza sobre la Criminalización de la Protesta en el país.

Consta en Informe del Comité de Libertad Sindical (CLS) OIT (2010): "el presente caso se refiere a la detención y procesamiento penal de un número considerable de sindicalistas que por ejemplo por parar la producción o atentar contra la libertad de trabajo se ven sometidos a tres o más cargos penales y a veces a medidas cautelares de presentación mensual ante las autoridades cuyo objetivo no se comprende y que pueden tener un efecto perjudicial y disuasorio en el ejercicio de los derechos sindicales. El Comité expresa su preocupación ante la acumulación de delitos a la que se enfrentan estos sindicalistas por actividades relacionadas con el ejercicio de los derechos sindicales. El Comité señala que aunque haya podido haber —si se confirman las declaraciones del Gobierno— ciertos excesos, las sanciones deberían guardar siempre proporción con las eventuales faltas cometidas".

Esto lo constata la Confederación Sindical Internacional (CSI) en sus Informes 2009 y 2010 sobre las violaciones de los derechos sindicales: la aprobación de la reforma de los artículos 357 y 360 del Código Penal, castiga y reprime mediante la aplicación de penas el derecho a la manifestación pacífica y el derecho a la huelga con paralización de empresas, actividades frecuentemente asociadas a reivindicaciones de índole laboral. En la misma línea, la aprobación de la Ley Especial de Defensa Popular contra el Acaparamiento, la Especulación y el Boicot, establece restricciones a la protesta laboral y otras formas de movilización social.

La Criminalización de la Protesta, comprende las siguientes disposiciones:

a. Artículos 357 (delito de atentado contra la seguridad en las vías-sin beneficios procesales) y 360 (daño a lugares empleados para los sistemas de transporte, servicios públicos informáticos o sistema de comunicación-sin beneficios procesales) del Código Penal.

b. Artículo 56 (violación de las zonas de seguridad) de la Ley Orgánica de Seguridad de la Nación.

c. Artículo 25 Ley Especial de Defensa Popular contra el Acaparamiento, la Especulación y el Boicot (delito de boicot, prisión y multa).

En este sentido, recientemente ha sido emblemático el caso de Rubén González, Secretario General del Sindicato de Trabajadores de Ferrominera del Orinoco (SINTRAFERROMINERA), quien por encabezar una protesta para reclamar por el contrato colectivo, fue privado de libertad por 17 meses y condenado a 7 años y medio de prisión, por los delitos de instigación a delinquir, violación de la zona de seguridad, cierre de vías, agavillamiento y restricción a la libertad de trabajo. Este dirigente sindical en marzo de 2011 salió en libertad condicional, bajo medida de presentación cada 15 días.

La LOTTT en cuanto a la regulación de este derecho fundamental no ha introducido cambios significativos con respecto a la ley derogada, ni ha buscado corregir las observaciones precedentes sobre criminalización de la protesta. Sin embargo, son pertinentes las reflexiones sobre legitimación para ejercer este derecho que se refirieron al abordar el tema de la negociación colectiva. Igualmente, se mantienen las limitaciones reglamentarias tanto para el sector público como privado cuando se presente la afectación de servicios públicos esenciales. Así, cónsono con el modelo de relaciones de trabajo altamente intervenido por los órganos administrativos desarrollado a lo largo de la LOTTT se preserva la posibilidad de intervención del ministerio del ramo dictando un Decreto de reanudación de faena, ordenando el sometimiento del conflicto a arbitraje obligatorio (art. 492 LOTTT) cuando la duración o las consecuencias de la huelga pongan, a su criterio, en peligro la vida o seguridad de una parte de la población. La conservación de esta potestad, cuestionada por los sindicatos, subsiste pues resulta útil para los gobiernos en el control de la conflictividad laboral.

5. Orientación de la Jurisprudencia Nacional

Previo a la consideración de este aspecto, es muy importante dejar establecido, como así lo observamos y los han constatado la Comisión Interamericana de Derechos Humanos (2009), y la Organización Human Rights Watch, en sus Informes Democracia y Derechos Humanos en Venezuela (2009) y Manipulando el Estado de Derecho: Independencia del Poder Judicial Amenazada en Venezuela (2004), respectivamente, que en nuestro país la separación e independencia de los Poderes Públicos está cuestionada, lo que define no existe un Poder Judicial independiente y en consecuencia, derechos como la libertad sindical no se garantiza se encuentren plenamente respaldados en las decisiones judiciales.

Una muestra de lo anterior, lo constituyen las decisiones judiciales relacionadas con el Paro Petrolero de 2002-2003, a saber:

1) decisión de la Sala Constitucional del TSJ, en relación a la acción de amparo propuesta por PDVSA contra Gente del Petróleo. En este sentido, fue decretada en fecha 19-12-2002, Medida Cautelar Innominada en la que se ordenó a todas las autoridades y particulares, vinculados con el restablecimiento de la actividad económica e industrial de PDVSA, acatar todos aquellos Decretos y Resoluciones emanados de los órganos competentes, cuya finalidad sea lograr la puesta en funcionamiento de la industria petrolera y sus derivados.

2) cursan ante tribunales de la República juicios penales contra los presidentes de las principales centrales empresarial (Carlos Fernández de FEDECAMARAS) y de trabajadores (Carlos Ortega de la CTV), por los delitos de Rebelión Civil e Instigación a Delinquir, por sus acciones relacionadas con el nombrado Paro Petrolero, donde el seguido contra el segundo de los indicados, ya terminó y se emitió una condena.

La OIT a través de su Comité de Libertad Sindical ha constatado la segunda de las situaciones descritas, y solicitando al Gobierno Nacional deje sin efectos las medidas judiciales, particularmente en relación a las órdenes de detención (en el caso del presidente de la CTV, como se indicó ya hay sentencia condenatoria). Por otra parte, el mencionado organismo internacional también ha verificado sobre el despido masivo en la Industria Petrolera, ante la misma circunstancia.

Como se observa, las situaciones descritas reflejan restricciones en el ejercicio de los derechos sindicales, y en el primer caso, prácticamente significó una reanudación de faena, cuando lo adecuado era instrumentar mecanismos ante la situación de conflicto en un servicio esencial, como lo es la Industria Petrolera Nacional, y asegurar la continuidad del servicio con el personal necesario, sin interferir en el conflicto.

Por otro lado, se estima que a raíz de la misma circunstancia, la Sala de Casación Social del TSJ modificó el criterio en relación a la estabilidad de los Trabajadores Petroleros (Sentencia de SCS del TSJ, 29-05-2003), definiendo que para los Trabajadores Petroleros aplica el régimen de estabilidad relativa, en lugar de la estabilidad especial o sui géneris, considerada desde 1994 (sentencia del 13-07-1994 de la Sala de Casación Civil de la extinta Corte Suprema de Justicia, con ponencia de Rafael Alfonzo-Guzmán).

También en otros ámbitos sobre derechos colectivos de los trabajadores, podemos destacar siguiendo a Perdomo, las máximas jurisprudenciales siguientes:

1) Al concederle a la parte actora los beneficios contemplados en la Convención Colectiva de Trabajo de la Industria Petrolera siendo un trabajador de nómina mayor, incurrió en errónea interpretación de la Cláusula Tercera de dicho Contrato Colectivo (Sentencia 28-02-02. TSJ-SCS).

2) Interpretación de la cláusula de un contrato colectivo referido a los pagos por la prestación de antigüedad (Sentencia 04-10-01. TSJ-SCS).

3) Sentencia inmotivada porque acordó el pago de unos conceptos laborales sobre la base de una Contratación Colectiva inexistente en autos (Sentencia 13-11-02. TSJ-SCS).

4) Efectos de la copia de un ejemplar del contrato colectivo (Sentencia 02-10-00. Juzgado Superior Tercero del Trabajo del Área Metropolitana de Caracas).

5) Una vez celebrado un contrato colectivo se erige en pauta mínima forzosa de todo contrato individual (Sentencia 26-10-00. Juzgado Superior Tercero del Trabajo del Área Metropolitana de Caracas).

6) Naturaleza jurídica de los contratos colectivos (Sentencia 18-03-99. Juzgado Superior Tercero del Trabajo del Área Metropolitana de Caracas).

7) La gerente de recursos humanos es representante del patrono y por ello no se encontraba bajo el ámbito de protección del Contrato Colectivo (Sentencia 29-10-99. Juzgado Superior Quinto Accidental del Trabajo del Área Metropolitana de Caracas).

Resulta de interés destacar, la tendencia jurisprudencial de ratificar la igualdad de las personas ante la Ley, y evitar la discriminación, lo que está en el sentido de garantizar los derechos fundamentales en el trabajo conforme la Declaración OIT (1998). Una muestra sobre decisiones de esta naturaleza, lo constituye la sentencia de la Sala Constitucional del TSJ de fecha 15-06-2011, en el amparo propuesto por la Asociación Unitaria de Empleados Jubilados y Pensionados del suprimido Instituto Nacional de Obras Sanitarias (INOS), contra el Ministerio del Poder Popular para el Ambiente, en la que se estableció que la aplicación de dos regímenes distintos para los jubilados y pensionados del liquidado INOS, y los demás empleados y obreros al servicio del nombrado Ministerio, regidos por una convención colectiva con un régimen prestacional más beneficioso, constituye violación al derecho a la igualdad, por lo que se ordenó al nombrado Ministerio del Poder Popular para el Ambiente, incorporar a la nómina de jubilados y pensionados de ese Ministerio, a los jubilados y pensionados del INOS, en las mismas condiciones que el resto del personal jubilado y pensionado de dicho Ministerio.

Conclusiones

La inexistencia de un proyecto formal de reforma de la Ley Orgánica del Trabajo (LOT), le restó seriedad al proceso de estudio, ya que no hubo la necesaria participación de todos los actores involucrados, en la definición de los términos de la Ley Orgánica del Trabajo, de los Trabajadores y las Trabajadoras (LOTTT).

No es suficiente pregonar con base a la Constitución Nacional, que Venezuela es un Estado Democrático y Social de Derecho y de Justicia, las carencias en cuanto al Estado de Derecho y la falta de un modelo democrático de relaciones laborales, tienen incidencia importante sobre el ejercicio efectivo de la libertad sindical.

Si bien en la Nueva Ley del Trabajo (LOTTT) se reforzaron algunos derechos individuales de los trabajadores y se acataron recomendaciones de organismos internacionales en la materia, la influencia de una ideología y modelo político, ha definido mayor control del Estado, en detrimento de la libertad y autonomía sindical. Ello ha conllevado la consolidación de un modelo de relaciones de trabajo altamente intervenido, no solo para el sector público, sino también para el privado.

Por otra parte, la LOTTT suprime la idea de armonía en las relaciones colectivas de trabajo (Art. 396 LOT), quedando esto limitado a favorecer las relaciones colectivas y la solución de los conflictos, como está previsto en la Constitución Nacional (Art. 96).

Se hace necesario reforzar la autonomía e independencia de los Poderes Públicos, y en concreto del Poder Judicial, así como contrarrestar la criminalización de la protesta, derogando las normas previstas a ese efecto, para facilitar y proteger la acción sindical.

Mientras que en el mundo la tendencia es a la descolectivización del Derecho del Trabajo, como se observa a nivel de Europa, en nuestro país la tendencia es por una parte a reconocer un rol protagónico de los trabajadores y sus organizaciones, pero por la otra, la intervención y control por parte del Estado, es mayor a través de mecanismos como el Registro Nacional de Organizaciones Sindicales y la criminalización de la protesta. Ello ha derivado en el establecimiento de una legislación laboral punitiva hacia el empleador o patrono, desnivelada en cuanto al rol del Estado dentro del desarrollo de las relaciones de trabajo, y reforzadora de los privilegios de éste cuando se desempeña como empleador.

Bibliografía

Doctrina

Alfonzo-Guzmán, Rafael J. *Nueva Didáctica del Derecho del Trabajo*, Décimo primera Edición, Editorial Melvin, Caracas. 2000

Arrieta A., José Ignacio (2011): "El Primero de Mayo y el país", en *Revista SIC*, Año LXXIV, N° 734, Mayo 2011, Centro Gumilla, Caracas, pp. 148-150.

Ayala, Sandra: Incluirán Consejos de Trabajadores Socialistas en la LOT para el sector privado y público, en la Web: http://www.asambleanacional.gob.ve/index.php?option=com_content&view=article&id=22411&catid=284%3Anoticias&Itemid=249&lang=es, consulta de fecha 3 de julio de 2011.

Barrios, Froilán: Los Consejos de Trabajadores y el Estado Chavista, en la Web: http://www.analitica.com/va/economia/opinion/5560745.asp, consulta de fecha 10 de junio de 2011.

Barrios, Froilán en la Web: http://www.diarioregion.com/2012/04/13/froilan-barrios-nueva-lot-es-un-engaño-para-los-trabajadores/, consulta 18 de octubre de 2012.

Baylos, Antonio y Joaquín Pérez Rey. Presentación al Libro Verde: "Modernizar el Derecho Laboral para afrontar los Retos del Siglo XXI" en *Cuadernos de la Fundación Estudios* (5/2006), Fundación Sindical de Estudios. Madrid 2006

Bernardoni de Govea, María. El Proyecto de Reforma de la Ley Orgánica del Trabajo. Consideraciones generales sobre la LOT a 20 años de su promulgación. El contexto social, económico y político de la reforma, en *Revista Gaceta Laboral*, Vol. 17, N° 1/2011, Centro de Investigaciones y Estudios Laborales y Disciplinas Afines (CIELDA) de La Universidad del Zulia, Maracaibo, 2011, pp. 97 a 123.

Carballo Mena, Cesar A. Libertad Sindical La Perspectiva de los Derechos Fundamentales, Caracas, 2012, s/e.

Comisión Interamericana de Derechos Humanos (2009): Informe Democracia y Derechos Humanos en Venezuela, en la Web: http://www.cidh.oas.org/countryrep/Venezuela2009sp/VE09.indice.sp.htm, consulta de fecha 12 de julio de 2011.

Confederación Sindical Internacional: Informe sobre Las Violaciones de los Derechos Sindicales en todo el Mundo en 2011, en la Web: http://hec torlucena.blogspot.com/search?updated-max=2012-09-03T08:53:00-07:00& max-results=7, consulta de fecha 8 de septiembre de 2012.

Espinoza Prieto, Antonio: La Reforma Laboral Reto del Siglo XXI, en la Web: http://cc.bingj.com/cache.aspx?q=La+Reforma+Laboral+Reto+del+ Siglo+XXI.&d=4767860615351718&mkt=es-ES&setlang=es-ES&w=95b6a91f, 9aaa3361, consulta de fecha 12 de junio de 2011.

Garay, Juan y Miren Garay. *Ley del Trabajo (Ley Orgánica del Trabajo, de los Trabajadores y Trabajadoras): Comentada y con Casos Prácticos*, Ediciones Juan Garay. Caracas, 2012

Goizueta, Napoleón: Alcance e Implicaciones Laborales de la Propuesta de Reforma Constitucional 2007, en la Web: http://www.ulpiano.org.ve /revistas/bases/artic/texto/RDUCV/130/ucv_2007_130_257-268.pdf, consulta de fecha 10 de julio de 2011.

González Rincón, Ricardo. "La Libertad Sindical en el Reglamento de la Ley Orgánica del Trabajo" en libro *Reglamento de la Ley Orgánica del Trabajo Análisis por sus Proyectistas*, Coordinador Oscar Hernández Álvarez, Tipografía Litografía Horizonte CA. Barquisimeto, 1999

Hands Díaz, Rafael: Proyecto de Ley de Consejos de Trabajadores y Trabajadoras (Ventajas y Conveniencia), en la Web: http://atencionin-tegral.blogspot.com/2010/02/proyecto-de-ley-de-consejos-de.html, consulta de fecha 18 de junio de 2011.

Hernández Álvarez, Oscar. "Setenta Años de Legislación Laboral en Venezuela", en libro *Cincuenta Años de Derecho del Trabajo en América Latina* dirigido por Arturo Bronstein, Rubizal-Culzoni Editores. Buenos Aires, 2007

Human Rights Watch (2004): Informe Manipulando el Estado de Derecho: Independencia del Poder Judicial Amenazada en Venezuela, en la Web: http://www.hrw.org/es/reports/2004/06/16/manipulando-el-estado-de-derecho, consulta de fecha 12 de julio de 2011.

Iturraspe, Francisco: El Derecho de Huelga como Fundamento de un Derecho Laboral Transformador.

Iturraspe, Francisco. Implicaciones de la posible sanción de un Código Orgánico del Trabajo y de la Seguridad Social, en Revista Derecho del Trabajo, N° 9 (Extraordinaria) 2010, *Homenaje al maestro Napoleón Goizueta, Memorias y Comunicaciones del "4°. Congreso Internacional de Derecho del Trabajo y de la Seguridad Social"*, Fundación Universitas, Barquisimeto 2010

Iturraspe, Francisco. "Derecho Colectivo del Trabajo" Título VII Capítulos I y II en *Comentarios a la Ley Orgánica del Trabajo y Su Reglamento*, Tomo II, Coordinador Oscar Hernández Álvarez, Editorial Jurídicas Rincón. Barquisimeto, 2001

Lucena, Héctor: Y sigue la Violencia Sindical: Fracaso de una Política Laboral, en la Web: http://hectorlucena.blogspot.com/, consulta de fecha 20 de octubre de 2012.

Lucena, Héctor: Política Laboral: Progresiva o Regresiva?, en la Web: http://hectorlucena.blogspot.com/search?updated-max=2012-09-03T08: 53: 00-07:00&max-results=7, consulta de fecha 20 de septiembre de 2012.

Lucena, Héctor: Consejos Obreros ¿Qué sustituye y qué aporta?, en la Web: http://hectorlucena.blogspot.com/2011/05/consejos-obreros-que-sustituye-y-que.html, consulta de fecha 13 de julio de 2011.

Marín Boscán, Francisco. "El Cumplimiento del Rol de los Sindicatos y la Protección contra la Antidiscriminación Sindical, Panorama en México y Venezuela", en libro: *Reflexiones Jurídicas Laborales un homenaje al doctor Baltasar Cavazos Flores*, coordinado por Arturo Martínez y González, Editorial Trillas. México, 2010

Observatorio Venezolano de Conflictividad Social: Tendencias de la Conflictividad Social en Venezuela en septiembre 2012, en la Web: http:// www.observatoriodeconflictos.org.ve/oc/wp-content/uploads/2012/10/ Tendencias-de-la-conflictividad-social-en-Venezuela-septiembre-2012.pdf, consulta de fecha 2 de octubre de 2012.

Observatorio Venezolano de Conflictividad Social: Tendencias de la Conflictividad Social en Venezuela, Primer Semestre 2012, en la Web: http://observatoriodeconflictos.org.ve/oc/wp-content/uploads/ 2012/ 07/ Tendencias-de-la-conflictividad-social-en-Venezuela-1er-semestre-2012.pdf, consulta de fecha 10 de octubre de 2012.

Oficina Internacional del Trabajo: El Programa de Trabajo Decente, en la Web: http://www.ilo.org/global/about-the-ilo/decent-work-agenda/lang--es/index.htm, consulta de fecha 10 de junio de 2011.

Oficina Internacional del Trabajo: Informes del Comité de Expertos en la Aplicación de Convenios y Recomendaciones y del Comité de Libertad Sindical, en la Web de la OIT (http://www.oit.org).

Padilla, José Ramón y otros. "El Trabajo y su Nueva Ley", en *Revista Debates* IESA, Volumen XVII, Número 3, julio-septiembre, Caracas. 2012

Padilla, José Ramón. "Tan Cerca y Tan Lejos. La Difícil Relación entre el Chavismo y los Sindicatos", en *Revista Debates IESA,* Volumen 14, N° 3, Caracas, 2009, pp. 62-68.

Partido Comunista de Venezuela (PCV): Proyecto de Ley especial de los Consejos Socialistas de Trabajadores y Trabajadoras, en la Web: http:// www.bvsst.org.ve/documentos/pnf/ley_de_los_consejos_sociales_de_los_ trabajadores_PCV.pdf, consulta de fecha 15 de junio de 2011.

Perdomo, Juan Rafael. *Tendencias Jurisprudenciales de la Sala de Casación Social 2010,* Librería J. Rincón G. Barquisimeto, 2011

Perdomo, Juan Rafael: Panorama Actual del Derecho Colectivo del Trabajo, en la Web: http://www.tsj.gov.ve/informacion/miscelaneas/panorama_derecho2.htm consulta de fecha 15 de julio de 2011.

Programa Venezolano Educación-Acción en Derechos Humanos: Informe Anual sobre Situación de los Derechos Humanos en Venezuela, octubre 2010/ septiembre 2011, en la Web: http://www.derechos.org.ve/informes-anuales/informe-anual-2011, consulta de fecha 5 de septiembre de 2012.

Romagnoli, Umberto: El Renacimiento de la palabra Sindicato, La Factoría, enero-abril, número 29, en la Web: http://amiromagno.blogspot.com /, consulta de fecha 10 de octubre de 2012.

Tejero Puntes, Suhelis y Ramírez Cabello, María: Ferrominera: Sindicatos insisten en paro pese a liberación de Rubén González, en la Web: http://www.reportero24.com/2011/03/ferrominera-sindicatos-insisten-en-paro-pese-a-liberacion-de-ruben-gonzalez/, consulta de fecha 12 de junio de 2011.

Urquijo, José I. *El Movimiento Obrero de Venezuela,* Publicado por OIT, Universidad Católica Andrés Bello e INAESIN, Editorial Texto, Caracas. 2000

Villasmil Briceño, Fernando. *El Derecho Colectivo y el Decreto con Fuerza de Ley Orgánica del Trabajo, de los Trabajadores y Trabajadoras,* Ediciones Librería Europa. Maracaibo, 2012

Villasmil Prieto, Humberto. *Fundamentos de Derecho Sindical Venezolano,* Universidad Católica Andrés Bello, Publicaciones UCAB. Caracas, 2006

Villasmil Prieto, Humberto. *Estudios de Derecho del Trabajo,* Segunda Edición, 1ª Reimpresión, Universidad Católica Andrés Bello, Caracas. 2006

Legislación

Asamblea Nacional de la República Bolivariana de Venezuela: Ley Aprobatoria del Protocolo Adicional a la Convención Americana sobre Derechos Humanos en Materia de Derechos Económicos, Sociales y culturales (Protocolo de San Salvador), *Gaceta Oficial* N° 38.192 de fecha 23 de mayo de 2005.

Asamblea Nacional de la República Bolivariana de Venezuela: Código Penal, *Gaceta Oficial* N° 5.768 Extraordinario de fecha 13 de abril de 2005.

Asamblea Nacional de la República Bolivariana de Venezuela: Ley Orgánica de Seguridad de la Nación, *Gaceta Oficial* N° 37.594 de fecha 18 de diciembre de 2002.

Comisión Legislativa Nacional: Constitución, *Gaceta Oficial* N° 36.860 de fecha 30 de diciembre de 1999.

Congreso Nacional de la República de Venezuela: Ley Aprobatoria del Convenio 87 de la OIT sobre Libertad Sindical y Protección del Derecho de Sindicación, *Gaceta Oficial* N° 3.011 de fecha 3 de septiembre de 1982.

Congreso Nacional de la República de Venezuela: Ley Aprobatoria del Pacto Internacional sobre Derechos Civiles y Políticos, *Gaceta Oficial* N° 2.146 de fecha 28 de enero de 1978.

Congreso Nacional de la República de Venezuela: Ley Aprobatoria del Pacto Internacional de Derechos Económicos, Sociales y Culturales, *Gaceta Oficial* N° 2.146 de fecha 28 de enero de 1978.

Congreso Nacional de la República de Venezuela: Ley Aprobatoria de la Convención Americana sobre Derechos Humanos (Pacto de San José), *Gaceta Oficial* N° 31.256 de fecha 14 de junio de 1977.

Congreso Nacional de la República de Venezuela: Ley Aprobatoria del Convenio 98 de la OIT sobre Aplicación de los Principios del Derecho de Sindicación y de Negociación Colectiva, *Gaceta Oficial* N° 28.709 de fecha 22 de agosto de 1968.

Presidencia de la República (2012): Ley Orgánica del Trabajo, de los Trabajadores y Trabajadoras, Decreto N° 8938 de fecha 30 de abril en *Gaceta Oficial* N° 60765 Extraordinario del 07 de mayo.

Presidencia de la República: Decreto con Rango, Valor y Fuerza de Ley Orgánica de Reforma Parcial de la Ley Orgánica del Trabajo, Gaceta N° 6.024 Extraordinario, de fecha 6 de mayo de 2011.

Presidencia de la República: Decreto de Reforma Parcial del Decreto con Rango, Valor y Fuerza de Ley Especial de Defensa Popular contra el Acaparamiento, la Especulación, el Boicot y cualquier otra Conducta que afecte el Consumo de Alimentos o Productos Declarados de Primera Necesidad o Sometidos a un Control de Precios, *Gaceta Oficial* N° 38.862 de fecha 31 de enero de 2008.

Presidencia de la República: Reglamento de la Ley Orgánica del Trabajo, *Gaceta Oficial* N° 38426 Extraordinario de fecha 28 de abril de 2006.

Jurisprudencia

http://www.tsj.gov.ve

ANEXO N° 5
COMENTARIOS A LA
PRIMERA CONVENCIÓN COLECTIVA ÚNICA
DE LOS TRABAJADORES UNIVERSITARIOS 2013-2014[*][1]

La Primera Convención Colectiva Única de los Trabajadores Universitarios fue homologada por el Ministerio para el Trabajo y la Seguridad Social (GO N° 40.203 de fecha 9/7/2013), una vez tramitada mediante el procedimiento de la Reunión Normativa Laboral (RNL), previa convocatoria de ese despacho (GO N° 40167 de fecha 15/05/2013), a solicitud de organizaciones del sector.

Tal Convención fue celebrada para regir en el lapso 2013-2014, por el Ministerio para la Educación Universitaria con las siguientes organizaciones: Federación Nacional de Trabajadores Universitarios de Venezuela (FE-TRAUVE), Federación Nacional de Sindicatos de Profesores de la Educación Superior (FENASINPRES), Federación Nacional de Sindicatos de Obreros de las Universidades de Venezuela (FENASTRAUV), Federación Nacional de Sindicatos Obreros de la Educación Superior de Venezuela (FENASOESV), sindicatos federados y no federados, como asociación de profesores invitada, la Asociación de Profesores de la Universidad de Oriente (APUDO-Sucre), y sindicatos adherentes.

La nombrada Convención consta de 110 cláusulas distribuidas en diez capítulos, que comprenden los aspectos siguientes: I. Definiciones, II. Participación de los Trabajadores en la Transformación Universitaria, III. Condiciones de Trabajo, IV. Régimen de Administración de Personal, V. Salud y Previsión Social, VI. Otras Garantías Sociales para garantizar (sic) el vivir bien de los Trabajadores Universitarios, VII. Jubilados, Pensionados y Sobrevivientes, VIII. Tabla de Salarios y Beneficios Socioeconómicos, IX. Organizaciones Sindicales y X. Disposiciones Finales.

---

[*] El texto completo de la Convención se encuentra disponible en: http://www.mppeu.gob.ve/web/uploads/documentos/documentosVarios/convencion_unica.pdf

[1] Trabajo publicado en la *Revista Gaceta Laboral*, CIELDA-LUZ, N° 2-2013.

Este documento ha resultado controversial, ya que fue negociado, aprobado y se comenzó a ejecutar en el marco de un conflicto a nivel de las Universidades Nacionales, sin generarse solución en un primer momento.

Una Comisión de la que fuimos parte, designada por la Asociación de Profesores de la Universidad del Zulia (APUZ)[2] para el estudio de la propuesta de esta normativa, emitió dos (2) informes en los cuales se formularon observaciones y recomendaciones, algunas de estas acogidas por el Ministerio de Educación Universitaria, previo al inicio de la negociación formal.

Cuando comenzó el trabajo en la Comisión, lo propuesto se asemejaba a los llamados "contratos colectivos de protección patronal", frecuentes en México, y tan cuestionados por los organismos internacionales laborales. Por ninguna parte figuraba la Federación de Asociaciones de Profesores Universitarios de Venezuela (FAPUV) entre las organizaciones, ni había referencia a las Normas de Homologación (instrumento que desde 1982 rige los ajustes salariales y beneficios adicionales de los miembros del personal docente y de investigación de las universidades nacionales). Por otra parte, se planteaba una orientación ideológica con base a "valores humanos socialistas"[3] en el capítulo II sobre "Cláusulas para la Transformación Universitaria"; en la Convención aprobada aquello fue sustituido por una concepción más amplia, que enuncia los "Compromisos con los principios rectores de la Educación Universitaria"[4], en términos ahora "flexibilizados" y distinguido como

---

2   Comisión conformada por los profesores: Flor Villalobos (Coordinadora), Álvaro Soto, Elida Aponte, Francisco Marín Gutiérrez y el suscrito.

3   (Proyecto) **CLÁUSULA 6 – DESARROLLO DE VALORES HUMANOS SOCIALISTAS.** El empleador y las federaciones convienen en aunar esfuerzos para promover y sensibilizar a los trabajadores universitarios en la toma de conciencia y desarrollo de los valores humanos que constituyen el poder moral en estas instituciones de educación universitaria. El empleador y las federaciones se comprometen a poner en práctica actividades de divulgación de los valores humanos universales e institucionales, de los principios de la justicia social, ética, superación, austeridad, probidad y excelencia, valores morales y ética socialista, en pro de la consolidación y desarrollo del proceso educativo en las instituciones de educación universitaria oficiales y en su praxis de trabajo diario, de acuerdo a lo enmarcado en el Plan de Desarrollo Económico y Social de la Nación 2013-2019.

PARÁGRAFO ÚNICO: El empleador fortalecerá y concederá los recursos económicos necesarios para que los trabajadores universitarios intervengan en eventos e intercambios estadales, nacionales e internacionales. De igual manera, realizará los convenios con instituciones de educación en valores humanos para planificar y ejecutar estrategias que contribuyan a la formación del ser humano nuevo y del trabajador universitario que requieren las instituciones de educación universitaria.

4   (Convención aprobada) **CLÁUSULA N° 2: COMPROMISOS CON LOS PRINCIPIOS RECTORES DE LA EDUCACIÓN UNIVERSITARIA.** Las partes reafirman su compromiso con el carácter público de la educación universitaria y sus funciones esenciales de formación integral del pueblo venezolano, de creación, difusión y apropiación social del conocimiento, en función de la soberanía nacional, la vida plena de los seres humanos, el desarrollo económico y social, la valoración de la diversidad cultural y natural, la valoración y conservación del patrimonio de la humanidad, la construcción de una sociedad caracterizada

Capítulo II "De la Participación de los Trabajadores en la Transformación de la Educación Universitaria".

En este sentido, la Comisión designada por APUZ expuso en sus informes, que lo referido a "Transformación Universitaria" debía ser eliminado, puesto que no es materia de una convención colectiva, y está en contravención con la Constitución Nacional y la vigente Ley de Universidades, en cuanto a autonomía se refiere. En el indicado Capítulo la aprobada Convención, si bien mantiene el nombrado propósito de la "Transformación Universitaria", suprimió el elemento ideológico que impregnaba las propuestas iniciales, y además lo relacionado a: contraloría social[5], solidaridad social[6], y el llamado "trabajo voluntario" para la participación y apoyo en las misiones sociales, este último fue sustituido por la constitución de "brigadas de trabajadores contra la especulación y el acaparamiento"[7]

En todo caso, aclaramos, si bien es la Primera Convención Única para todos los Trabajadores Universitarios, ya el Personal Administrativo, el Personal Obrero y el Personal Docente y de Investigación al servicio de los Institutos y Colegios Universitarios Oficiales, contaba (por separado) con Convenciones Colectivas Únicas. En este sentido, faltaba reunir a todo el personal universitario en una Convención, comprendiendo al Personal Docente y de Investigación de las Universidades Nacionales.

Debemos reconocer las bondades de la Reunión Normativa Laboral (RNL), como instrumento o mecanismo de derecho colectivo, para negociar por rama de actividad, en este caso, el sector universitario, a manera de homologar o uniformar condiciones de trabajo entre las diferentes instituciones de este nivel educativo (Institutos, Colegios y Universidades Nacio-

---

por la igualdad sustantiva, la libertad, la solidaridad, la paz y el equilibrio con la naturaleza. Igualmente, reafirman su compromiso con los principios rectores de la educación universitaria, contenidos en la Ley Orgánica de Educación: calidad e innovación, ejercicio del pensamiento crítico y reflexivo, inclusión, pertinencia, formación integral, formación a lo largo de toda la vida, autonomía, articulación y cooperación internacional, democracia participativa y protagónica, libertad, solidaridad, universalidad, eficiencia, justicia social, respeto a los derechos humanos y bioética. En este sentido, se conviene en impulsar con alta prioridad las actividades de formación, difusión y discusión dirigidas al conocimiento y práctica de estos valores y principios.

[5] Las Instituciones de Educación Universitaria Oficiales cuentan con Contralorías Internas que reportan a los órganos contralores nacionales.

[6] Estaba previsto el aporte mensual "voluntario e individual del trabajador universitario" a la Fundación de Solidaridad con los Pueblos (Cláusula 8, Proyecto CCU).

[7] Pareciera que el apoyo al INDEPABIS que se establece en la Cláusula N° 10, persigue ayudar a solventar la falta de eficiencia de este organismo, para ampliar las tareas de los trabajadores universitarios, como si fueran pocas.

nales). Esto lo conocemos, ya que algo más de tres lustros, tuvimos la oportunidad de abordarlo en nuestro trabajo de grado de Maestría[8].

El detalle es que al reunir a todo el personal universitario nacional en una sola Convención, en las circunstancias actuales, parece ser se atendió más el interés del Ejecutivo, a los efectos del "control" deseado, ya que por la vía democrática universitaria, no han logrado acceder a los cargos de autoridad, las personas afines políticamente al Gobierno de turno.

El propósito debería ser mejorar la calidad de vida y elevar la dignidad del trabajador universitario, en aras de una mejor enseñanza, ya que la finalidad ha de ser educar para transformar el país[9], en lugar de transformar para educar como se pretende.

Es importante destacar que en el trámite de la RNL hubo una falla de inicio, en la convocatoria que hace el Ministerio del Trabajo y de la Seguridad Social, ya que hace constar que la organizaciones solicitantes son las más representativas (requisito del Art. 454 LOTTT), cuando se conoce que es FAPUV y no FENASINPRES, la Federación que representa a la mayoría de los miembros del personal docente y de investigación. Se observa que la vinculación directa en el trámite de la RNL en cuestión, fue sólo de la Asociación de Profesores de la Universidad de Oriente (APUDO-Sucre), como organización invitada.

En el fondo se ha pretendido legislar para las universidades, a falta de otras vías, y asumir que con el aumento de beneficios económicos y sociales[10] se pueda soslayar el resguardo de la autonomía universitaria y la efectiva garantía de la libertad sindical. En cuanto a esto último, se promueve la constitución de una Federación Única de Trabajadores Universitarios, lo que es contrario a la pluralidad sindical que orienta a la legislación en nuestro país (ver cláusula correspondiente)[11].

---

[8]   La Reunión Normativa Laboral como Instrumento para Armonizar las Relaciones Laborales en el Sector Publico Venezolano. Programa en Derecho Laboral y Administración del Trabajo. Universidad del Zulia. Maracaibo. 1996.

[9]   En este sentido la orientación del libro: "Educación para Transformar el País", Luis Ugalde y otros, Publicaciones UCAB, Caracas, 2012.

[10]   Estas mejoras no permiten recuperar la depreciación de los salarios en el sector, como plantean las Normas de Homologación.

[11]   **CLÁUSULA N° 100: UNIDAD DE LAS TRABAJADORAS Y LOS TRABAJADORES UNIVERSITARIOS.** Las federaciones y los sindicatos se comprometen en convocar, durante el primer semestre posterior a la homologación de la presente Convención Colectiva Única, un Congreso Nacional de Trabajadoras y Trabajadores Universitarios con el objeto de constituir la Federación Única de Trabajadoras y Trabajadores Universitarios, así como propiciar la integración de los sindicatos de base conforme al ordenamiento legal. El Ministerio del Poder Popular para la Educación Universitaria apoyará, de acuerdo con su disponibilidad presupuestaria, la realización de este Congreso.

Por otra parte, se contempla un trato diferenciado entre los beneficios del personal activo y el personal jubilado, lo que se traduce en una regresividad en relación a la situación de los segundos, así como un "castigo al mérito", como afirma el experto Absalón Méndez, ya que se define un incremento salarial mayor para las categorías inferiores, particularmente en el caso del personal docente y de investigación.

Finalmente, es oportuno y acorde con este asunto, el llamado que el Comité de Libertad Sindical de la OIT ha hecho al Gobierno de Venezuela, en cuanto al respeto de los principios de consulta y diálogo social, esto a raíz de la queja formulada por la Asociación de Profesores de la Universidad Central de Venezuela (APUCV), respecto a la promulgación de la Ley Orgánica del Trabajo, los Trabajadores y las Trabajadoras (LOTTT), sin consulta con las organizaciones representativas y con contenidos que violan los convenios en materia de libertad sindical y negociación colectiva[12].

Frente a circunstancias como las descritas, y otros factores que definen precariedad en la calidad de vida en nuestro país, pareciera que el nivel de desarrollo humano alto en el que califica Venezuela (Informe PNUD, 2013)[13], queda para las cifras oficiales.

---

[12] Informe Provisional-Informe N° 368, Junio 2013, Caso N° 2968-Venezuela, República Bolivariana de-Fecha de presentación de la queja: 24-05-2012-Activo, disponible en: http://www.ilo.org/wcmsp5/groups/public/---ed_norm/---relconf/documents/ meeting-document/wcms_216619.pdf

[13] Informe disponible en: http://hdr.undp.org/hdr4press/press/report/spanish. html

ANEXO N° 6
BREVES CONSIDERACIONES A LA
PRESTACIÓN SOCIAL Ó DE ANTIGÜEDAD EN LA LOTTT[1]

Prestaciones Sociales como denomina la Constitución de 1999 y acoge la LOTTT, es un término equívoco, ya que los beneficios que reporta la seguridad social, son prestaciones de este tipo. De ahí que razones técnicas, en atención al propósito de compensar la antigüedad en el servicio, nos llevan a considerar es más adecuada la terminología "prestación de antigüedad", asumida por la doctrina y la legislación laboral a partir de 1990, más no "indemnización por antigüedad" como contempló antes de aquello la Ley del Trabajo.

Las características de este derecho individual de los trabajadores, que asumimos como "prestación de antigüedad", nos permiten identificar su alcance, y establecerlo como: 1) ahorro diferido, 2) derecho adquirido (al menos en Venezuela), 3) cálculo retroactivo también llamado "recalculo" (no constante en nuestra legislación) y 4) con prescripción especial en la LOTTT.

A manera de describir tales características, establecemos:

1) Ahorro diferido: el monto correspondiente a estas prestaciones, en principio es disponible al término de la relación de trabajo, aunque el trabajador puede recibir anticipos (esto bajo la modalidad del Artículo 144) hasta un límite del setenta y cinco por ciento (75%), por lo que en la práctica el monto mínimo de este ahorro diferido, debe ser de un veinticinco por ciento (25%).

2) Derecho adquirido: a partir de 1974, un gran logro para los trabajadores venezolanos, constituyó la circunstancia de establecer normativamente que cualquiera que sea la causa por la que la relación de trabajo llega a término, este derecho que compensa la antigüedad en el servicio, debe ser reconocido. Así, circunstancias como el retiro voluntario o renuncia, e incluso el despido por causa justificada, no son obstáculo para su reconocimiento. Esta no es la orientación que impera en la mayoría de los países del mundo.

---

[1] Trabajo publicado en la *Revista Gaceta Laboral*, CIELDA-LUZ, N° 2-2014

3) Recalculo o cálculo retroactivo: si bien es la manera más fácil para calcular el monto que corresponde a un trabajador por concepto de prestación de antigüedad, ya que significa considerar el último salario devengado y multiplicarlo por todo el tiempo de servicio, desde el punto de vista práctico ha quedado comprobado, que en el caso de trabajadores con antigüedad amplia (mayor a diez años de servicio), no resulta el sistema de cálculo más favorable. Esto último lo consideró la Comisión Tripartita, que en el marco de un acuerdo consensuado, sugirió la reforma laboral en 1997, que abarcó la modificación del sistema de prestación de antigüedad y la recomposición del salario, como aspectos fundamentales.

4) Prescripción especial. La LOTTT establece un tiempo de extinción para las "acciones provenientes de los reclamos por prestaciones sociales" (Art. 51), distinto al del "resto de las acciones provenientes de la relación de trabajo" (mismo artículo), definiendo el primero en diez (10) años, y el segundo en cinco (5) años, o sea exactamente la mitad, este último tiempo igual a los casos de accidentes de trabajo o de enfermedad ocupacional, conforme la LOPCYMAT.

En cuanto a lo anterior, se pretende justificar la diferenciación en los tiempos de prescripción, en los términos manejados por la Constitución (un nuevo régimen para el derecho a prestaciones sociales...estableciendo un lapso para su prescripción de diez años, según la Disposición Transitoria Cuarta, Numeral Tercera). Nada más absurdo que aquello, porque ante una posible mala redacción en la Constitución, si bien los reclamos laborales en su mayoría comprenden conceptos sobre estas "prestaciones sociales" ¿por qué diferenciarlos?. En todo caso el lapso de diez (10) años responde al tiempo de prescripción de las obligaciones personales, y este es el carácter de éstas, las derivadas de la relación de trabajo.

Planteado esto, resulta de interés establecer si efectivamente la LOTTT siguió la orientación constitucional del Artículo 92 y la Disposición Transitoria Cuarta, Numeral Tercero. La nueva Ley en su Título III (De la Justa Distribución de la Riqueza y las Condiciones de Trabajo), Capítulo III (De las Prestaciones Sociales), a nivel de los artículos 141 al 147, presenta la información correspondiente, que consideraremos seguidamente.

El Nuevo Sistema en la LOTTT, lo calificamos "Dual y Selectivo", ya que se debe calcular bajo las dos modalidades previstas:

1) la que corresponde a la reforma de 1997, con pequeñas modificaciones que prácticamente representan un "maquillaje" como señalamos, a saber: el derecho nace después del primer mes de servicio, y en la prestación específica sucesiva el pago se asume por trimestres en cantidad de quince días (al depósito del monto correspondiente, ahora se le denomina "garantía de prestaciones sociales"), no hay cambio en la prestación específica adicional, que se genera después del primer año de servicio y tiene límite de 30 días; y

2) la que responde al recalculo o cálculo retroactivo.

Por mandato legal, el trabajador recibirá por este concepto, lo que resulte mayor de la aplicación de las dos modalidades descritas (Art. 142, letra d) LOTTT).

Por otro lado, la Disposición Transitoria Segunda de la LOTTT define cuatro aspectos en ese sentido, de estos el segundo hace constar sobre el 19 de junio de 1997 como "fecha nefasta en que les fue conculcado (a los trabajadores) el derecho a prestaciones sociales proporcionales al tiempo de servicio con base al último salario". Lo que hemos venido planteando en el Sistema "Dual y Selectivo" antes considerado, nos permite establecer que no fue tan negativo lo definido en la reforma de la LOT de 1997, cuando efectivamente aquel mecanismo se mantiene entre las modalidades del que hemos llamado Sistema "Dual y Selectivo", por lo que luce contradictoria la expresión en tal Disposición Transitoria en la LOTTT y por demás inadecuada dentro de un texto normativo.

Observamos que se registraron cambios en cuanto al derecho de los herederos, ampliándose los beneficiarios, ya que ahora en la LOTTT se incluye a todos los hijos, sin distingo de edad, a los nietos huérfanos, también sin hacer distinción de edad, y a los padres, sin considerar como antes, que ellos hayan estado a cargo del difunto para la época de la muerte (Art. 145). Vemos que en el fondo significa un aumento de la repartición en la familia, que en el fondo beneficia menos a los niños y adolescentes. En relación al derecho de los funcionarios públicos, en los diferentes niveles de la administración, se establece como antes, rigiéndose por lo dispuesto en esa materia (Art. 146).

Finalmente, debemos destacar que fue dictado un Decreto-Ley sobre el Fondo Nacional de Prestaciones Sociales (Decreto N° 9053, GO N° 39.945 de fecha 15-06-2012), conforme la previsión del artículo 147 LOTTT, en el que se establecen las directrices para el Programa "Fondo Nacional de Prestaciones Sociales".

Visto todo lo anterior, podemos establecer que no se siguió literalmente la orientación constitucional en la materia, ya que probablemente se identificaron bondades que permitieron reconocer la vigencia del modo de cálculo previsto en la reforma de la LOT en 1997, hasta el punto que la LOTTT lo comprende.

Lamentablemente la reforma laboral contenida en la LOTTT, fue una oportunidad menospreciada, para definir en el marco de un diálogo tripartito efectivo, y atendiendo a la realidad económica y social del país, mejores condiciones de eficiencia y productividad, para así garantizar mayores beneficios para todos los actores sociales en aras del progreso nacional.

BIBLIOGRAFÍA GENERAL

DOCTRINA

TÍTULO I

GENERALIDADES SOBRE EL DERECHO PROCESAL DEL TRABAJO

Aguilar, Ramón Alfredo. *Constitución, Potestades Administrativas y Derechos Fundamentales en la Ley Orgánica del Trabajo, los Trabajadores y las Trabajadoras (LOTTT)*, publicado por Fundación de Estudios de Derecho Administrativo (FUNEDA), Caracas, 2014

Alburquerque, Rafael. "Los Conflictos de Leyes del Trabajo en el Espacio", en *Revista de la Facultad de Derecho*, N° 42, UCAB. Caracas, 1986

Alocati, Amadeo. "Derecho Procesal del Trabajo", en *Tratado de Derecho Procesal del Trabajo dirigido por Mario Deveali*, Tomo V, Editorial La Ley. Buenos Aires, 1972

Alfonzo Guzmán, Rafael. *Nueva Didáctica del Derecho del Trabajo*, Tipografía Melvin. Caracas, 2011

Alonso García, Manuel. *Curso de Derecho del Trabajo,* Sexta Edición, Editorial Ariel. Barcelona, 1980

———————————————— *Derecho Procesal del Trabajo*, Tomo I, Madrid, 1963

Alonso Olea, Manuel; Miñambres Puig, Cesar y Alonso García, Rosa María. *Derecho Procesal del Trabajo*, Undécima Edición, Civitas Ediciones. Madrid, 2001

Ávila Hernández, Flor. "Algunas Consideraciones Jurídicas sobre la Denuncia de la Convención Americana de Derechos Humanos por Venezuela", en *Revista Frónesis*, Vol. 20. N° 2, Mayo-Agosto, Instituto de Filosofía del Derecho "Dr. José Manuel Delgado Ocando" de la Universidad del Zulia. 2013

Bermúdez Cisneros, Miguel. *Derecho Procesal del Trabajo*, Editorial Trillas. México, 1995

Bernardoni de Govea, María. Conflicto Colectivo de Trabajo Globalización y Regionalización, Publicación sobre Congreso Internacional sobre Relaciones de Trabajo y Seguridad Social, Universidad Católica Andrés Bello. Caracas, 1999

_____ Medios de Solución de los Conflictos Colectivos del Trabajo, Publicación sobre Jornadas Dialogo Social y Tripartismo, Caracas, Ediciones del Ministerio del Trabajo, 1998

_____ El Proceso de Modernización del Ministerio del Trabajo en Venezuela, Publicación sobre Jornadas Dialogo Social y Desarrollo, Ediciones del Ministerio del Trabajo, 1998

Comisión Interamericana de Derechos Humanos (2013): Informe Anual 2013. Capítulo sobre Venezuela, en la Web: http://www.oas.org/es/cidh/docs/anual/2013/docs-es/InformeAnual-Cap4-Venezuela.pdf, consulta de fecha 10 de diciembre de 2014.

Comisión Interamericana de Derechos Humanos (2013): Garantías para la Independencia de los Operadores de Justicia: Hacia el Fortalecimiento del Acceso a la Justicia y el Estado de Derecho en las Américas, en la Web: http://www.oas.org/es/cidh/defensores/docs/pdf/Operadores-de-Justicia-2013.pdf, consulta de fecha 7 de diciembre de 2014.

Confederación Sindical Internacional (2014): Informe Índice Global de Derechos de la CSI. Los Peores Países del Mundo para los Trabajadores y las Trabajadoras, en la Web: http://survey.ituc-csi.org/Venezuela.html?lang=es, consulta de fecha 5 de diciembre de 2014.

Couture, Eduardo J. Fundamentos de Derecho Procesal Civil, Ediciones Depalma. Buenos Aires, 1981

_____ Estudios de Derecho Procesal Civil, Tercera Edición, 3 Tomos, Ediciones Depalma. Buenos Aires, 1979

De Freitas De Jesús, Jair. "La Jurisprudencia como Fuente de Derecho del Trabajo" publicado en Libro: *Jornadas LOTTT Evaluación del primer año de vigencia*, Coordinado por Magaly Vásquez, Publicaciones UCAB, Caracas. 2013

Duran León, Gloria. "Fuentes del Proceso Laboral", en Publicación *La Reforma Laboral en América Latina*, Instituto de Estudios Jurídicos del Estado Lara. Barquisimeto, 1995

Duran López, Federico. "Globalización y Relaciones de Trabajo, en Publicación" sobre *Jornadas Dialogo Social y Tripartismo*, Ediciones del Ministerio del Trabajo. Caracas, 1998

García Máynez, Eduardo. *Introducción al Estudio del Derecho*, Trigésimo Primera Edición, Editorial Porrúa. México, 1980

González Rincón, Ricardo. El Principio Proteccionista en el Derecho Procesal del Trabajo, Publicación sobre III Congreso Venezolano de Relaciones de Trabajo, La Universidad del Zulia. 1993

Hernández Álvarez, Oscar (1999): "La Constitución como Fuente del Derecho del Trabajo", en Libro sobre *Reflexiones y Propuestas en torno a la Nueva Constitución Normativa Laboral y Seguridad Social*, Fondo Editorial Nacional José Agustín Catalá. Caracas, 1999

Iturraspe, Francisco. "Conflictos Colectivos: Normativa Legal y Realidad Social", en Publicación sobre *XII Congreso Iberoamericano del Derecho del Trabajo y de la Seguridad Social*, Universidad Central de Venezuela, Caracas, 1998

Jaime Martínez, Héctor. *Normas Fundamentales, en Comentarios a la Ley Orgánica del Trabajo* coordinado por Oscar Hernández Álvarez, Tipografía y Litografía Horizonte. Barquisimeto, 1999

Lee Bailey, F. *Como se Ganan los Juicios El Abogado Litigante*, Limusa Nobriega Editores. México, 2000

Loreto, Luis. *Estudios de Derecho Procesal Civil*, Universidad Central de Venezuela, Caracas, 1956

Louza Scognamiglio, Laura. La Revolución Judicial en Venezuela, publicado por Fundación de Estudios de Derecho Administrativo (FUNEDA), Caracas 2011

Lucena, Héctor. Relaciones de Trabajo en Venezuela: Tradición y Modernidad, en *Publicación sobre Jornadas Dialogo Social y Desarrollo*, Ediciones del Ministerio del Trabajo. Caracas, 1998

Marín Boscán, Francisco Javier. *Manual de Derecho Procesal del Trabajo*, La Universidad del Zulia, Inédito. Maracaibo, 2002

_____ La Reunión Normativa Laboral como Instrumento para Armonizar las Relaciones Laborales en el Sector Publico Venezolano, Trabajo de Grado de Maestría en Derecho Laboral y Administración del Trabajo, la Universidad del Zulia, Maracaibo, 1996

Mésquita Barros, Casio. Jurisdicción Especial del Trabajo, en Publicación sobre XII Congreso Iberoamericano de Derecho del Trabajo y la Seguridad Social, Universidad Central de Venezuela. Caracas, 1998

Ministerio del Poder Popular para el Proceso Social de Trabajo (2013): Memoria, en la Web: http://www.mpppst.gob.ve/mpppst/wp-content/themes/minpptrass/memorias_cuentas/memoria2013.pdf. consulta de fecha 15 de enero de 2015.

Newman, J.C. *La Oralidad en el Procedimiento Civil y El Proceso por Audiencias (Principios Rectores)*, Editorial Arismeca. Mérida, 1999

Observatorio Venezolano de Conflictividad Social (2014): Informe Conflictividad Social en Venezuela 2013, en la Web: http://www.observatorio deconflictos.org.ve/oc/wp-content/uploads/2014/01/Conflictividad-Social-en-Venezuela-en-2013.pdf, consulta de fecha 15 de enero de 2015.

Observatorio Venezolano de Conflictividad Social (2015): Informe Conflictividad Social en Venezuela 2014, en la Web: http://www.observatorio deconflictos.org.ve/oc/wp-content/uploads/2015/01/Conflictividad-en-Venezuela-2014.pdf, consulta de fecha 20 de enero de 2015.

Oficina Internacional del Trabajo. Las Normas Internacionales del Trabajo, 4ª Edición, Alfaomega Grupo Editor. México, 2000

_____ Relaciones de Trabajo en Venezuela, Serie Relaciones de Trabajo N° 79, Publicación OIT. Ginebra, 1995

Ortiz, Luis Daniel. El Procedimiento Oral en el Código de Procedimiento Civil Venezolano, Editorial Livrosca. Caracas, 1995

Parra Aranguren, Fernando. "Las Constituyente y las Normas Laborales", en Libro *Reflexiones y Propuestas en torno a la Nueva Constitución Normativa Laboral y Seguridad Social*, Fondo Editorial Nacional José Agustín Catalá. Caracas, 1999

Pasco Cosmopolis, Mario. "El Principio Protector en el Derecho Procesal del Trabajo", en *Revista de la Facultad de Ciencias Jurídicas y Políticas*, N° 68, La Universidad del Zulia, Maracaibo, 1992

Perdomo, José Rafael. Panorama Actual de Derecho Colectivo del Trabajo, en web: www.tsj.gov.ve. 2003

_____ El Acceso a la Justicia, en web: www.tsj.gov.ve, 2003

Pérez Perdomo, Rogelio. "Los Trabajadores de Bajos Ingresos y la Justicia Laboral", en *Justicia y Pobreza en Venezuela*, Monte Ávila Editores, 1985. Caracas, 1985

Pla Rodríguez, Américo. *Los Principios del Derecho del Trabajo*, 2° Edición, Reimpresión, Editorial Depalma. Buenos Aires, 1990

Podetti, Ramiro J. *Tratado del Proceso Laboral*, Editorial Ediar, Tomo I. Buenos Aires, 1949

Programa Venezolano Educación - Acción en Derechos Humanos (2013): Informe Especial 15 años sobre DD. HH.: "Inclusión en lo Social, Exclusión en lo Político", en la Web: http://www.derechos.org.ve/2012/12/10/provea-presenta-informe-especial-15-anos-sobre-dd-hh-inclusion-en-lo-social-ex inclusión-en-lo-político/, consulta de fecha 15 de marzo de 2014.

Programa Venezolano Educación - Acción en Derechos Humanos (2014): Situación de los Derechos Humanos en Venezuela, Informe Anual Enero – Diciembre 2013, en la Web: http://www.derechos.org.ve/informe-anual-2013/, consulta de fecha 6 de enero de 2015.

Programa Venezolano Educación - Acción en Derechos Humanos y Otros (2014): Venezuela 2014 Protestas y Derechos Humanos. Informe Febrero - Mayo, en la Web: http://www.derechos.org.ve/pw/wp-content/uploads/Informe-final-protestas2.pdf, consulta de fecha 20 de enero de 2015.

Programa Venezolano de Educación-Acción en Derechos Humanos (2010): Informe sobre la Situación de los Derechos Humanos en Venezuela, Derechos Económicos, Sociales y Culturales (Derechos Laborales), Octubre 2009-septiembre 2010, en la Web: http://www.derechos.org.ve/provea web/informesanuales/informe-anual-2010, consulta de fecha 21 de junio de 2011.

Quintero, Mariolga. *Justicia y Realidad*, Universidad Central de Venezuela. Caracas, 1988

Rodríguez Díaz, Isaías. *El Nuevo Procedimiento Laboral*, Editorial Jurídica Alva, 1995. Caracas, 1990

Satafforini, Eduardo. *Derecho Procesal Social*, Tipografía Editora Argentina. Buenos Aires, 1955

Torres, Iván Darío. *Representación Laboral*, Caracas. 1955

―――――――――――― *Negociaciones y Conflictos Colectivos*, Caracas. 1992

Trueba Urbina, Alberto. *Nuevo Derecho Procesal del Trabajo*. Editorial Porrúa. México, 1980

―――――――――――― *Nuevo Derecho del Trabajo*, Editorial Porrúa. México, 1970

Valenzuela, Arturo. *Derecho Procesal del Trabajo*, Editorial José M. Cajical. México, 1959

Véscovi, Enrique. *Teoría General del Proceso*, Editorial Temis. Bogotá, 1984

Villasmil Briceño, Fernando. *Comentarios a la Ley Orgánica del Trabajo*, Paredes Editores. Caracas, 1993

―――――――――――― *Salario, Jornada y Otros Temas*, Librería Roberto Borrero, s/f. Maracaibo

Villasmil Prieto, Humberto. *Aputamientos de Derecho Colectivo del Trabajo: Negociaciones y Conflictos*, Paredes Editores. Caracas, 1975

TÍTULO II

EL PROCEDIMIENTO ORDINARIO LABORAL.

Alayón, Ángel; Carballo, César; Daza, Abelardo y Márquez, Victorino. *El Costo de la Regulación Laboral y el de las Decisiones Judiciales en Venezuela*, Publicaciones UCAB. Caracas, 2002

Ballesteros Omaña, Patricia. "Tutela Judicial Efectiva, Ejecución Forzosa. Entes Públicos", en *Memorias de IV Congreso Venezolano de Derecho Procesal*, Editorial Jurídica Santana. San Cristóbal, 2003

Buzaid, Alfredo. *La Carga de la Prueba*, Colección Monografías Jurídicas N° 1, Corsi & Govea Editores. Caracas, 1989

Carballo Mena, César Augusto. *Aproximación Critica de la Doctrina Laboral del Tribunal Supremo de Justicia*, Publicaciones UCAB. Caracas, 2003

Ciudad Reynaud, Adolfo. Modernización en la Justicia Laboral en América Latina, en la Web: http://www.poderjudicial.gob.ni/pjupload/laboral/pdf/dradolfo.pdf, consulta de fecha 8 de enero de 2015. 2009

Ciudad Reynaud, Adolfo. Nuevos Sistemas Procesales de Trabajo en América Latina, en la Web: http://dialnet.unirioja.es/servlet/articulo?codigo=4504476, consulta de fecha 5 de enero de 2015. 2013

Couture, Eduardo J. *Fundamentos de Derecho Procesal Civil*, Editorial Depalma. Buenos Aires, 1981

Cuenca, Humberto. *Derecho Procesal Civil*, Tomos I y II, Octava Edición, Universidad Central de Venezuela, Ediciones de la Biblioteca. Caracas, 2000

Devis Echandía, Hernando. *Teoría General de la Prueba Judicial*, Víctor P. De Zavalia Editor. Buenos Aires, 1981

Duque Corredor, Román J. *Apuntaciones sobre el Procedimiento Civil Ordinario*, Ediciones Fundación Projusticia. Caracas, 2000

Garay, Juan y Miren Garay. Legislación Laboral Practica: Ley del Trabajo, Comentarios y Casos Prácticos, Edición y distribución Corporación AGR, SC, Caracas, 2009.

Goldberg, Steven H. (1994): Mi Primer Juicio Oral .Dónde me Siento? .Y qué Diré?, Buenos Aires, Editorial Heliasta.

Grupo Bologna/Castilla-La Mancha X Encuentro. Trabajo Decente -Papel de la Justicia del Trabajo y de la Inspección del Trabajo en la Protección de los Derechos Laborales - Ciudadanía, Empleo y Trabajo, Montevideo, Amalio M. Fernández Editorial y Librería Jurídica. 2002

Henríquez La Roche, Ricardo. *Medidas Cautelares*, Tercera Edición, Centro de Estudios Jurídicos del Zulia. Maracaibo, 1988

Instituto Iberoamericano de Derecho Procesal. *El Código Procesal Civil Modelo para Iberoamérica,* 3ª Edición, Fundación de Cultura Universitaria. Montevideo, 1999

Jaime Martínez, Héctor. El Proceso Laboral Venezolano, en la Web: http://www.poderjudicial.gob.ni/pjupload/laboral/pdf/dr.hector.pdf, consulta de fecha 9 de enero de 2015. 2009

Leal Wilhelm, Salvador. "El Dédalo Contencioso Administrativo como Fuente de Denegación de Justicia", *Revista Frónesis,* Vol. 7, N° 3, Septiembre-Diciembre 2010, Instituto de Filosofía del Derecho, Universidad del Zulia, Maracaibo. 2010

López de Chacón, Consuelo. La Audiencia Preliminar en el Código Procesal Civil Modelo para Iberoamérica y su Aplicación en el Juicio Oral del Código de Procedimiento Civil Venezolano con Especial Referencia a la Jurisdicción Agraria, en *Memorias del IV Congreso Venezolano de Derecho Procesal,* Editorial Jurídica Santana. San Cristóbal, 2003

Márquez Ferrer, Victorino y otros. *Las Fronteras del Derecho del Trabajo,* Publicaciones UCAB. Caracas, 2000

Mendoza, José Rafael. *Sentencias Acordes con la Nueva Ley del Trabajo y Comentarios,* Vadell Hermanos Editores. Valencia, 1993

Mille Mille, Gerardo: *Comentarios sobre Doctrina, Legislación y Jurisprudencia Laboral,* Volúmenes Varios, Paredes Editores. Caracas,

Newman, J.C. *La Oralidad en el Procedimiento Civil y el Proceso por Audiencias (Principios Rectores),* Editorial Arismeca. Mérida, 1999

Núñez Alcántara, Edgar Darío: Consideraciones sobre el Proceso Oral Agrario Venezolano, en *Memorias del IV Congreso Venezolano de Derecho Procesal,* Editorial Jurídica Santana. San Cristóbal

Núñez Rincón, Heraclio. *Derecho Procesal del Trabajo,* Impresos Full Color. Caracas, 1983

Organización Internacional del Trabajo (2011): La Justicia Laboral en América Central, Panamá y República Dominicana, Editado por Adolfo Ciudad Reynaud, en la Web: http://www.ilo.org/wcmsp5/groups/public/---américas/---ro-lima/---sro-san_jose/documents/publication/wcms_179370.pdf, consulta de fecha 10 de diciembre de 2014.

Ortiz, Luis Daniel. *El Procedimiento Oral en el Código de Procedimiento Civil Venezolano,* Livrosca. Caracas, 1995. 2003

Parra Quijano, Jairo. Ideas sobre la Prueba Ilícita, Memorias IV Congreso Venezolano de Derecho Procesal, Editorial Jurídica Santana. San Cristóbal

—————————————— *Manual de Derecho Probatorio,* Décima Tercera Edición, Ediciones Librería del profesional. Bogotá, 2002

Rengel-Romberg, Arístides. Tratado de Derecho Procesal Civil Venezolano, Editorial Arte. Caracas, 1995

Rico Carrillo, Mariliana. Efecto Procesal Probatorio del Documento Electrónico, en *Memorias IV Congreso Venezolano de Derecho Procesal*, Editorial Jurídica Santana. San Cristóbal, 2003

Rivera Morales, Rodrigo. *Las Pruebas en el Derecho Venezolano*, Segunda Edición, Editorial Jurídica Santana. San Cristóbal, 2003

—————————————— Nulidades Procesales Penales y Civiles, San Cristóbal. Editorial Jurídica Santana.

Rodríguez Díaz, Isaías. El Juicio Ordinario Laboral, Publicación sobre XXIV Jornadas J.M. Domínguez Escovar La Reforma de la Seguridad Social y de la Legislación del Trabajo, Barquisimeto, Tipografía y Litografía Horizonte, 1999.

—————————————— El Nuevo Procedimiento Laboral, Editorial Jurídica Alva. Caracas, 1995

Rodríguez Urraca, José. Medios de Pruebas en el Nuevo Proceso en *Nuevo Código de Procedimiento Civil Venezolano*, Volumen 2, Universidad del Zulia. Maracaibo, 1988

Sánchez Noguera, Abdón. *Comentarios y Anotaciones al Código de Procedimiento Civil*, 4 Tomos, Paredes Editores. Caracas, 1987

Villasmil Briceño, Fernando. *Nuevo Procedimiento Civil y Laboral*, Paredes Editores. Caracas, 1988

—————————————— Los Principios Fundamentales y las Cuestiones Previas en el Nuevo Código de Procedimiento Civil, Librería Roberto Borrero. Maracaibo, 1986

Zepeda, Jorge Antonio. Mediación Judicial y Saneamiento Procesal, en *Memorias IV Congreso Nacional de Derecho Procesal*, Editorial Jurídica Santana. San Cristóbal. 2003

Zoppi, Pedro Alí. *Cuestiones Previas y otros Temas de Derecho Procesal*, Vadel Hermanos Editores. Valencia, 1986

TÍTULO III

LOS PROCEDIMIENTOS ESPECIALES DEL TRABAJO.

Aguiar, Asdrúbal. *Cultura de Paz y Derechos Humanos*, UNESCO y UCAB, Publicaciones UCAB. Caracas, 2001.

Araujo Juárez, José. *Principios Generales del Derecho Procesal Administrativo*, Vadell Hermanos Editores. Caracas, 1998

Badell Madrid, Rafael. La Protección de los Intereses Colectivos o Difusos en *Venezuela Class Action*, publicado por Universidad Católica Andrés Bello (UCAB). 2014

Beuchot, Mauricio. *Derechos Humanos Historia y Filosofía*, Segunda Edición, Distribuciones Fontamara. México, 2001

Bontes Calderón, Irma. Régimen de Estabilidad previsto en la Ley Orgánica del Trabajo, las Trabajadoras y los Trabajadores (LOTTT) publicado en Libro: *Jornadas LOTTT Evaluación del primer año de vigencia*, Coordinado por Magaly Vásquez, Publicaciones UCAB, Caracas. 2013

Brewer Carías, Allan y Ayala Corao, Carlos. *Ley Orgánica de Amparo sobre Derechos y Garantías Constitucionales. Introducción General y Estudio Preliminar*, Editorial Jurídica Venezolana. Caracas, 1988

Calcaño de Temeltas, Josefina. *Derecho Procesal Administrativo, Publicación sobre las Jornadas Centenarias del Colegio de Abogados del Estado Carabobo*, Instituto de Estudios Jurídicos, Vadell Hermanos Editores. Caracas, 1997

Carrillo Artiles, Carlos Luis. *Ley Orgánica del Tribunal Supremo de Justicia*, Titulada, Concordada, Comentada con sus Antecedentes y Modificaciones; Fundación de Estudios de Derecho Administrativo (FUNEDA). Caracas, 2004

Díaz Bermúdez, José Félix. Los Derechos Sociales Laborales y las Constituciones Latinoamericanas: Aspectos de una Evolución, en Libro *Reflexiones y Propuestas en torno a la Nueva Constitución Normativa Laboral y la Seguridad Social*, Fondo Editorial Nacional José Agustín Catalá. Caracas, 1999

Daher de Lucena, Hilen. El Procedimiento de Estabilidad, en Publicación sobre XXIV Jornadas J.M. Domínguez Escovar La Reforma de la Seguridad Social y de la Legislación del Trabajo, Tipografía y Litografía Horizonte. Barquisimeto, 1999.

——————————— La Estabilidad Relativa en el Reglamento de la Ley Orgánica del Trabajo, en Libro sobre *Reglamento de la Ley Orgánica del Trabajo Análisis por sus Proyectistas*, Tipografía y Litografía Horizonte. Barquisimeto, 1999

De Pedro Fernández, Antonio. *Comentarios al Estatuto de la Función Pública*, Vadell Hermanos Editores. Caracas, 2002

——————————— *El Procedimiento Contencioso Funcionarial de la Carrera Administrativa*, Vadell Hermanos Editores. Caracas, 1998

——————————— *Régimen Funcionarial de la Carrera Administrativa*, Vadell Hermanos Editores. Caracas, 1997

Duque Corredor, Román. La Protección Judicial de la Inamovilidad y la Estabilidad de los Trabajadores, en *Revista de la Facultad de Ciencias Jurídicas y Políticas*, N° 65, Caracas, Universidad Central de Venezuela.

Duran León, Gloria. El Proceso Oral, en Publicación sobre XXIV Jornadas J.M. Domínguez Escovar *La Reforma de la Seguridad Social y de la Legislación del Trabajo*, Tipografía y Litografía Horizonte. Barquisimeto, 1999

_____ La Estabilidad en el Empleo, en Publicación sobre Jornadas Dialogo Social y Tripartismo, Caracas, 1998 Ediciones del Ministerio del Trabajo.

Espinoza Prieto, Antonio. *Despido Indirecto y Efectos Patrimoniales del Retiro*, Editorial Buchivacoa, Capatárida, 2000

Fleiner, Thomas. *Derechos Humanos*, Bogotá, 1999 Editorial Temis.

Frosini, Vittorio. *Derechos Humanos y Bioética*, Editorial Temis. 1997

García Vara, Juan. *Estabilidad Laboral en Venezuela*, Segunda Edición, Editorial Pierre Tapia. Caracas, 1996

González Escorche, José. *El Juicio de Calificación de Despido y Otros Ensayos sobre Derecho del Trabajo*, Paredes Editores. Caracas, 1995

Gutiérrez Domínguez, Ingrid. *Manual sobre Estabilidad Laboral Relativa*, Livrosca. Caracas, 1998

Instituto Interamericano de Derechos Humanos. *Los Derechos Económicos, Sociales y Culturales Un Desafío Impostergable*, Mars Editores. Costa Rica, 1999

Lares Martínez, Eloy. *Manual de Derecho Administrativo*, Decima Segunda Edición, Universidad Central de Venezuela. Caracas, 2001

Linares Benzo, Gustavo José. El Proceso de Amparo, Carcas, Separata de la *Revista de la Facultad de Ciencias Jurídicas y Políticas de la Universidad Central de Venezuela* N° 113, Ediciones UCV. 1999

Marín Boscán, Francisco Javier. Estudio de la Evolución y Perspectiva de la Contratación Colectiva en la Industria Petrolera Nacional, Tesis Doctoral en Derecho, Universidad del Zulia. Maracaibo, 1999

Petit Da Costa, Frank. *La Estabilidad Laboral y sus Procedimientos en la Legislación Venezolana*, Ediciones Liber. Caracas, 1999

Programa Venezolano de Educación-Acción en Derechos Humanos (PROVEA) Situación de los Derechos Humanos en Venezuela Informe Anual Octubre 2001/Septiembre 2002, Edisil Impresos. Caracas, 2002

_____ La Exigibilidad de los DESC como Base de una Democracia Inclusiva, Memorias III Seminario de Formación en Derechos Económicos, Sociales y Culturales, Edición y distribución por PROVEA. Caracas, 2002

_____ Derechos Económicos, Sociales y Culturales (DESC) Instrumentos Internacionales de Promoción y Defensa, Grafisellos J.R. Caracas, 2001

Quintero de Tirado, Mariolga. El Derecho Constitucional de Paso en el Proceso, en *Memorias del IV Congreso Venezolano de Derecho Procesal*, Editorial Jurídica Santana. San Cristóbal

Rey Cantor, Ernesto; Rodríguez, María Carolina. Acción de Cumplimiento y Derechos Humanos, Segunda Edición, Editorial Temis. 1998

Rodríguez Díaz, Isaías. El Contencioso Administrativo Laboral, en Publicación Trabajo y Seguridad Social, Congreso Internacional sobre Relaciones de Trabajo y Seguridad Social, Universidad Católica Andrés Bello. Caracas, 1999

_____ La Estabilidad Judicial del Trabajo, Editorial Jurídica Alva. Caracas, 1993

Rojas Pérez, Manuel. *Contencioso Administrativo Funcionarial, publicado por Fundación de Estudios de Derecho Administrativo (FUNEDA)*, Caracas. 2013

Rosell Senhenn, Jorge. *Derecho Penal del Trabajo*, Editado por Librería J. Rincón, Barquisimeto. 2013

Torres, Iván Darío. *Amparo Laboral*, Italgráfica. Caracas, 1996

_____ *Procedimientos Administrativos del Trabajo*, Caracas. 1994

Villasmil Briceño, Fernando. *El Amparo Laboral, en Comentarios a la Reforma Laboral Venezolana*, Maracaibo, 1997 Editado por Librería Europa Costa Verde C.A.

_____ Comentarios a la Ley Orgánica del Trabajo, Segunda Edición, Paredes Editores. Caracas, 1993

NORMATIVA GENERAL

Constitución Nacional (GO N° 36.860 del 30 de diciembre de 1999).

Código Civil (GOE N° 2.990 del 26 de julio de 1982).

Código de Procedimiento Civil (GO N° 34.522 del 2 de agosto de 1990).

Código Orgánico Procesal Penal (GOE N° 5.930 del 04 de septiembre de 2009).

Decreto de Reforma Parcial del Decreto con Rango, Valor y Fuerza de Ley Especial de Defensa Popular contra el Acaparamiento, la Especulación, el Boicot y cualquier otra Conducta que afecte el Consumo de Alimentos o Productos Declarados de Primera Necesidad o Sometidos a un Control de Precios (GO N° 38.862 del 31 de enero de 2008).

Decreto que establece la Inamovilidad Laboral (GOE N° 6.168 de fecha 30 de diciembre de 2014).

Decreto-Ley Orgánica del Trabajo, los Trabajadores y las Trabajadoras (GOE N° 6076 del 07 de mayo de 2012).

Decreto-Ley Orgánica de la Procuraduría General de la Republica (GOE N° 5.892 del 31 de julio de 2008).

Decreto-Ley Mensaje de Datos y Firmas Electrónicas (GO N° 37.148 del 28 de febrero de 2001).

Decreto sobre Organización y Funcionamiento de la Administración Publica Nacional (GO N° 39.163 del 22 de abril de 2009).

Ley de Abogados (GO N° 1.081 del 23 de enero de 1967).

Ley de Transporte Terrestre (GO N° 38.985 del 1 de agosto de 2008).

Ley del Estatuto de la Función Pública (GO N° 37.522 del 6 de septiembre del 2002).

Ley Orgánica contra el Tráfico Ilícito y el Consumo de Sustancias Estupefacientes y Psicotrópicas (GO N° 38.337 del 16 de diciembre de 2005).

Ley Orgánica de Amparo sobre Derechos y Garantías Constitucionales (GO N° 34.060 del 27 de septiembre de 1988).

Ley Orgánica de la Administración Pública (GOE N° 5.890 del 31 de julio de 2008).

Ley Orgánica de Procedimientos Administrativos (GO N° 2.818 del 1 de julio de 1981).

Ley Orgánica del Poder Judicial (GOE N° 5.262 del 11 de septiembre de 1998).

Ley Orgánica para la Protección de Niños, Niñas y Adolescentes (GOE N° 5.859 del 10 de diciembre de 2007).

Ley Orgánica de Prevención, Condiciones y Medio Ambiente de Trabajo (GO N° 38.236 del 26 de julio de 2005).

Ley Orgánica de Seguridad de la Nación (GO N° 37.594 del 18 de diciembre de 2002).

Ley Orgánica que Reserva al Estado la Industria y el Comercio de los Hidrocarburos (1975).

Ley Orgánica del Trabajo (GOE N° 5.152 del 19 de junio de 1997).

Ley Orgánica de Tribunales y Procedimiento del Trabajo (GO N° 26.116 del 19 de noviembre de 1959).

Ley Orgánica del Tribunal Supremo de Justicia (GO N° 39.522 del 1 de octubre de 2010).

Ley Orgánica Procesal del Trabajo (GO N° 37.504 del 13 de agosto de 2002).

Reglamento de la Ley Orgánica del Trabajo (GO N° 38.426 del 28 de abril de 2006).

Reglamento Parcial del Decreto-Ley Orgánica del Trabajo, los Trabajadores y las Trabajadoras, sobre el Tiempo de Trabajo (GO N° 40.157 del 30 de abril de 2013).

Resolución N° 2003-00017 del Tribunal Supremo de Justicia sobre Creación de Oficinas de Apoyo Judicial (GO N° 37.756 del 19 de agosto de 2003).

JURISPRUDENCIA GENERAL

Guillarte, Reinaldo: Jurisprudencia del Tribunal Supremo de Justicia. Inédito.

Perdomo, Juan Rafael (2011): Tendencias Jurisprudenciales de la Sala de Casación Social 2010, Editado por Librería J. Rincón G., Barquisimeto.

PÁGINAS WEB

http://www.asambleanacional.gov.ve

http://www.defensapublica.gob.ve

http://www.derechos.org.ve

http://www.ituc-csi.org

http://www.mpppst.gob.ve

http://www.observatoriodeconflictos.org.ve

http://www.oit.org

http://www.tsj.gov.ve

ÍNDICE

CAPÍTULO 2

LOS CONFLICTOS Y LA ORGANIZACIÓN ADMINISTRATIVA Y JUDICIAL DEL TRABAJO

CAPÍTULO 3

LAS FUENTES Y LOS PRINCIPIOS FUNDAMENTALES DEL DERECHO PROCESAL DEL TRABAJO

CAPÍTULO 6

LA INSTRUCCIÓN DE LA CAUSA LABORAL

CAPÍTULO 7

LA DECISIÓN Y EJECUCIÓN DE LA CAUSA LABORAL

TÍTULO III

LOS PROCEDIMIENTOS ESPECIALES DEL TRABAJO.... 111

CAPÍTULO 8

EL AMPARO LABORAL

CAPÍTULO 9

LOS PROCEDIMIENTOS DE ESTABILIDAD LABORAL

CAPÍTULO 10

EL CONTENCIOSO DE ANULACIÓN DE LOS ACTOS ADMINISTRATIVOS LABORALES

ANEXO N° 1

CONFLICTOS COLECTIVOS Y PROTECCIÓN DE LA LIBERTAD SINDICAL EN AMÉRICA LATINA

www.ingramcontent.com/pod-product-compliance
Lightning Source LLC
Chambersburg PA
CBHW021554210326
41599CB00010B/434